Die Ökonomie der Ackerbauer, Viehhalter und Fischer

Historische Zeitschrift // Beihefte (Neue Folge)

BEIHEFT 72

HERAUSGEGEBEN VON

ANDREAS FAHRMEIR UND HARTMUT LEPPIN

Volker Stamm

Die Ökonomie der Ackerbauer, Viehhalter und Fischer

Grundzüge einer Agrargeschichte der westafrikanischen Savannenregion (ca. 1000 – ca. 1900)

DE GRUYTER
OLDENBOURG

Bibliografische Information der Deutschen Nationalbibliothek
Die Deutsche Nationalbibliothek verzeichnet diese Publikation
in der Deutschen Nationalbibliografie; detaillierte bibliografische Daten
sind im Internet über ‹http://dnb.d-nb.de› abrufbar.

Library of Congress Control Number: 2018934308

© 2018 Walter De Gruyter GmbH, Berlin/Boston
www.degruyter.com

Dieses Papier ist alterungsbeständig nach DIN/ISO 9706.

Gestaltung: Katja v. Ruville, Frankfurt a. M.
Satz: Roland Schmid, mediaventa, München
Druck und Bindung: Franz X. Stückle Druck und Verlag e.K., Ettenheim

ISBN 978-3-11-058219-2
E-ISBN (PDF) 978-3-11-058525-4
E-ISBN (EPUB) 978-3-11-058247-5

Inhalt

Je trouvai un bonheur qui eût été parfait s'il avait duré.
Puisqu'il est brisé, je voudrais ne l'avoir jamais connu.

Elmoudessir ag Mettouk, 1860
(P. Charles de Foucauld, Poésies Kel-Ahaggar)

Vorbemerkung

Die ländliche Geschichte in vorindustriellen Zeiten bietet nur selten das Spektakel sich überstürzender Ereignisse und rastloser Innovationen. Die Landwirtschaft ist nicht nur in einen sozialen, sondern auch in einen natürlichen Kontext eingebunden, auf den sie einwirkt, von dem sie aber vor allem auch abhängig ist. Die Einbettung in einen Naturraum, der sich in Interaktion mit den Menschen zu einem Kulturraum ausformt, ist in den meisten Fällen mittelfristig, gar langfristig unabänderlich, auch wenn die Mobilität in westafrikanischen Gesellschaften ihren festen Platz hatte. Die Menschen identifizieren sich mit ihrer Umgebung, zumindest akzeptieren sie ihren Platz darin. Aber sie agieren auch in ihr, ihre Praktiken entwickeln sich und sind Wandlungen unterworfen, die unterschiedlichen Ursprungs sein können: Erfahrungszuwachs, Einflüsse von außen, Veränderungen in den natürlichen Bedingungen. Der Wandel erfolgt in aller Regel allmählich, er ist in der „longue durée" angesiedelt. Doch deshalb waren die afrikanischen Gesellschaften nicht statisch, es gab in ihnen auch Episoden und Perioden, die von sich überstürzenden Ereignissen geprägt waren und eine „high frequency"-Geschichtsschreibung[1] nahelegen. Die Agrargeschichte ist jedoch eher mit „low frequency"-Sequenzen befasst. Diesbezüglich unterscheiden sich afrikanische Agrargesellschaften nicht von solchen in Europa. Alain Derville, der Historiker ihrer produktivsten Ausprägungen in Nordwesteuropa, schrieb dazu: „On peut en effet, sans avoir le goût de la provocation, professer que, dans la plupart des pays européens, l'agriculture n'a guère fait des progrès techniques [...] jusqu'à la révolution des XIXe – XXe siècles."[2] Und es soll daran erin-

---

[1] Der Begriff bei *McIntosh*, Captain of ‚We Band of Brothers', bes. 167 f. Die Beiträge dieses Bandes wurden ursprünglich im Canadian Journal of African Studies 42, 2008, veröffentlicht.

[2] *Derville*, L'agriculture du Nord au Moyen Age, 15. Mit der Frage des Wandels in afrikanischen Gesellschaften befassen sich die Beiträge in *Connah* (Ed.), Transformations in Africa. Das „later past" ist dabei mit 20 000 Jahren allerdings deutlich zu weit gefasst, als dass daraus wesentliche Aufschlüsse für die hier betrachtete Zeitspanne resultierten.

DOI 10.1515/9783110585254-001 9

nert werden, dass Claude Lévi-Strauss die 2000 oder 2500 Jahre vor der industriellen Revolution in Europa als eine lange Periode der Stagnation sah.[3]

In einem weiteren Punkt unterscheidet sich die hier zu schreibende innerafrikanische Landwirtschaftsgeschichte von derzeit vorherrschenden Erwartungen an eine ‚moderne' Geschichtsschreibung: Sie fügt sich nicht unmittelbar in eine Globalgeschichte ein, die durch vielfache Vernetzungen und Verflechtungen der Kontinente gekennzeichnet ist, wobei noch immer Europa meist im Zentrum dieses Netzes gesehen wird.[4] Vielmehr handelt es sich bei der Agrargeschichte vor allem um eine Geschichtsschreibung des Besonderen. Die Loslösung der Landwirtschaft von den natürlichen Ressourcen einer spezifischen Region ist eine Erscheinung des späten letzten Jahrhunderts. Industrielle landwirtschaftliche Großkonzerne begannen zu migrieren, wie es das industrielle und Finanzkapital auf der Suche nach immer höherem Gewinn schon länger tat.[5]

Die westafrikanischen Binnengebiete waren in der untersuchten Periode von europäischen Einflüssen durchaus nicht unberührt, doch blieben deren Auswirkungen begrenzt. Wichtiger war im Übrigen der Kontakt mit der islamischen Welt, mit Nordafrika und mit am Rande der Sahara lebenden Gruppen, die eine Brückenfunktion einnahmen.[6] Die hier bevorzugte Konzentration auf das Lokale, auf die nähere oder größere Region bedeutet nun aber nicht, dass es sich bei den ländlichen Gesellschaften, die wir untersuchen wollen, um isolierte, rein auf sich bezogene Einheiten handelte. Sie verweist vielmehr darauf, dass Außenkontakte im lokalen und regionalen Rahmen eine unvergleichlich größere Rolle spielten als solche mit der atlantischen Welt. Wenn sich der Blick, und die ökonomischen Aktivitäten, weiter

---

3 *Lévi-Strauss*, Rasse und Geschichte, 60.

4 Die einschlägige Literatur ist inzwischen in einem fast unüberschaubaren Ausmaß angewachsen. Ich weise nur auf einen vor allem Westafrika behandelnden Übersichtsartikel hin: *Inikori*, Africa and the Globalization Process. Allerdings ist zwischen Weltgeschichte im Sinne einer Universalgeschichte und Globalgeschichte zu trennen, welch Letztere auf die Darstellung zunehmender Verflechtungen und letztlich der Herausbildung eines ‚Weltsystems' abzielt. Neuere weltgeschichtliche Gesamtdarstellungen sind: *Wiesner-Hanks* (Ed.), The Cambridge World History, und *Iriye/Osterhammel* (Hrsg.), Geschichte der Welt. – Unlängst ist auch ein „Handbook of Global Economic History" erschienen, doch sein Thema ist nicht die Geschichte der materiellen Wirtschaft, sondern die der Wirtschaftsgeschichtsschreibung: *Boldizzoni/Hudson* (Eds.), Routledge Handbook of Global Economic History.

5 Anregend untersuchte diese Prozesse *Chouquer*, Terres porteuses.

6 *Austen*, Sahara, und nun auch der Katalog zu der Ausstellung des Institut du Monde Arabe: Trésors de l'Islam en Afrique.

nach außen richteten, so war es eher über die Wüste als über den Ozean hinaus. Definitiv aber können wir nicht annehmen, dass eine „weltumspannende europäische Moderne"[7], was immer das heißen mag, in einem relevanten Maß auf die Menschen der Savanne ausstrahlte.

Das vorliegende Buch ist als eine Einführung in einen umfangreichen Themenbereich konzipiert, der zudem in einer in jeder Hinsicht äußerst vielfältigen und räumlich ausgedehnten Region angesiedelt ist. Dass es dennoch so knapp ausfiel, liegt an dem Mangel einschlägiger Vorarbeiten mit der Folge eines recht beschränkten Kenntnisstandes. Das hängt auch, aber nicht nur, mit der Quellensituation zusammen. Angesichts dieser Ausgangslage schien es mir wichtig, einen Überblick über das vorhandene Wissen, vor allem aber über die relevanten Quellengrundlagen zu geben, auch wenn es nicht möglich sein wird, die ländlichen Ökonomien in all ihren Facetten und in ihrer Entwicklung zu beleuchten. Vielleicht können so weitere und vertiefende Studien angeregt werden. Allerdings stehen derzeit die Zeichen für Forschungsaktivitäten in vielen Teilen der behandelten Region nicht günstig. Doch ist es für den Historiker wirklich unentbehrlich, die Landschaften und ihre Bewohner, deren Geschichte er zu schreiben beabsichtigt, durch eigene Aufenthalte intensiv in Augenschein zu nehmen und kennenzulernen? Ich glaube, dass dies tatsächlich unentbehrlich ist. Jedoch muss er sich dabei vor dem Irrtum hüten, aus den Eindrücken vom heutigen Leben Schlüsse auf die ferne Vergangenheit dieser Gesellschaften ziehen zu können. Eine solche Erwartung ist ebenso unangemessen wie es etwa der Versuch wäre, die Organisationsformen der mittelalterlichen Landwirtschaft in Europa durch die Beobachtung der derzeit verbreiteten industriellen Agrarbetriebe zu erhellen.

Nun bleibt noch, den Gegenstand der hier beginnenden Darstellung zu begründen. Es ist zunächst die Landwirtschaft der westafrikanischen Savanne, doch gilt dabei mein Interesse letztendlich dem Leben der Menschen in den vergangenen Jahrhunderten, mehr als den unvermeidlichen Sachen und Techniken. Diese Menschen waren meistens nicht Herrscher, Krieger, Gelehrte und auch keine Kaufleute, sondern

---

7 *Bachmann-Medick*, Cultural Turns, 212. Eine prägnante Diskussion modischer Konzepte zur Moderne bei *Randeria*, Geteilte Geschichte.

in ihrer sehr großen Mehrheit Ackerbauer, Viehhalter und Fischer.[8] Gegenwärtig (2010) leben zwei Drittel der Malier auf dem Land, 1950 waren es noch 90 Prozent.[9] Mindestens gleich hoch lag ihr Anteil in der hier betrachteten Zeit, eher noch höher. Nicht alle außerhalb der größeren Städte arbeiteten vornehmlich in der Landwirtschaft, aber auch mancher Bewohner der Stadtrandgebiete ging und geht noch immer landwirtschaftlich-gärtnerischen Aktivitäten nach oder betreibt Viehhaltung.

Der eigentliche Grund für dieses Buch liegt aber in dem Wunsch, einen Beitrag dazu zu leisten, dass der Gesprächsfaden mit den Kulturen Nord- und Westafrikas nicht abreißt,

> „… pour que la mélodie ne s'arrête pas" (Henri Lopes, Le Lys et le Flamboyant).

---

8 So argumentierte auch *Robert Fossier* in seinem für die Sozialgeschichte grundlegenden Werk „Das Leben im Mittelalter", und er fragt: „Waren die Menschen in diesen tausend Jahren so wie wir?" (ebd. 495).
9 Weltbank, 2012 World Development Indicators, 139; UN Department of Economic and Social Affairs, World Urbanization Prospects, 204.

I. Einleitung

1. Das Untersuchungsthema – der Raum, die Zeit, die Zahl der Menschen

Den Schwerpunkt dieser Einführung in die Agrargeschichte der westafrikanischen Savannenregion und des angrenzenden, eng mit der Savanne verbundenen Sahel bilden die landwirtschaftlichen Aktivitäten der Menschen, der übergroßen Zahl der damals lebenden Menschen, die durch Ackerbau, Viehhaltung und Fischerei ihren Lebensunterhalt bestritten, ihre Produkte austauschten und die nicht-landwirtschaftliche Bevölkerung damit versorgten. Ich werde mich also vor allem den elementaren materiellen Grundlagen der historischen ländlichen Gesellschaften aus agronomischer und agrarökonomischer Sicht zuwenden.[1] Es sind auf den ersten Blick einfach erscheinende Fragen, die im Folgenden behandelt werden sollen. Welche Güter wurden in welcher Weise erzeugt? Wie wurden sie verwendet und verteilt? Welchen Erfolg hatten die Mühen der Ackerbauer und Viehhalter? Welchen gesellschaftlichen Status nahmen sie ein, wie war ihr Wirtschaften organisiert, wie ihr Zugang zu den erforderlichen natürlichen Ressourcen? Durch die Klärung dieser grundlegenden Sachverhalte lassen sich vielleicht Umrisse von Agrarstrukturen erkennen, die weitere Fragestellungen eröffnen, so etwa nach ihrer Stagnation oder Entwicklungsfähigkeit, nach dem Verhältnis zu ihrer ökologischen und sozialen Umwelt, nach dem Grad ihrer Außenbeziehungen und Außenabhängigkeit, wozu auch vieldiskutierte Faktoren wie der Sklavenexport zählen. All das lässt sich aufgrund des derzeit gegebenen Forschungsstandes nur in Ansätzen beantworten. Um die bestehenden Defizite zu verringern, möchte ich die Grundlagen für eine Analyse der ‚farming systems‘, der landwirtschaftlichen Betriebssysteme also, in der Untersuchungsregion legen, indem ich in den Quellen nach Aussagen zu ihren unterschiedlichen Komponenten suche, und dies nicht in synchroner, sondern in histori-

---

[1] So bereits vor 25 Jahren das Postulat von *McCann*, Agriculture and African History.

scher Betrachtungsweise. Dass eine so ausgerichtete Studie nicht von den natürlichen und sozialen Umweltfaktoren absehen und die politischen Strukturen und Entwicklungen außer Acht lassen kann, ist unmittelbar einsichtig. Die Schwierigkeit besteht darin zu erkennen, welches ihr jeweiliger Einfluss war und mit welchen Methoden er gemessen werden kann, in einer Zeit, die vielleicht 200, vielleicht 700 Jahre zurückliegt. Wenn ich somit auch, soweit erforderlich und möglich, auf gesellschaftliche, politische, ökologische und kulturelle Faktoren eingehen werde, so ist es doch nicht die Absicht, eine Gesamtgeschichte des ländlichen Raumes zu schreiben. Sie wäre weitaus umfassender anzulegen und müsste ausführlicher auf gesellschaftliche und politische Veränderungen eingehen, als dies hier möglich ist.[2]

Vorbestimmte Konzepte, ‚Forschungshypothesen‘, habe ich zu vermeiden versucht. Die Kenntnisse, die uns zur Verfügung stehen, scheinen mir keine ausreichende Basis dafür zu bieten. Insbesondere verfolge ich nicht das Ziel, konstituierende Elemente einer postulierten Unterentwicklung Westafrikas zu identifizieren. Hinweise darauf können allenfalls aus der Ausbreitung des Quellenmaterials resultieren; eine solche Annahme kann der Untersuchung aber nicht vorangestellt werden.

Räumlich ist die vorliegende Studie in die Kerngebiete der alten westafrikanischen Reiche Ghana, Mali, Songhay eingebettet. Sie erstreckt sich also auf den Südosten des heutigen Staates Mauretanien, den Osten Senegals, den Nordosten Guineas, weite Teile Malis bis hin zum Westen Nigers, mit einigen Blicken nach Nordnigeria und nach Burkina Faso. Es ist unmöglich, die Grenzen der alten Reiche genau zu bestimmen. An der Peripherie, die schon bald hinter dem Zentrum beginnen konnte, waren enger oder loser assoziierte politische Einheiten angesiedelt, die vielleicht Tribute leisteten, sich aber einer effektiven Kontrolle entzogen. Es handelte

---

2 Grundlegende Übersichtswerke zur afrikanischen Geschichte sind die UNESCO General History of Africa, 8 Vols., sowie die Cambridge History of Africa, hrsg. v. *John D. Fage* und *Roland Oliver*, 8 Vols. Speziell für Westafrika vgl. *Ade Ajayi/Crowder* (Eds.), History of West Africa, Vol 1. und 2. Weiter sind zu nennen *Coquery-Vidrovitch*, Petite histoire de l'Afrique, und *Iliffe*, Geschichte Afrikas. Eine revidierte und erweiterte Ausgabe dieses Werkes erschien 2016 in französischer Sprache: Les Africains, histoire d'un continent. Unter der wissenschaftlichen Leitung von *Jean Devisse* ist der Katalog zu der großen Ausstellung über die Zivilisationen entlang des Nigertals erschienen: Vallées du Niger. Leider geht dieses umfangreiche Werk nur ganz am Rande auf die Landwirtschaft ein. Weitere Hinweise zu allgemeinhistorischer Literatur werden nachfolgend an geeigneter Stelle zu den jeweils behandelten Zeitabschnitten gegeben.

sich bei den Großreichen um „overkingdoms", „really extensive confederations without vertical control structures".[3]

Das Gebiet, dessen Agrarsysteme ich beschreiben werde, schließt also östlich an Senegambien an und überlappt sich damit teilweise[4], das heutige Mali stellt dabei den Schwerpunkt dar. Seine markanten ökologischen Zonen bilden die Savanne und der Sahel, deren Spezifika und Komplementaritäten ausführlich zu behandeln sein werden. Schon jetzt ist aber festzuhalten, dass es sich dabei nicht um feste geographische Räume handelt. Eindrucksvoll hat James Webb gezeigt, wie sich zwischen 1600 und 1850 die Savanne infolge zunehmender Trockenheit etwa 250 Kilometer in den niederschlagsreicheren Süden verlagerte; der Sahel und die Sahara folgten und breiteten sich in die vorher von der Savanne geprägten Gebiete aus.[5] Es liegt auf der Hand, dass dies nicht ohne Auswirkungen auf die Agrarsysteme bleiben konnte. Doch ist auch zu beachten, dass agro-ökologische Zonen nicht allein durch das Klima bestimmt werden, und Letzteres nicht nur durch die Niederschlagsmenge. So gibt es auch recht unterschiedliche Auffassungen darüber, welche Isohyete den Sahel von der Savanne, die Viehhaltungszone von den Ackerbauregionen abgrenzt: Bei Brooks ist es die 100 mm-Linie, nördlich davon liegt die Sahara. Die 400 mm-Isohyete kennzeichnet den südlichen Übergang zur Savanne. Bei Krings dagegen lauten die jeweiligen Werte 200 und 600 mm.[6] Welche Agrarsysteme aber in einer bestimmten Region praktiziert wurden, ist damit nicht vollständig bestimmt, sondern bedarf der Einzeluntersuchung, soweit dafür Quellen vorliegen. Auch darauf wird im weiteren Gang der Untersuchung zurückzukommen sein.

Der zeitliche Beginn der Darstellung ist etwa in der Mitte des 11. Jahrhunderts angesetzt. Zu diesem Zeitpunkt ist es erstmals möglich, archäologische Befunde mit einer ausführlichen Schriftquelle, al-Bakris „Kitab al-Masalik wa-l-Mamalik", dem Buch der Verkehrswege und der Reiche, zu verbinden. Sie endet, abgesehen von

---

3   *McIntosh*, Social Memory in Mande, 169.

4   Zu Senegambien vgl. *Curtin*, Economic Change in Precolonial Africa. Auch darin wird die Landwirtschaft nur in knapper Form behandelt (Vol. 1, 13–29), trotz der Einsicht des Autors, „people in Senegambia were concerned most of the time about crops, not states" (ebd. 13). Es ergibt ein zumindest sehr eingeschränktes Bild, bei der Behandlung des ökonomischen Wandels, so der Titel, den grundlegenden Sektor der Wirtschaft weitgehend zu ignorieren.

5   *Webb Jr.*, Desert Frontier, Karte 1.1 u. 1.2, S. 6 u. 10.

6   *Brooks*, A Provisional Historical Schema, 44 f.; ebenso *McCann*, Climate and Causation in African History, 265. Dagegen *Krings*, Sahelländer, 21.

einem knappen Ausblick auf das frühe 20. Jahrhundert, mit der kolonialen Eroberung, also mit den letzten Jahren des 19. Jahrhunderts. Das vorrangige Erkenntnisinteresse gilt der Geschichte der Menschen und Regionen, die noch nicht unter europäischer Herrschaft standen. Sie scheint mir in der Forschung im Vergleich zu kolonialzeitlichen Studien deutlich unterrepräsentiert zu sein, obwohl die Kolonialzeit insgesamt nur ein gutes halbes Jahrhundert währte. Da die Kolonisierung in diesem Buch keinen Fixpunkt bildet, sondern eigentlich nur sein Ende markiert, macht es wenig Sinn, es als eine Analyse der präkolonialen Zeitspanne zu bezeichnen. Eine Geschichtsschreibung ‚im Hinblick auf …‘ verleitet zu anachronistischen Fragestellungen und Interpretationen.

Die behandelte Zeit schließt eine Epoche ein, die in Europa als Mittelalter bezeichnet wird. Obwohl viele Autoren diesen Begriff, der bereits im europäischen Kontext fragwürdig ist[7], auf den afrikanischen Raum übertragen[8], erscheint er mir dort gänzlich unangemessen: Es fällt in Afrika schwer, ein ‚Mittel-Alter‘ zwischen Antike und Renaissance zu identifizieren, es handelt sich um die gedankenlose Übertragung europäischer Kategorien auf andere historische Bezüge. Ich verwende den Terminus nicht. Ebenso kann ich kein überzeugendes Kriterium für die verbreitete Unterscheidung in Vorgeschichte und Geschichte erkennen.[9] Die Auffassungen, wann Erstere zu einem Ende kam und von der Geschichte abgelöst wird, schwanken zudem beträchtlich.[10] Sollte das Unterscheidungsmerkmal in der Existenz von Schriftquellen bestehen, so stellte das ein äußeres, an die betrachteten Gesellschaften herangetragenes Attribut dar.[11] Wir wären dadurch wieder bei der

---

7   Siehe zuletzt *Le Goff*, Faut-il vraiment découper l'histoire en tranches?, sowie den äußerst lesenswerten Beitrag von *Gilson*, Le moyen âge comme ‚saeculum modernum‘.

8   So bereits im Titel von *Conrad*, Empires of Medieval West Africa. Diese unreflektierte Begrifflichkeit findet sich verbreitet bis in die neueste Zeit, auch bei Autoren, die es sich zur Aufgabe gemacht haben, „trends in the writing of the history of the ancient Sudan" kritisch zu hinterfragen, siehe z.B. *Collet*, L'introuvable capitale du Mali, Zitat aus dem Astract. Ebenso *Jones*, Afrika bis 1850, Kap. II (Afrikas Mittelalter bis 1450).

9   So auch der senegalesische Archäologe *Ibrahima Thiaw* in seiner noch unveröffentlichten Dissertation: Archaeological Investigations of Long-Term Culture Change in the Lower Falemme (Upper Senegal Region) A. D. 500–1900, 263.

10   *Vogel* (Ed.), Encyclopedia of Precolonial Africa, 26, z.B. lässt die Vorgeschichte aus unbekannten Gründen um 1500 n. Chr. enden und dann die ‚Geschichte‘ beginnen.

11   Ebenso willkürlich ist die Festlegung, gegen die sich Jan Vansina wendet, die afrikanische Geschichte beginne mit der ‚Einführung‘ der Landwirtschaft in der sogenannten neolithischen Revolution, vgl. *Vansina*, Historians, Are Archaeologists Your Siblings?, 393. Für Théodore Monod, den eminenten Kenner der

überholt geglaubten Anschauung angelangt, wonach schriftlose Kulturen nicht über eine Geschichte verfügten, allenfalls über eine Vorgeschichte, wenn sie denn die Aufmerksamkeit von Archäologen finden. Zudem trägt die Unterscheidung in Vorgeschichte und Geschichte dazu bei, die Trennung der Disziplinen der Archäologie und der Geschichtswissenschaft zu zementieren, wohingegen ich sie als komplementär behandele.

Ist uns bekannt, vielleicht auch nur annähernd, wie viele Menschen im 15., 16. oder 17. Jahrhundert in dieser Region lebten? Im Rahmen einer Agrargeschichte ist diese Frage von ausschlaggebender Bedeutung, zeigt sie doch, welche Bevölkerungszahl durch die vorherrschenden landwirtschaftlichen Praktiken ernährt werden konnte. Bislang ist die Hypothese weit verbreitet, wie im nächsten Abschnitt näher erläutert wird, dass die westafrikanische Savanne, ja eigentlich ganz Afrika, durch ein reichliches Landvorkommen bei sehr geringen Bevölkerungszahlen geprägt waren. Diese These wurde kürzlich von Austin einer kritischen Prüfung unterzogen und dabei als eine in wesentlichen Punkten weiter zutreffende Annahme bestätigt.[12] Doch bei aller intuitiven Plausibilität, die sie für sich beanspruchen kann, stellt sich für den Historiker, eher als für die Konzeptionisten von Erklärungsmodellen, die Frage nach ihrer Quellengrundlage. War Westafrika tatsächlich über die Zeiten ein unterbevölkerter Kontinent mit überreichlichem Angebot landwirtschaftlich nutzbaren Landes? Einige von Austin verwendete Bevölkerungsangaben sind stärker geeignet, Zweifel an der Zuverlässigkeit der Daten zu wecken, als dass sie eine solide Grundlage für weiterführende theoretische Ausführungen lieferten. Er führt zwei unterschiedliche Schätzungen der afrikanischen Bevölkerung um 1750 an: Eine davon nennt eine Spanne von 54 bis 135 Millionen Menschen, die andere von 48 bis 63 Millonen, allerdings ausschließlich der nördlichen und südlichen Teile Afrikas.[13] Eine Anmerkung macht den Leser darauf aufmerksam, dass der Urheber der niedrigeren Werte, Patrick Manning, inzwischen dazu neige, seine Schätzung deutlich nach oben zu korrigieren, und zwar offenbar um mehr als den Faktor

---

westlichen Sahara, nimmt die Geschichte mit dem ersten Jahrtausend unserer Zeitrechnung ihren Anfang – weshalb sagt auch er nicht, aber sicher nicht aufgrund der christlichen Grundüberzeugung dieses großen Gelehrten (*Monod*, Méharées, 95).

12 *Austin*, Resources, Techniques and Strategies South of the Sahara.

13 Ebd. 590. Die von Austin herangezogenen Zahlen finden sich in: *Durand*, Historical Estimates of World Population, 54, und *Manning*, Slavery and African Life, 84.

zwei.[14] Zu solchen Diskrepanzen passt, dass Manning die Bevölkerung Senegambiens und des westlichen Sudan um 1700 auf 3,5 bis 4,5 Millionen schätzt[15], während Niane für das Malireich, Jahrhunderte früher, aber grosso modo mit Mannings Region identisch, 40 bis 50 Millionen angibt[16]. Zudem muss berücksichtigt werden, dass es sich, trotz der von Manning vorgenommenen Regionalisierung, um Gesamtwerte für weit ausgedehnte Gebiete handelt, die sowohl Gunsträume wie die Flusstäler als auch riesige, kaum besiedelte und zumindest dem Ackerbau nicht zugängliche Gegenden des Sahel und der nördlichen Savanne handelt.

Angesichts solch gravierender Abweichungen bei den vorliegenden quantitativen Angaben gebe ich qualitativen Quellenaussagen den Vorzug.[17] Wenn die Berichte, die ja meist von Personen aus dicht besiedelten städtischen Räumen stammen, von einer hohen Bevölkerung sprechen, so unterstelle ich dies als nach damaligen Vergleichsmaßstäben zutreffend. Eine realitätsgerechte Annahme scheint mir darin zu bestehen, nicht von einer kontinentalübergreifenden Generalhypothese, sondern von einer Vielfalt unterschiedlicher Situationen die Bevölkerungsdichte betreffend auszugehen und in der Analyse zu berücksichtigen.[18]

Die vorliegende Studie erstreckt sich auf eine Vielzahl von Bevölkerungsgruppen mit ihren eigenen Sprachen. Somit stellt sich das Problem der Transkription von Namen und Begriffen. Für mehrere Sprachen existieren inzwischen Transkriptions-

---

14 Die in Aussicht gestellte neue Studie ist derzeit noch in Vorbereitung. Eine neue Publikation Mannings bestätigt allerdings diesen Sinneswandel, ohne bislang die erforderlichen Details zur regionalen Verteilung und zu den methodischen Folgen zu benennen. Manning gibt nun die Gesamtbevölkerung Afrikas um 1700 mit 140 Mio. an: *Manning*, African Population, 1650–2000, 139 (auf S. 132 sind es 138 Mio.). Völlig zu Recht stellt Manning unter der Abschnittsüberschrift „Rethinking Africa from 1500 to 1700" die Frage, ob es angesichts dieser Zahlen noch angemessen sei, Unterbevölkerung bei gleichzeitigem Landüberfluss anzunehmen (ebd. 143).

15 *Manning*, Slavery and African Life, 74. Die Methode zur Gewinnung dieser Daten ist die Rückrechnung, von kolonialzeitlichen Bevölkerungserhebungen ausgehend, mit einer angenommenen Wachstumsrate, siehe ebd. 60.

16 *Niane* (Ed.), UNESCO General History of Africa, Vol. 4, 156.

17 Vgl. auch David Heniges grundsätzliche Kritik an Versuchen zur quantitativen Bestimmung der Bevölkerungsgröße: *Henige*, Measuring the Immeasurable.

18 Noch 2016 vertritt John Iliffe die These des Landüberflusses gemessen an der geringen Bevölkerung (*Iliffe*, Les Africains, 142, 279). Als Hauptquelle dafür benennt er *Gilles Sautters* „De l'Atlantique au fleuve Congo" (ebd. 636). Diese Studie bezieht sich allerdings nur auf eine begrenzte Region in Äquatorialafrika (Kongo, Gabun).

regeln, die aber oftmals recht kompliziert sind und in der Literatur nicht einheitlich angewandt werden. Ich habe eine pragmatische Vorgehensweise gewählt und keine linguistische Perfektion angestrebt, was ohnehin jenseits meiner Kompetenz läge. Die noch heute bekannten Orte werden in der derzeit aktuellen, meist französisch geprägten Version gemäß den IGN-Karten wiedergegeben, also z.B. Ségou, nicht Segu. Als Ausnahme von dieser Regel erscheint Timbuktu, nicht Tombouctou. Bezeichnungen von Orten oder Staaten, die heute nicht mehr geläufig sind oder die nicht mehr existieren, schreibe ich in der Form, wie sie mir in der Literatur am meisten verwendet erscheint: Bei der Wahl beispielsweise zwischen Sonrai, Songhai, Sonhai, Songhoy, Songhay habe ich für Letzteres optiert, und das verbreitete Bambara dem sprachlich richtigen Bamanan vorgezogen. Etwaige damit verbundene Unkorrektheiten mögen dem Kenner der jeweiligen Sprache auffallen (so der falsche Plural Soninké [statt korrekt Soninko], der falsche Singular Mossi [statt Moaaga]), doch ich nehme sie im Sinne der besseren Verständlichkeit in Kauf. Auf diakritische Zeichen, vor allen bei gelegentlich aufscheinenden arabischen Wörtern, habe ich verzichtet, gebe aber das Schriftzeichen hamza (ʾ) und den Buchstaben ʿain (ʿ) wieder, wenn auch nicht bei gebräuchlichen Namen, also Ali statt ʿAli.

Auch wenn das Ziel dieser Arbeit eine Agrargeschichte im engeren Sinn ist, so zeigt sich schnell, dass die landwirtschaftliche Produktion von einer Vielzahl äußerer Faktoren beeinflusst wird, ja oft von ihnen abhängt. Dazu zählen geographische und ökologische Gegebenheiten und neben zahlreichen anderen auch die politischen und sozialen Entwicklungen inneren und äußeren Ursprungs, die in der Darstellung ihren Niederschlag finden müssen. Zahlreich sind die wissenschaftlichen Disziplinen, die neben der Geschichte zur Erhellung der angesprochenen Gesamtproblematik beitragen, und es ist unvermeidlich, dass der Agrarhistoriker nicht über die eigentlich erforderlichen linguistischen, klimatologischen und anthropologischen Kompetenzen verfügt. Daraus resultierende Fehlurteile sind fast nicht zu verhindern, es bleibt nur zu hoffen, dass sie nicht wesentliche Feststellungen betreffen. Weitere Erkenntnisdefizite sind quellenbedingt: Nicht alle Entwicklungen der Landwirtschaft lassen sich historisch nachvollziehen – eigentlich sind es nur sehr wenige, deren Verlauf sich annähernd kontinuierlich beobachten lässt. Besonders betroffen davon ist beispielsweise die transhumante Viehhaltung, so groß ihre Bedeutung auch war und ist.

2. Bezüge zur bisherigen Forschung

Eine Agrargeschichte Westafrikas im engeren Sinn wurde bisher nicht vorgelegt. Zwei grundlegende allgemeine afrikanischen Wirtschaftsgeschichten verdanken wir Antony Hopkins: Economic History of West Africa[19] und Ralph Austen: African Economic History[20]. Sie stellen aber für eine Agrargeschichte nach heutigem Kenntnisstand keine ausreichende Grundlage mehr dar. In ihnen nimmt die Darstellung des ländlichen Wirtschaftens einen eher bescheidenen Platz ein, die Ökonomie, so der Eindruck, den sie erwecken, bestand vornehmlich aus Handel, und zwar mit Gold, Salz und Sklaven. Der Erkenntniszuwachs der letzten dreißig Jahre, der aus archäologischen und neu erschlossenen schriftlichen Quellen resultierte, konnte darin noch keine Berücksichtigung finden. Zugleich sind beide stark axiomatisch geprägt, wenn auch in unterschiedlicher Ausrichtung. Bei Hopkins steht die spezifische Faktorausstattung afrikanischer Landwirtschaftsbetriebe im Mittelpunkt, die von Knappheit an Arbeitskräften und überreichlichem Landangebot bestimmt war, was – so der Autor – zu extensiven Anbausystemen führte. Einige Bevölkerungszahlen, die wir einleitend wiedergegeben haben, stellen allerdings eine hinreichende Warnung vor schnellen Schlüssen auf einer unzureichenden Datenbasis dar. Im Rahmen von Austins kritischer Prüfung dieser These[21] wurde der Fokus der Forschung wieder auf die Grundlagen der Güterproduktion gelegt[22], nachdem über lange Zeit Handelsbeziehungen und neuerdings dann die afrikanische Institutionenlandschaft und ihre Defizite die Aufmerksamkeit auf sich gezogen hatten. Bemer-

---

19 *Hopkins*, An Economic History of West Africa.

20 *Austen*, African Economic History.

21 *Austin*, Resources.

22 Das entspricht dem Petitum von Paul Tiyambe Zeleza, einem der nicht sehr zahlreichen afrikanischen Autoren, die zur wirtschaftsgeschichtlichen Forschung beigetragen haben: *Tiyambe Zeleza*, A Modern Economic History of Africa, 2 f. Nur ausnahmsweise sind die wenigen einschlägigen Veröffentlichungen afrikanischer Wissenschaftler den westafrikanischen Binnenstaaten gewidmet und nicht den weltwärts orientierten Küstenregionen. Dies hat zur Folge, dass sich auch die vorliegende Studie ganz überwiegend auf europäische und amerikanische Literaturreferenzen stützen wird. Zutreffend beschrieb der malische Sozialwissenschaftler Chéibane Coulibaly die Situation: „L'histoire rurale est une discipline malheureusement très peu pratiquée dans nos pays." Vgl. *Coulibaly*, Politiques agricoles et stratégies paysannes au Mali, 13. Das in der Vorbemerkung (Anm. 4) erwähnte „Handbook of Global Economic History" enthält zwar einen Beitrag zur westafrikanischen wirtschaftsgeschichtlichen Forschung, doch ist dieser stark anglophon geprägt und auf die Küstenstaaten, vor allem Nigeria, ausgerichtet: *Olukoju*, Beyond a Footnote: Indigenous Scholars and the Writing of West African Economic History.

kenswert ist dabei, dass Austin in seinem Beitrag die Faktorausstattung nicht als erklärendes Element einer unterstellten, Jahrhunderte währenden Stagnation ansieht. Vielmehr lotet er zugleich Spielräume aus, die Agrarsysteme zu verändern und verweist auf den „long-term process of selective adoption and adaption of cultigens from other parts of the tropics and within Africa. Thus were the purely natural endowments of the region improved upon."[23]

Noch bedeutsamer als diese empirischen Fragestellungen ist eine weitere Festlegung von Hopkins. Er strukturiert sein Buch und damit dessen Gegenstand, die afrikanische Wirtschaft in historischer Betrachtung, um den Begriff des Marktes.[24] Damit ist nicht die Existenz von Marktorten und -aktivitäten gemeint. Es geht vielmehr um *den* Markt, als ein die Gesellschaft, zumindest aber die Wirtschaft regulierendes Organisationsprinzip.[25] Für die frühe Zeit lässt sich kaum etwas finden, was diese weitreichende These stützen könnte. Bei den arabischen Schriftstellern, die neben den archäologischen Befunden unser Bild dieser Periode prägen, sind Ausführungen, die Gesellschaften Westafrikas seien durch Streben nach ökonomischer Effizienz geprägt, vermittelt durch das Wirken der Marktgesetze, nicht in Ansätzen auffindbar. Solche Gedanken sind ihnen auch dann völlig fremd, wenn sie, wie Ibn Khaldun, nach sozialen Ordnungsprinzipien suchen. Vielleicht ist Hopkins' Überspitzung seiner ständigen Auseinandersetzung mit Karl Polanyi und seiner Schule geschuldet.

Ralph Austen, der zweite wichtige Autor, bezeichnete seinen Vorgänger in seiner „African Economic History" dann auch als „liberal-market historian"[26] und vermied tunlichst Bezüge auf dessen Buch. Er selbst schöpfte aus einer Vielzahl zu seiner Zeit verbreiteter theoretischer Ansätze – neben der orthodoxen Ökonomie erwähnt er die marxistische, dependenztheoretische und substantivistische Schule.[27] Allesamt sind sie, wie Zeleza kritisch anmerkte, eurozentrisch ausgerichtet und teleologisch geprägt: Sie haben das Ziel einer Entwicklung nach europäisch-amerikanischem Muster vor Augen.[28] Austen charakterisierte die afrikanische Wirtschaft als „Afri-

---

23 *Austin*, Resources, 618.
24 *Hopkins*, Economic History, 4 f.
25 Vgl. dazu *Guerreau*, Avant le marché, les marchés.
26 *Austen*, Economic History, 101.
27 Ebd. 2, 5.
28 *Zeleza*, Modern Economic History, 3–12.

can domestic economy"[29], ein durchaus mehrdeutiger Begriff[30], da er sowohl die Produktion für den eigenen Bedarf eines Haushaltes wie auch wirtschaftliche Aktivitäten im Rahmen eines Haushaltes, aber durchaus auch für den Markt bestimmt, bedeuten kann. Ersterer Aspekt hat lange, bis in die jüngere Zeit, unter dem Titel „Subsistenzwirtschaft" das Bild der afrikanischen Ökonomie bestimmt[31], obwohl bereits John Flint und Ann McDougall in sehr deutlichen Worten davor gewarnt hatten, dies als Leitkonzept zu verwenden: „The concept of the stagnant ‚subsistence economy' [...] has been more or less jettisoned by those concerned with early West African history as being virtually meaningless, except in occasional times of crisis."[32]

Austen weist dem marktorientierten Teil des Wirtschaftens einen eher marginalen Platz zu: Er fand vornehmlich zwischen spezialisierten Berufsgruppen statt.[33] Eine dynamische Wirkung begann die Produktion für den Markt erst mit der Ankunft internationaler Kaufleute zu entfalten.[34] Ich ziehe dem missverständlichen Begriff der „domestic economy" Werner Röseners ausgewogenere Definition der „Bauernwirtschaft" vor: „Obwohl [sie] gewisse Gewinnchancen durchaus wahrnimmt, verfolgt sie insgesamt doch nur ökonomische Ziele von begrenzter Reichweite. Vor der Erwirtschaftung von Überschüssen ist sie bestrebt, die tradierten, kulturell normierten Bedürfnisse der bäuerlichen Lebensform zu befriedigen." Dies „darf freilich nicht zu einer isolierten Betrachtung der Bauernwirtschaft führen", die durchaus mit den Märkten verbunden ist.[35] Immer sind dabei auch Viehhalter und Fischer mitzudenken, auch wenn, besonders bei den Viehhaltern, die Quellenlage denkbar dürftig ist.

Frühere Forschungsreisende wiesen immer wieder auf die Existenz kleinerer oder großer Märkte hin und zeigten sich von ihrer lebhaften Frequentierung beeindruckt. Da es sich dabei oft um ländliche Märkte oder um städtische Märkte mit ländlichen Waren handelte, werden wir diese einschlägigen Zeugnisse aus allen Zei-

---

29 *Austen*, Economic History, Kap. 1, welches das einzige der Landwirtschaft gewidmete ist.

30 Zur Diskussion darüber vgl. *Sahlins*, Stone Age Economics, bes. 83. Bei Sahlins auch der notwendige Verweis auf Chayanovs Lehre von der bäuerlichen Familienwirtschaft.

31 Auch noch bei *Jones*, Afrika bis 1850, 377.

32 *Flint/McDougall*, Economic Change in West Africa in the Nineteenth Century, 380.

33 *Austen*, Economic History, 20f.

34 Ebd. 24.

35 *Rösener*, Einführung in die Agrargeschichte, 170.

ten im weiteren Verlauf der Studie ausführlich heranziehen. Hier nur vorab eine Beobachtung von Emile Baillaud, der die Savannenregion, die neue Kolonie „Soudan français" kurz vor dem Ende des 19. Jahrhunderts bereiste: „Au commerce des grains, des troupeaux et des divers condiments vient s'ajouter celui des étoffes et des filets." Zum Abschluss seines Berichtes ging er explizit auf die Frage der Subsistenzproduktion ein und stellte fest, dass von allen produzierten Gütern große Mengen nicht in den Eigenverbrauch eingingen, sondern zum Verkauf auf die Märkte gebracht wurden.[36] Warum solche Hinweise von der späteren Forschung vielfach missachtet wurden, ist nur schwer verständlich.

Inzwischen wurden mehrere Studien zu kommerziellen Landwirtschaftsformen in vorkolonialer Zeit vorgelegt.[37] Der Eindruck einer durchgängig verbreiteten Subsistenzökonomie erfährt dadurch die notwendigen Korrekturen. Bei diesen Untersuchungen liegt der Blick vornehmlich auf den Küstenregionen und auf der Erzeugung von Exportgütern, die über den Atlantik nach Europa oder Amerika verschifft wurden. In welchem Ausmaß, in welchen Formen auch für innerafrikanische Märkte produziert wurde, wird uns ausführlich beschäftigen.

Vor allem aber fällt bei Austen, worauf schon Zeleza hinsichtlich seines theoretischen Hintergrundes hingewiesen hatte, die starke Außenorientierung seines Werkes auf. Deutlich erkennbar sind sein Vergleichsmaßstab die entwickelten Nationen des Nordens[38], immer wieder kommt er in eigenen Unterabschnitten auf den „de-

---

36 „Nous avons vu les indigènes des rives du Niger cultiver le riz et le mil en grande quantité, non point parce que cela leur était nécessaire pour vivre, mais pour réaliser un bénéfice important en allant porter leurs récoltes dans les pays où riz et mil manquent. D'autres élevaient des troupeaux; ce n'était point pour leur consommation personnelle, mais bien pour les diriger vers des contrées lointaines. D'autres enfin, et en très grande nombre, s'adonnaient au commerce proprement dit." *Baillaud*, Sur les routes du Soudan, 5 u. 323.

37 Etwa *Law* (Ed.), From Slave Trade to ‚Legitimate' Commerce; *Swindell/Jeng*, Migrants, Credit and Climate; *Law/Schwarz/Strickrodt* (Eds.), Commercial Agriculture, The Slave Trade and Slavery in Atlantic Africa.

38 So *Austen*, Economic History, 17: „Compared with food-production systems in more developed parts of the world, African pastoralism and farming do not provide very efficient output." Ganz offensichtlich gilt der Vergleich jüngeren Agrarsystemen außerhalb Afrikas und nicht den zeitgleich in Europa existenten. Offenbar ist Austen die von Duby und Fossier angestoßene Diskussion um die Ertragskraft der mittelalterlichen Wirtschaft nicht bekannt, mit einer angenommenen Saat-Ernte-Relation von 1:1,6 oder 1,8, Werte, die sich mit hohem argumentativen Aufwand und einer intensiven Quellenkritik vielleicht auf 1:4 anheben lassen. Will er mit der zitierten Stelle nahelegen, die Viehhaltung im Sahel solle eher dem statio-

velopment impact" des gerade von ihm behandelten Zeitabschnittes zurück. Jahre später bedauerte er diese Perspektive.[39]

Wenn sie auch angesichts der bedeutenden Erkenntnisfortschritte seit seinem Erscheinen an vielen Stellen überholt ist, so besticht doch Daniel Amara Cissés nicht mehr sehr oft verwendete „Histoire économique de l'Afrique noire" von 1988 durch die klare Analyse der Quellen und der Literatur, die dem Autor zur Verfügung standen, sowie durch manche treffende Charakterisierung ländlicher Ökonomien. Beispielhaft dafür sind des Autors Ausführungen zur Bedeutung des Handels, der Rolle der Landwirtschaft dabei und zu den Stadt-Land-Beziehungen.[40] Nur von begrenztem Nutzen für meine Arbeit ist die jüngst erschienene „Histoire économique de l'Afrique tropicale". Sie ist nicht nur räumlich, zeitlich und thematisch zu umfassend angelegt, um in Spezialfragen neue Erkenntnisse zu vermitteln, sie stellt vor allem eine Synthese der bisherigen Übersichtsliteratur dar, ohne wesentlich darüber hinauszugehen.[41] Obwohl schon älter, erscheint mir Jacques Giris „Histoire économique du Sahel" eine bessere Einführung in das Wirtschaftsleben der Savanne zu bieten.[42] Der Verfasser, der als langjähriger hoher Repräsentant der französischen Entwicklungszusammenarbeit ein exzellenter Kenner des heutigen Sahel, aber kein Historiker ist, setzte sich intensiv mit den bekanntesten Schriftquellen auseinander und ist sich vor allem des Gewichtes des ländlichen Raumes bewusst. Aber sein Buch, das aus schwer verständlichen Gründen außerhalb des französischen Sprachraumes nur ein begrenztes Echo gefunden hat, ist inzwischen mehr als zwanzig Jahre alt, zahlreiche neue Erkenntnisse traten inzwischen zutage.

Wie bei vielen Forschungsfeldern der historischen und ökonomischen Anthro-

---

nären Muster einschließlich der erforderlichen Futterproduktion in Europa folgen? Vgl. dazu *Stamm*, Produktivität des Getreidebaus und Abgabenlast im Früh- und Hochmittelalter.

39 „What I perceive as the greatest shortcoming in my own previous work is its emphasis on externally oriented aspects of the African economy." *Austen*, On Comparing Pre-Industrial African and European Economies, 21.

40 *Cissé*, Histoire économique de l'Afrique noire, Vol. 3, zur erwähnten Thematik ebd. 74–78.

41 *Brasseul*, Histoire économique de l'Afrique tropicale. Besonders irritiert, dass der Autor selbst die bekanntesten Quellentexte fast durchgängig nur aus zweiter Hand, aus der Sekundärliteratur zitiert und mit ihnen offenbar auch nicht besonders vertraut ist, sonst könnte er nicht al-Sa'dis Tarikh al-Sudan (dazu Kap. II., Anm. 124) als „documents rédigés [...] au XVIIIᵉ (!) siècle par des lettrés sahéliens" (Plural!) bezeichnen (ebd. 50). Brasseul zitiert diese berühmte und leicht zugängliche Chronik nach *Giri*, Histoire économique du Sahel.

42 *Giri*, Histoire économique du Sahel.

pologie begegnen wir in der afrikanischen Wirtschaftsgeschichte dem seit Jahrzehnten von Formalisten und Substantivisten ausgetragenen Methodenstreit. In vielfältigen Ausformungen und Themenvarianten kreist er um die Frage, ob die Methoden der orthodoxen (neoklassischen) Ökonomie universell, für alle Gesellschaften und alle Epochen, gültig sind (so die Formalisten) oder ob jede historische Formation eigenen Regeln unterliegt, die spezifische Analyseinstrumente erfordern. Der ersteren Schule ist Antony Hopkins zuzurechnen, die Substantivisten sind maßgeblich von dem umfangreichen Werk von Karl Polanyi beeinflusst. Diese Debatte soll hier nicht erneut befeuert werden, vor allem nicht in der Einleitung, vor der Ausbreitung der historischen Befunde.[43] In deren Verlauf, soviel sei gesagt, wird sich allerdings zeigen, dass eine allein der heutigen orthodoxen Wirtschaftslehre verpflichtete Methode oft in Sackgassen führt. Das bedeutet andererseits nicht, dass die vor allem von Hopkins in seiner „Economic History of West Africa" hervorgehobene ökonomische Rationalität westafrikanischer Bauern auf einem Fehlurteil beruhte. Der Methodenstreit war und ist von mancherlei Missverständnissen und dogmatischen Verhärtungen geprägt, vor allem hinsichtlich des Stellenwertes von Märkten und der Wahl der geeigneten Analyseinstrumente. Es sollte heute möglich sein, ihn zu überwinden. Was dabei die Märkte angeht, so ist auf die glückliche Formulierung Alain Guerreaus, „Avant le marché, les marchés", zu verweisen, wobei Letztere, die Märkte, als lange vor der Verbreitung industrieller, kapitalistischer Strukturen bestehende Orte des Warenaustausches anzusehen sind, Ersterer, der Markt, aber als die Wirtschaft, vielleicht gar die Gesellschaft dominierende Grundstruktur.[44]

Nachdem die Wirtschaftsgeschichtsschreibung Afrikas, wie einer ihrer Pioniere, Antony Hopkins, vor einigen Jahren bemerkte, gegen Ende des vergangenen Jahrhunderts an Forschungsintensität und Ausstrahlung verloren hatte[45], konnten Gareth Austin und Stephen Broadberry später eine Wiederbelebung feststellen.[46] Neuere Arbeiten, teils institutionenökonomisch[47], teils produktionstheoretisch[48] aus-

---

43 Ich schließe mich den diesbezüglichen Bemerkungen von *Sahlins* in seiner Einleitung zu „Stone Age Economics", XI f., an. Meine eigene Position habe ich in: *Stamm*, Was ist historische Wirtschaftsanthropologie?, 11–31, ausgeführt.

44 *Guerreau*, Avant le marché, les marchés.

45 *Hopkins*, The New Economic History of Africa, 155–177.

46 *Austin/Broadberry*, Introduction: The Renaissance of African Economic History.

47 Hier sind vor allem die Arbeiten von Daron Acemoglu, Simon Johnson und James A. Robinson zu nennen, die die vieldiskutierte ‚Reversal of fortune'-These aufstellten. Unter ihren zahlreichen einschlägigen

gerichtet, beschränken sich dabei erfreulicherweise nicht auf die lange Zeit das Interesse beherrschende Kolonialzeit, sondern gehen weit hinter sie zurück.[49] Diese jüngeren Beiträge stammen oft von (Entwicklungs-) Ökonomen. Deren Umgangsweise mit dem ‚historischen Material' unterscheidet sich allerdings deutlich von der in der Geschichtswissenschaft üblichen Methodik.[50] Ihr Schwerpunkt liegt weniger auf der Konsolidierung und Vermehrung der empirischen Grundlagen, also auf der Quellenforschung, als auf der Ableitung neuer Theoreme aus ausgewählten Daten des vorhandenen Bestandes.

Vielleicht hängt das zumindest temporäre Desinteresse an afrikanischer Wirtschaftsgeschichte auch mit den vieldiskutierten ‚cultural turns'[51] der letzten Jahrzehnte zusammen. Im Anschluss an Clifford Geertz wurde nun nach Interpretationen des „selbstgesponnenen Bedeutungsgewebes" gesucht, in das die Menschen verwoben sind und welches die Kultur darstellt.[52] Die Untersuchung dieser symbolischen Ordnungen stand fortan im Zentrum der anthropologischen Forschung. Die so verstandene Kultur gilt nicht als Instanz, „der gesellschaftliche Ereignisse, Verhaltensweisen, Institutionen oder Prozesse kausal zugeordnet werden könnten".[53] Andreas Reckwitz sah darin das Risiko einer Illusion der autonomen Symbole; Carola Lentz erkannte eine Entsoziologisierung des Kulturbegriffes.[54] Selbstverständlich haben wir es in der Geschichtswissenschaft mit zugeschriebenen, vielfach konstru-

---

Veröffentlichungen vgl. *Acemoglu/Johnson/Robinson*, Reversal of Fortune. Im Kern besagt die These, die ökonomische Entwicklung der Welt habe sich seit ca. 500 Jahren so vollzogen, dass früher wohlhabende Regionen nun arm seien und umgekehrt. Am deutlichsten zeige sich diese Tendenz an den Beispielen Nordamerika, Neuseeland und Australien (ebd. 1231). Verantwortlich für einen positiven Trend sei die Übertragung europäischer entwicklungsorientierter Institutionen, die am vollständigsten in den drei genannten Regionen erfolgte. Dort wurden die vor der Kolonisierung bestehenden sozialen Systeme völlig zerstört und durch europäisch geprägte ersetzt. Dass dabei auch die autochthone Bevölkerung bekanntlich teils vernichtet, teils marginalisiert wurde, verleiht der These einen bitteren Beigeschmack. Kritisch dazu *Austin*, The ‚Reversal of Fortune' Thesis, und *Bandyopadhyay/Green*, The Reversal of Fortune Thesis Reconsidered.

48 Vor allem *Austin*, Resources, Techniques and Strategies South of the Sahara.

49 Zur Überbetonung der Kolonialgeschichte vgl. *Reid*, The ‚Precolonial' and the Foreshortening of African History. Zumindest implizit wird damit die Vorstellung befördert, afrikanische Geschichte sei in wesentlichen Teilen von Europäern gestaltet worden.

50 Vgl. *Jerven*, A Clash of Disciplines?

51 *Bachmann-Medick*, Cultural Turns.

52 *Geertz*, Dichte Beschreibung, 9.

53 Ebd. 21.

54 *Reckwitz*, Die Transformation der Kulturtheorien, 471–473; *Lentz*, Der Kampf um die Kultur, 312.

ierten Bedeutungen, mit ‚Texten‘ also, zu tun, die „fremdartig, verblasst, unvollstän-
dig, voll von widersprüchlichen, fragwürdigen Verbesserungen und tendenziösen
Kommentaren" sind.[55] Es handelt sich meist (nicht immer) um Erklärungen, die wir
wiederum ordnen und erklären. „Was wir als unsere Daten bezeichnen, [sind] in
Wirklichkeit unsere Auslegungen davon […], wie andere Menschen ihr eigenes Tun
und das ihrer Mitmenschen auslegen."[56] Doch es bleibt die zuletzt kaum noch gestellte Frage, ob es die ‚Auslegung der Auslegungen‘ erlaubt, eine Vorstellung von
den vielleicht doch existenten Gegenständen der vielfältigen Interpretationen zu gewinnen. Es geht dabei um eine „Rückbesinnung auf Gesellschafts- und Praxisbezü-
ge", darum, „jenseits eines längst selbstbezüglich gewordenen Universums von Texten, Zeichen, Kodierungen wieder stärkere Wirklichkeitsbezüge […] zurückzuge-
winnen".[57]

Von der Verschiebung der Forschungsinteressen, gar von einem temporären Be-
deutungsverlust ist nicht allein die afrikanische Wirtschaftsgeschichte betroffen.
Wie ein Déjà-vu lesen sich die Vorbemerkungen des französischen Sozialhistorikers
Jean Nicolas zur Neuauflage seiner großen Monographie über Savoyen:

> „Voici que le social ennui […] oubliez les troupeaux, les moissons et les chau-
> drons, oubliez les groupes, les classes et leurs conflits […]. Comment ignorer
> […] qu'un écart immense sépare ‚la trace représente et la pratique représentée‘,
> ou pour mieux dire encore le ‚signifiant‘ du ‚signifié‘? L'historien doit ‚décon-
> struire les savoirs‘ […] on le disait dans les cénacles branchés, rencontres et col-
> loques à Paris, New York et ailleurs, on l'écrivait dans les revues en se mettant
> sous le patronage d'une divinité à faces multiples, Barthes, Foucault, Derrida,
> Lyotard."[58]

Es hätte nun erwartet werden können, dass der aufstrebende Zweig der Kulturwissenschaften, der sich mit den Gegenständen befasst, mit der materiellen Kultur,
sich auch den lebensnotwendigen Dingen des ländlichen Lebens und der Landwirtschaft zuwendet. Doch aus schwer verständlichen Gründen ist dies nicht der Fall. In
dem „Handbuch Materielle Kultur" fehlt jeder einschlägige Hinweis, obwohl einer
der Herausgeber darauf aufmerksam macht, dass sich der Begriff Kultur aus „cultu-

---

55 *Geertz*, Dichte Beschreibung, 15.
56 Ebd. 14.
57 *Bachmann-Medick*, Cultural Turns, 421 f.
58 *Nicolas*, La Savoie au XVIIIe siècle, XI.

ra", u.a. mit Landbau zu übersetzen, ableitet.[59] Die Behandlung der materiellen Kultur erstreckt sich auf alle denkbaren Aspekte der Dinge, nicht aber auf ihre Herstellung.[60]

3. Quellen und Gliederung der Arbeit

Die wissenschaftlichen Disziplinen, die zur Kenntnis der frühen Epochen beitragen, sind vor allem die Archäologie und die Auswertung der Schriftquellen. Glücklicherweise beschränkt sich die auf Afrika bezogene archäologische Forschung nicht mehr vorwiegend auf die sogenannte Vorgeschichte, sondern greift zunehmend in das erste und zweite Jahrtausend unserer Zeitrechnung aus.[61] Mit voranschreitender Zeit können ihre Ergebnisse dann mit den zahlreicher zur Verfügung stehenden Schriftquellen verglichen und von ihnen ergänzt werden, wie auch der umgekehrte Prozess, die Korrektur mancher Aussagen der Schriftquellen durch archäologische Befunde, möglich ist. Der hier verfolgte Ansatz besteht also darin, Grabungsergebnisse und Schriftquellen in einen Dialog treten zu lassen.[62] Dies erspart mir das eher fragwürdige Procedere, ausgehend von neueren ethnographischen Beschreibungen Projektionen in die ferne Vergangenheit anzustellen, fragwürdig des-

---

59 *Samida/Eggert/Hahn* (Hrsg.), Handbuch Materielle Kultur, 22.

60 Dagegen bilden Agrarprodukte und ihre Erzeugung den Ausgangspunkt von *Fernand Braudels* „Civilisation matérielle, économie et capitalisme", so der Originaltitel von Sozialgeschichte des 15.–18. Jahrhunderts, hier Bd. 1: Der Alltag.

61 Vgl. dazu *Stahl/LaViolette*, Introduction: Current Trends in the Archaeology of African History, sowie *Stahl*, The Archaeology of African History. Diesen Ansatz verfolgt auch *Vernet* (Ed.), L'archéologie en Afrique de l'Ouest, Sahara et Sahel; der auf Mali bezogene Teil des Bandes ist leider für die vorliegende Problematik wenig ergiebig.

62 Recht überraschend relativierte Jan Vansina 1995 die Möglichkeiten einer produktiven Zusammenarbeit von Historikern und Archäologen, denen er u.a. „a nearly total adherence to neo-evolutionary theory (including various environmental determinisms)" vorwarf (*Vansina*, Historians, Are Archaeologists Your Siblings?, 396). Spät, aber umso heftiger holte Roderick McIntosh zu einem (vielleicht zu emotionalen) Gegenangriff aus (*McIntosh*, Captain of ‚We Band of Brothers') und wies dabei darauf hin, dass Nehemia Levtzion eine völlig neue Bearbeitung seines grundlegenden Buches „Ancient Ghana and Mali" geplant und dazu auch Archäologen als unverzichtbare Mitautoren eingeladen hatte. Sein früher Tod brach dieses Projekt ab – dessen Herangehensweise hat sich aber, so lässt sich heute sagen, gegen Vansinas Reserven durchgesetzt (dazu *McDougall*, Engaging with the Legacy of Nehemia Levtzion, 8–11).

halb, weil das die Kontinuität der Praktiken voraussetzt[63], deren Feststellung allenfalls ein Ergebnis der Untersuchung sein kann. Allerdings ist es erforderlich, dass sich der Historiker zumindest mit den Grundzügen der archäologischen Methoden und mit den jeweiligen theoretischen Prämissen der Forscher auseinandersetzt, unter anderem, um dem Missverständnis vorzubeugen, diese Disziplin liefere ihm objektive ‚Daten' und eindeutige, eng eingegrenzte Zeitangaben.[64]

Der Corpus der edierten Schriftquellen ist beachtlich.[65] Sie bilden neben archäologischen Forschungen die Grundlage dieser Darstellung. Um die Edition und Deutung früher arabischer Quellen haben sich Autoren wie Cuoq, Abitbol, Levtzion, Hopkins und vor allem der unlängst verstorbene John Hunwick verdient gemacht. Es will scheinen, als stünden derzeit kaum Nachfolger mit den erforderlichen arabischen, historischen und afrikanistischen Kompetenzen bereit, um die mühevolle Arbeit des Edierens weiterer Quellenbestände fortzuführen. Dabei ist vor allem an die noch weitgehend unerschlossenen Sammlungen von Manuskripten zu denken, die mit der Stadt Timbuktu und ihrem weiteren Umland verbunden werden, die aktuell allerdings durch die politischen Umstände bedingt weit verstreut und kaum zugänglich sind.[66] Wichtige Sammlungen befinden sich in Paris, die Bibliothèque Umarienne und der Fonds Gironcourt. Beide sind immerhin durch Repertorien erschlossen[67], doch der Zugang zu ihren Dokumenten scheitert oft an fehlenden Arabischkenntnissen. Mit fortschreitender Zeit traten neben die Werke arabischer Gelehrter auch Berichte europäischer Reisender, und wir können erstmals in der Region selbst erstellte Chroniken und Abhandlungen nützen. Weitere frühe Quellen resultieren aus den Aktivitäten der Handelsstationen zum Beispiel am oberen Fluss-

---

63 In seiner noch heute wertvollen Monographie von 1961 vertrat Raymond Mauny eine solche Vorgehensweise: „Jusqu'à ces dernières décades, en bien de secteurs, l'agriculture ouest-africaine n'a pas modifié ses procédés millénaires, si bien adaptés au terroir et au climat." *Mauny*, Tableau géographique de l'ouest africain au moyen âge, 251. Ebenso verfährt auch *Austen*, Economic History, 16.

64 Instruktiv dafür sind die diesbezüglichen Ausführungen von *McIntosh*, Archaeology and the Reconstruction of the African Past.

65 Grundlegend zu westafrikanischen Quellenfragen, aber leider auf die Küstenregionen beschränkt, ist *Jones*, Zur Quellenproblematik der Geschichte Westafrikas. Für die westafrikanischen Binnenregionen siehe *Stamm*, Schriftquellen zur westafrikanischen Geschichte.

66 Einige Hinweise zu verfügbaren Instrumenten ihrer Erschließung finden sich in meinem vorgenannten Aufsatz.

67 *Nobili*, Catalogue des manuscrits arabes; *Ghali/Mahibou/Brenner*, Inventaire de la Bibliothèque 'Umarienne de Ségou.

lauf des Senegal und den diesbezüglichen Aufzeichnungen. Einige davon sind an verstreuter Stelle veröffentlicht, umfangreiches Material befindet sich in den Archives Nationales d'Outre Mer (Aix-en-Provence), von allem in den Beständen Fonds Ministèriels, Premier empire colonial, Correspondance à l'arrivée, sér. C, und Fonds Ministèriels, Deuxième empire colonial, Ministère des Colonies, Sénégal et dépendances. Ebenfalls in Aix-en-Provence sind wichtige Bestände der Archives Nationales du Sénégal als Mikrofilme einsehbar. Aus dem Fonds A.O.F. sind die Serie K für die Sklaverei und die Serie R (Landwirtschaft) von großer Bedeutung.

Trotz allem verbleiben, vermutlich auf immer, erhebliche Lücken in dem Datenbestand. Mikrostudien über eine Region, ein Dorf gar, wie sie sich in der europäischen Historiographie als so fruchtbar erwiesen haben, dürften undurchführbar sein.

Jede Befassung mit afrikanischer Geschichte ist fast unweigerlich mit der Frage nach dem Stellenwert der oralen Quellen konfrontiert. In dieser Untersuchung finden sie nur sehr begrenzt Verwendung, meist für die letzten Zeitabschnitte der behandelten Periode, also für das 19. Jahrhundert. Auf der Oraltradition basierende Studien wie Charles Monteils Monographie über Djenné und Ba/Dagets Werk zur Diina sind zweifellos außerordentlich ertragreich.[68] Doch ist zu bedenken, dass diese Autoren noch Zugang zu Zeitzeugen hatten oder, wie im Falle Bas, direkte Nachkommen der historischen Akteure waren. Traditionen dagegen, die von eifrigen Forschern heute noch immer aufgenommen werden, betrachte ich mit Skepsis. Nicht nur erscheint mir die zurückliegende Zeitspanne einfach zu groß, um noch zuverlässige Angaben zu erhalten. Diese Aussagen sind zudem von der Vielzahl der inzwischen erschienenen Studien und Medienberichte, aber auch von politischen und Entwicklungsdiskursen überformt und dabei heutigen Interessen untergeordnet worden. Zudem ist zu berücksichtigen, wie Théodore Monod 1955 in seinem Vorwort zu Ba/Daget schrieb, dass eine Reihe von Faktoren in der Oraltradition kaum Beachtung finden, vor allem solche geographischer, ökonomischer und demographischer Art. Ihr Interesse konzentriert sich auf herausragende Ereignisse, beispielgebende Taten von Herrschern und Kriegern, auf die Geschichte bedeutender Familien.[69] Wir dagegen befassen uns hier mit Strukturen und ihren langwährenden Ver-

---

68 *Monteil*, Une cité soudanaise (Erstauflage 1932, aber basierend auf der Monographie des Autors von 1903); *Ba/Daget*, L'empire peul du Macina.

69 Ähnlich *Jones*, Quellenproblematik, Kap. 3.

änderungen, mit Prozessen, die sich zuweilen für die Beteiligten kaum wahrnehmbar über mehrere Generationen erstrecken.

Dem malischen Sozialhistoriker Amidu Magasa war die Fixierung der Oraltradition und ihrer Protagonisten, der ‚griots‘, auf die Macht und die Mächtigen wohlbekannt, als er die Frühzeit des Office du Niger erforschte. Er schlug daher vor, nicht nur sie, die professionellen und oftmals bezahlten Tradenten zu hören, sondern auch einfache Menschen, anonyme Zeitzeugen („hommes de savoir anonymes“)[70], die nicht die soziale Funktion innehaben, die Tradition in einer gewünschten Form wiederzugeben, sondern die von ihren Erlebnissen berichten. Er selbst wendete diese Methode mit aufschlussreichen Ergebnissen an, doch sein Forschungsgegenstand ist im 20. Jahrhundert angesiedelt. Ob die Erfahrungen seiner Zeugen auch noch nachfolgenden Generationen zur Verfügung stehen, ist zweifelhaft. Die Geschichte vergangener Jahrhunderte ist so nicht zu erkunden.

Wie kann, wie soll die in Angriff genommene Untersuchung organisiert werden, in einem Gebiet, das von solch heterogenen räumlichen Bedingungen gekennzeichnet ist wie das alte Mali und das erst in der jüngeren Zeit zu nationalen Einheiten gefunden hat? Eine Unterteilung in aufeinanderfolgende historische Epochen scheidet aus, da eine Kontinuität der einzelnen in der Vergangenheit eine Rolle spielenden politischen Formationen nicht gegeben war. Keine Verbindungslinien drängen sich beispielsweise zwischen dem Songhayreich des 15./16. Jahrhunderts und der Diina Seku Ahmadus auf, auch wenn sich ihre jeweiligen Herrschaftsgebiete im Nigerbinnendelta überschnitten.[71] Nicht nur im Hinblick auf Reiche und Staaten lassen sich stetige Entwicklungen nicht feststellen, deren Annahme stellt vielmehr ein grundsätzliches Problem dar:

> „West African history over the last 2,000 years cannot usefully be encompassed within a set of progressive transitions between contrasted and ideal-

---

70 *Magasa*, Papa-commandant a jeté un grand filet devant nous, 18f. *Diawara/Dougnon*, Du ‚travail de Noir‘ au ‚travail de Blanc‘, sprechen im gleichen methodischen Kontext von „gens du commun“, deren Erinnerung es zu wahren und zu nutzen gilt.

71 Spätestens hier müssen wir uns auch der Frage stellen, wie wir die zahlreichen und völlig unterschiedlichen politischen Einheiten benennen wollen, die uns im Verlauf der Untersuchung begegnen werden. Wie oben mag in einigen Fällen die unbestimmte, aber auf ihre Größe verweisende Bezeichnung als Reiche nicht völlig verfehlt sein, bei der Diina, der Herrschaft Umar Tals oder dem Kalifat von Sokoto hilft vielleicht der Begriff der Theokratie weiter, doch sehr oft wäre ein allgemeiner Terminus wie das englische ‚polity‘ hilfreich, für den es im Deutschen aber keine Entsprechung gibt. ‚Staat‘, ‚Königreich‘ und Ähnliches sind jedenfalls unpassend oder anachronistisch.

ized cultural forms: Neolithic to Iron Age, statelessness to states, pre- and post-European contact. Neither can it be described as a steady progression toward any sort of evolutionary goal.“[72]

Hinzu kommt, dass es die Quellenlage schlicht nicht erlaubt, eine kontinuierliche Agrargeschichte etwa des Gebietes des heutigen Mali zu schreiben. Die Quellen beleuchten einzelne Aspekte an einem bestimmten Ort zu einer gegebenen Zeit, doch dazwischen verbleiben in räumlicher, zeitlicher und thematischer Hinsicht weite Bereiche im Dunkel. Die Folge ist, dass es kaum je möglich sein wird, eine gegebene Problematik in einem Gebiet über eine längere Periode zu verfolgen. Stattdessen müssen wir uns meist mit Impressionen begnügen, die unterschiedlichen Gegenden und Zeiten entspringen. Inwieweit sie sich sinnvoll verknüpfen lassen, bleibt abzuwarten. Das ändert sich erst mit dem ausgehenden 19. Jahrhundert. Es bleibt also nichts anderes übrig, als zeitliche und lokale Schwerpunkte zu setzen, die meist, aber nicht immer einer chronologischen Ordnung folgen. Die Vorgehensweise hat den Nachteil, dass die gleiche Fragestellung in unterschiedlichen Zusammenhängen, also an mehreren Stellen des Buches behandelt wird, wenn auch, wie ich versuche und hoffe, jeweils mit einer geänderten Perspektive. Eine alternative Herangehensweise hätte in der Schaffung von sachlichen Schwerpunkten gelegen, quer durch die Regionen und Perioden. Allerdings wäre dadurch der Eindruck einer Kontinuität der Analyse geweckt worden, die in den meisten Fällen nicht gewährleistet werden kann. Vor allem aber liegen zu vielen Themenkomplexen nur äußerst knappe Informationen vor, so dass eine solche Darstellungsmethode zu einer großen Anzahl von vielfach kurzen Fragmenten geführt hätte.

Das letztlich bevorzugte Verfahren und seine Durchführung sind somit einerseits quellenbedingt, andererseits aber auch das Ergebnis von Entscheidungen des Bearbeiters, die, wie der Rückblick auf die bisherige Forschung zeigte, durchaus auch anders ausfallen könnten. Das vornehmliche Ziel der Untersuchung besteht darin, den Fokus der Darstellung auf die westafrikanischen Ackerbauer und Viehhalter als Hauptakteure ihrer Geschichte zu richten, nicht auf die europäischen Handeltreibenden, Eroberer oder Kolonialherren.[73] Insoweit ist die Studie doch nicht gänzlich voraussetzungslos, zumindest bei der Wahl ihrer Perspektive. Ich

---

72 *Maceachern*, Two Thousand Years of West African History, 458.

73 Dies ist vielleicht auch eine wichtige Botschaft, die von Hopkins' ‚Economic History' bleibt, vgl. *Austin*, A. G. Hopkins, West Africa, and Economic History.

hoffe zeigen zu können, dass es für diese Wahl, die ja in der Thematik schon angelegt ist, in der innerafrikanischen Savanne gute Gründe gibt. Und ich habe mich bemüht, die Analyse nicht von dem Bild Afrikas leiten zu lassen, das *gegenwärtig*, zu Recht oder Unrecht, vorherrscht. Klarer gesagt: Mein Ausgangspunkt ist nicht die angenommene heutige Unterentwicklung der Region, und meine methodische Vorgehensweise liegt nicht darin, Gründe dafür zu identifizieren.

II. Landwirtschaft in den alten Reichen Ghana, Mali, Songhay

1. Archäologische Blicke auf die frühe Landwirtschaft

„The earliest food-producing economies in West Africa were pastoral, based on cattle that were domesticated [...] several millennia before the first domesticated plants appear."[1] Letzteres war im Nigerbinnendelta im zweiten Jahrtausend v.Chr. der Fall; einige der Zentren frühen Pflanzenbaus[2] lagen in der westafrikanischen Savannenregion. Erzeugt wurden u.a. Hirse (Pennisetum glaucum), Reis (Oryza glaberrima) und Fonio (Digitaria exilis).[3] Zugleich finden sich neben Hinweisen auf die schon lange verbreitete Viehhaltung auch solche auf Fischfang, so dass McIntosh von einer „subsistence specialisation" spricht, welche Austauschverhältnisse in einem „complex web of interdependent communities" begründete.[4] Für das erste Jahrtausend unserer Zeitrechnung lassen sich bereits ausgewogene Anbausysteme annehmen, Mischkulturen von Getreide, vornehmlich Hirse, und Leguminosen. Auch eine vielfältig, z.B. als Gemüse, nutzbare Hibiskusart (Hibiscus sabdariffa) ist nachgewiesen.[5] Noch heute wird sie zur Herstellung des bekannten Bissapgetränkes verwendet. Später, um die Jahrtausendwende, traten an geeigneten Standorten noch Sorghum und Wassermelone hinzu.[6] Wegen der schnellen Bodenerschöpfung

---

1   *McIntosh*, Holocene Prehistory, 11. Vgl. auch *MacDonald*, The Origins of African Livestock, 10.

2   Was ich schlicht als Anbau bezeichne, ist in ,cultivation' und ,domestication' zu differenzieren, wobei Letztere den Pflanzencharakter den Bedingungen des Anbaus anpasst, sie also durch Auslese und Züchtungsmaßnahmen verändert; vgl. *Fuller/Hildebrand*, Domesticating Plants; siehe auch *Breuning*, Pathways to Food Production in the Sahel; *Neumann*, The Romance of Farming; *Gifford-Gonzales*, Pastoralism and its Consequences.

3   *Fuller/Hildebrand*, Domesticating Plants, 513.

4   *McIntosh*, Holocene Prehistory, 13.

5   *Breuning/Neumann*, Zwischen Wüste und Regenwald, 124, sowie *Kahlheber/Neumann*, Development of Plant Cultivation, 333.

6   *Kahlheber*, Perlhirse und Baobab, 226.

konnte keine Reinkultur praktiziert werden, Mischkulturen dagegen „fördern und erhalten die Bodenfruchtbarkeit und wirken ertragssteigernd".[7] Aus Holzkohlefunden lässt sich die Existenz vom Kulturbaumparks ableiten, mit Vitellaria paradoxa (Karité) und vor allem Faidherbia albida. Letztere „ermöglichte einen intensiven Bodenbau ohne Brachezeiten durch (ihre) Fähigkeit, Stickstoff zu binden".[8] Für Kahlheber/Neumann steht eine landwirtschaftliche Intensivierung im westafrikanischen Eisenzeitalter, also in der Zeitspanne zwischen der Mitte des ersten Jahrtausends v.Chr. und dem frühen zweiten Jahrtausend n.Chr., nicht in Frage. „The evidence for the intensification of the plant food production is quite clear. Several archaeobotanical assemblages illustrate the development of new agricultural systems."[9] Sie waren durch das Hinzutreten weiterer Anbauprodukte zu der Hauptfrucht Perlhirse charakterisiert, wodurch die Möglichkeit eröffnet wurde, mittels Mischkultur den Flächenertrag zu steigern, die Bodenfruchtbarkeit zu bewahren und zu stärken und auch dem Schädlingsbefall vorzubeugen. Perlhirse erfuhr über die Zeiten ebenfalls eine Verbesserung, durch Ausleseverfahren nahm die Größe der Körner zu.[10] Solche neuen Anbausysteme erzeugten nach Breuning und Neumann „wirtschaftlichen Wohlstand" in der Savannenregion; die materiellen Grundlagen für die entstehenden Großreiche wurden gelegt.[11]

Die von McIntosh oben erwähnten Gemeinschaften spezialisierter Produzenten ließen sich auf erhöhten Stellen des Binnendeltas nieder. Dort bildeten sich Siedlungen heraus, von denen einige stadtähnliche Züge aufwiesen. Deren größte (oder nur die am besten erforschte), Jenné-jeno erreichte im 8. Jahrhundert n.Chr. eine Bewohnerzahl von 10000 bis 25000 Menschen.[12] Ähnliches lässt sich an anderer Stelle im Binnendelta nachweisen. „Tout le Delta est parsemé de nombreuses buttes anthropiques (tells, togué) qui témoignent de la densité de la population autrefois."[13]

Historische afrikanische Gesellschaften gelten allgemein nicht als Beispiele für frühe urbane Kulturen. Mali mag, wird dabei die Mitte des vergangenen Jahrtau-

---

7   *Höhn/Kahlheber/Hallier von Czerniewicz*, Den frühen Bauern auf der Spur, 235.

8   Ebd. Vgl. auch ausführlich *Krings*, Agrarwissen bäuerlicher Gruppen, 132–134.

9   *Kahlheber/Neumann*, Development of Plant Cultivation, 331, ausführlicher *Kahlheber*, Perlhirse und Baobab, 217–227. Zurückhaltend dagegen *DeCorse/Spiers*, West African Iron Age.

10   *Kahlheber/Neumann*, Development of Plant Cultivation, 331.

11   *Breuning/Neumann*, Zwischen Wüste und Regenwald, 130.

12   *McIntosh*, Holocene Prehistory, 28, und ausführlich *McIntosh* (Ed.), Excavations at Jenné-jeno, 374f.

13   *Bedaux/Polet/Sanogo/Schmidt* (Eds.), Recherches archéologiques, 11.

sends betrachtet, angesichts klangvoller Namen wie Djenné, Timbuktou, Gao vielleicht eine Ausnahme darstellen. Doch entstünde auch in einer Agrargeschichte ein verzerrtes Bild, überginge man zentrale Orte und ihre Bedeutung für das Umland.[14] Dabei ist es allerdings erforderlich, sich von einigen Merkmalen der Städte, wie sie Gordon Childe definiert hat[15] und wie sie heute noch immer nachhallen, zu verabschieden. Zu ihnen gehören repräsentative, gar monumentale Gebäude, die Präsenz von religiösen, kulturellen und politischen Institutionen, Verwaltungssitze mit entwickelter pragmatischer Schriftlichkeit. Die malischen zentralen Orte wiesen nicht all diese Charakteristika auf, doch sie stellten verdichtete Ansiedlungen dar, in denen spezialisierte Handwerker ihre Produkte und Dienste anboten und die Bewohner des Umlandes ihre Überschüsse verkauften. McIntosh zeigt, dass die zahlreichen Satellitensiedlungen um Jenné-jeno von unterschiedlichen sozioprofessionellen Gruppen besiedelt waren, von Bauern, Fischern, Metallhandwerkern, Webern.[16] Die Ausstrahlung eines solchen zentralen Ortes auf das weitere Umland ist noch heute jedem unmittelbar erfahrbar, der Djenné vor und an einem Markttag erlebt hat. Gao wies ausgeprägte urbane Züge mit mehreren Stadtvierteln auf, in denen die Herrschaft ihren Sitz hatte und der Handel, die Fischer und die Handwerker angesiedelt waren, die also eine funktional unterschiedliche Prägung besaßen.[17] Insoll schließt aus seinen Grabungen auf die Ursprünge dieser Stadt: „[...] Gao was a local foundation, rather than created following the beginnings of regular trans-Saharan trade in the ninth – tenth centuries.“[18] Ein bemerkenswerter Hinweis, denn wie die Bedeutung der Städte, so wird auch ihr Ursprung kontrovers diskutiert. Die ältere, auf die arabischen Schriftquellen zurückgehende Auffassung, es handle sich um Gründungen unter dem Einfluss nordafrikanischer Händler, gilt heute als überholt und wird durch die Annahme früherer und endogener Ursprünge ersetzt. „In the Inland Niger Delta, then, the early emergence of complex urban forms of organization was indigenous and tied to expanding networks of trade and exchange. This finding overturned decades of historiography based on Arabic sources.“[19]

---

14 So *McIntosh*, Peoples of the Middle Niger, 200, und *La Violette/Fleisher*, The Archaeology of Sub-Saharan Urbanism. Den anglophonen Autoren ist Christallers Theorie der zentralen Orte nicht bekannt.

15 *Childe*, The Urban Revolution.

16 *McIntosh*, Peoples of the Middle Niger, 207.

17 *Insoll*, Islam, Archaeology and History, 28–32.

18 *Insoll* (Ed.), Urbanism, 150.

19 *McIntosh*, Holocene Prehistory, 29, ebenso *MacDonald*, Complex Societies.

Entgegen der allgemein angenommenen Entwicklung ab der Eisenzeit lassen sich in der mehr als eineinhalbtausend Jahre währenden Geschichte von Jenné-jeno archäologisch keine Anzeichen einer fortschreitenden landwirtschaftlichen Intensivierung nachweisen, trotz steigenden Bevölkerungsdrucks. McIntosh interpretiert dies als Beleg für den hohen Anpassungsgrad einer bereits bestehenden „mixed and highly diversed economy practiced at the site" an die schwierigen naturräumlichen und klimatischen Bedingungen des Deltas. Der steigende Badarf an Nahrungsmitteln „was likely relieved by effectively enlarging the size of the productive hinterland through trade".[20] Doch der Handel erstreckte sich nicht nur auf Jenné-jeno und sein Umland. Vielmehr wurden im Rahmen des Stadtverbandes erzeugte Überschüsse von Getreide, geräuchertem Fleisch und Fisch, Fischöl und Gewürzen über beträchtliche Distanzen in andere Regionen verbracht und dort gegen Metall, Salz oder Stein eingetauscht.[21] In die gleiche Richtung weist Abigail Stones Interpretation der Agrarsysteme während der langen Existenz von Jenné-jeno: Die naturräumliche Heterogenität des Binnendeltas, die infolge der jahreszeitlichen Unterschiede bestehende Diversität der nutzbaren Ressourcen erlaubten es, auf weitere Intensivierungsmaßnahmen zu verzichten und dennoch die zahlreiche Bevölkerung zu ernähren.[22] Kleinere Infrastrukturverbesserungen – Erddämme, Bewässerungsgräben, wie sie in späterer Zeit belegt sind – lassen sich allerdings archäologisch kaum nachweisen. Fischerei, die einen Schwerpunkt der Nahrungsmittelversorgung darstellte, war mit unterschiedlichen Schwerpunkten ganzjährig möglich. Hinzu traten Viehhaltung und Getreideanbau; die regelmäßige Nigerflut ließ ausgedehnten Reisanbau auch ohne aufwändige Bewässerung zu. Das Nigerbinnendelta war die Region, in der von den vier in der Savanne verbreitetsten Getreidearten (Reis, Perlhirse, Fonio, Sorghum) drei, nämlich die drei Erstgenannten, genutzt wurden. An anderen Orten wurden meist nur eine oder zwei davon angebaut.[23]

Archäologische Untersuchungen zum Wandel der Agrarpraktiken in einer weiteren Metropole des Binnendeltas, in Dia, lassen allerdings angesichts erkennbarer Weiterentwicklungen der Techniken auch andere Schlüsse zu. Sie machen zwischen 1000 und 1600 einen Prozess wenn nicht der Intensivierung, so doch der In-

---

20 *McIntosh*, Excavations, 379, 378.
21 Ebd. 390f.
22 *Stone*, Urban Herders, 177.
23 *Murray*, Archaeological Analysis, 245.

novation sichtbar, der sich auf Ackerbau, Viehhaltung und Fischfang erstreckte.[24] Reisanbau wurde zu dieser Zeit durch Hirse, Weizen und Baumwolle ergänzt, welch Letztere die Grundlage für den Stoffhandel bildete. Die Rinder in unterschiedlichen Herden differierten nun deutlich in der Größe, die vorher uniform war. Dies deutet auf Auslesemaßnahmen, wenn nicht auf das Auftreten neuer Rinderrassen hin. Bei der Untersuchung des Fischfangs erwies sich, dass die Überreste großer Individuen aus tiefen Flussstellen zugunsten kleinerer Exemplare zurücktraten. Offenbar hatte sich der Fischfang auf die Überschwemmungsflächen ausgedehnt und wurde dort mit Netzen betrieben. Nicht weit von Dia entfernt, bei Thial, konnten Ansiedlungen spezialisierter Handwerker, Schmiede, identifiziert werden.[25]

Im Ergebnis konstatieren die Archäologen bei Dia ein sie überraschendes Bild langfristigen ökonomischen Wandels. Sie erklärten dies mit dem Bevölkerungswachstum und der daraus resultierenden Notwendigkeit, die örtlich verfügbaren Ressourcen besser zu nutzen, was zu einer Spezialisierung der Produzenten führte.[26]

Auch das mittlere Senegaltal, dort, wo das Reich Takrur angesiedelt war, zeigte, wenn man der vielfach noch unzureichenden Datengrundlage vertraut, ein deutliches Bild wirtschaftlichen Wandels, und dies in einem relativ kurzen Zeitraum, zwischen dem 10. und 12. Jahrhundert.[27] Bis zum Ende des ersten Jahrtausends herrschte ein eher bescheidener Regenfeldbau vor, der auf Perlhirse beruhte. Belege für Außenkontakte, also importierte Objekte („exotics") fehlen weitgehend. Die

---

24 Zusammenfassend *Bedaux* et al., Recherches à Dia, 448–451.

25 Ebd. 455.

26 Ebd. 384: „Cela s'explique vraisemblablement par une croissance de la population et, au corollaire, le besoin d'utiliser davantage les ressources locales, ainsi que par la présence probable d'un plus grand nombre de divers spécialistes locaux de subsistance." Dieses Zitat wie auch die folgenden wurden von dem Autor aus dem Französischen übersetzt. Die Frage, welche Referenzen übersetzt werden sollten, erwies sich als etwas verzwickt. Letztlich habe ich mich von der Überlegung leiten lassen, dass die Verständlichkeit der Ausführungen Vorrang genießen sollte und dass bei den Lesern eines Buches über Westafrika französische Sprachkenntnisse zwar verbreitet, aber doch nicht allgemein vorausgesetzt werden können. Längere Zitate und solche aus älterem Französisch wurden folglich übersetzt und der Originaltext oft in die Anmerkungen verwiesen. Dabei wurden die manchmal ungewöhnliche Orthographie und die damalige Ausdrucksweise (‚nègre' / ‚noir') natürlich beibehalten. Kürzere Übernahmen und solche, deren Inhalt sich meist aus dem Kontext ergibt, wurden in der Ursprungssprache belassen. Gleiches gilt für manche Quellenbeschreibungen, die bei einer Übersetzung ihren literarischen Reiz verlören.

27 Das Folgende stützt sich vor allem auf die nun vorgelegten Ergebnisse der Grabungskampagnen am mittleren Senegallauf in den neunziger Jahren des vergangenen Jahrhunderts: *McIntosh/McIntosh/Bocum* (Eds.), Search for Takrur, sowie auf *Chavane*, Villages de l'ancien Tekrour.

Perlhirse war für die später verbreitete „culture de décrue" auf permanent genutzten Überschwemmungsflächen nicht geeignet. Diese Anbauform ermöglichte es, pro Saison zwei Ernten zu erzielen, zunächst im Regenfeldbau auf höhergelegenen Gebieten mit sandigen Böden, die die Perlhirse bevorzugte, dann bei rückgehender Flut auf den tonhaltigen Überschwemmungsflächen mit Sorghum. Perlhirse ließ sich über die gesamte untersuchte Zeitspanne nachweisen, Sorghum aber erst ab der Jahrtausendwende.[28] Bedeutet das, dass die Überschwemmungsflächen vorher nicht genutzt werden konnten? Die Antwort muss offenbleiben, vielleicht erfolgte Gemüseanbau. Ab dem 10. Jahrhundert ist Baumwolle durch Funde nachweisbar.[29] Bereits im 11. Jahrhundert berichtete al-Bakri von einem in dieser Region etablierten Textilhandel.[30] Eine Hypothese mit dem Inhalt, dass am mittleren Senegaltal innerhalb von 200 Jahren, etwa zwischen 900 und 1100, ein tiefgreifender ökonomischer Wandel erfolgte, der ausgehend von neuen Feldfrüchten zu veränderten Anbauweisen und zu einer marktorientierten handwerklichen Weiterentwicklung führte[31], scheint eine gute Ausgangsposition für weitere Untersuchungen zu bilden.

Bereits vor dem Beginn des ersten Jahrtausends n. Chr. lassen sich Arbeitsteilung, Märkte und somit Überschüsse der landwirtschaftlichen Produktion feststellen.[32] Die Ansiedlungen der Menschen lagen nicht verstreut, ohne Verbindung untereinander, sondern sie standen in einem Austauschverhältnis. John Iliffe glaubt, dass die Entwicklung des Transsaharahandels stark dadurch gefördert wurde, dass die nordafrikanischen Händler am südlichen Ufer der Wüste auf ein Geflecht von Städten und Handelsplätzen trafen und dass es auf diese Weise gelang, zwei blühende

---

28 *McIntosh* et al. (Eds.), Search for Takrur, 391. Sorghum bicolor nahm in Westafrika verbreitet erst im 2. Jahrtausend einen größeren Platz im Ackerbau ein, vgl. *Kahlheber/Neumann*, Development of Plant Cultivation, 332.

29 *McIntosh* et al. (Eds.), Search for Takrur, 177.

30 Vgl. unten Anm. 77 u. 78.

31 *McIntosh* et al. (Eds.), Search for Takrur, 422; *Chavane*, Villages, 170.

32 So der arabische Geograph al-Muhallabi, der in der zweiten Hälfte des 10. Jahrhunderts in Kairo schrieb, wo er am Hof der Fatimiden tätig war. Sein Werk ist verloren und nur durch kurze Auszüge bei anderen Schriftstellern, z. B. Yaqut (12./13. Jahrhundert) bekannt. Die nun am weitesten verbreitete und meist als maßgeblich angesehene Edition der frühen arabischen Quellen ist *Levtzion/Hopkins* (Eds.), Corpus of Early Arabic Sources for West African History, nachfolgend Corpus genannt, ebd. 174. *Joseph M. Cuoqs* „Recueil des sources arabes concernant l'Afrique Occidentale du VIIe au XVIe siècle" deckt sich in weiten Teilen mit Levtzion/Hopkins, ist aber immer wegen möglicher Übersetzungsvarianten heranzuziehen, zumindest für den Leser, dem die Originaltexte unzugänglich sind. Zu al-Muhallabi vgl. *Pellat*, Art. „al-Muhallabi".

ökonomische Regionen südlich und nördlich der Sahara miteinander zu verbinden.[33] In Gunsträumen wie dem Niger- oder Senegaltal bildeten sich ökonomische Zentren mit entsprechender Bevölkerungskonzentration, umgeben von weiten unwirtlichen Gebieten. Daraus erwuchs ein erheblicher Druck auf die besser ausgestatteten Regionen.[34] Hohe Bevölkerungsdichte in manchen Gunsträumen ging mit erheblicher Unterbevölkerung an anderer Stelle einher.

Auch die Schlüsse, die sich aus dem Stand der bisherigen Diskussion um die Lage der Hauptstadt des Malireiches ziehen lassen, bestätigen den Eindruck vielfältiger Interaktionen zwischen zentralen Orten, die dem Handel und der Herrschaftsausübung dienten, und ihrem Umfeld. Die häufige Identifizierung mit Niani an der Grenze zwischen Guinea und Mali muss als bislang unbegründet gelten. Archäologische Untersuchungen erbrachten keine Hinweise darauf, dass sich im heutigen Niani die Hauptstadt Malis befand.[35] Vielleicht gab es *die* Hauptstadt auch gar nicht, so die Hypothese von David C. Conrad, und die Macht wurde an wechselnden Residenzorten ausgeübt.[36] Eine solche Herrschaftspraxis ist aus der frühen europäischen Geschichte wohlbekannt. Sie setzt ein Geflecht dafür geeigneter Plätze mit entsprechender Infrastruktur und Versorgung voraus.

2. Der Einfluss des Klimas

Es bedarf keiner besonderen Betonung, dass das Klima und seine Entwicklung von großer Bedeutung für die landwirtschaftlichen Aktivitäten sind. Wenn sie der Historiker der afrikanischen Savanne, der kein Klimatologe ist, allerdings in seine Darstellung einbeziehen will, so stößt er sehr schnell an Erkenntnisgrenzen. Besonders so grundlegende Fragen wie die nach dem Klimaverlauf und nach den konkreten Auswirkungen klimatischer Schwankungen oder längerfristiger Veränderungen auf das menschliche Verhalten, auf Bevölkerungsbewegungen oder Anpassung der Wirtschaftsweise, lassen entweder ganz unterschiedliche Antworten zu oder ge-

---

33 *Iliffe*, Les Africains, 102.

34 Vgl. *Connah*, African Civilizations, 137.

35 Vgl. ebd. 122 und *Fauvelle-Aymar*, Niani redux.

36 *Conrad*, A Town Called Dakajalan. In gleichem Sinn *MacDonald* et al., Sorotomo: A Forgotten Malian Capital, hier bes. 62.

sicherte Aussagen scheinen unmöglich. Ungeachtet dieser Ungewissheiten ist davon auszugehen, dass Schwankungen in den allgemeinen Klimabedingungen in der betrachteten Periode die demographische und ökonomische Entwicklung beeinflussten, auch wenn die Feststellung von Maley und Vernet exzessiv erscheint, sie erklärten diese „in most part".[37]

Fassen wir das Verfügbare zusammen. Die Synthese der beiden eben genannten Autoren, die sich in weiten Teilen mit den Ergebnissen von Brooks und Webb deckt[38], nimmt für das Nigerbinnendelta und große Gebiete der Savannenregion eine relativ feuchte Periode zwischen 700 bis 1000 an, gefolgt von ca. 400 wechselhaften Jahren mit insgesamt aber zunehmender Trockenheit. Daran schloss sich eine kurze Feuchtperiode zwischen ca. 1500 und ca. 1630 an.[39] Derzeit scheint es mir allerdings verfrüht, dezidierte Aussagen zu den Wechselwirkungen von Wandlungen in den klimatischen Verhältnissen und landwirtschaftlichen Aktivitäten zu treffen. Zu beiden Feldern sind die Kenntnisse noch zu fragmentarisch.[40] So wäre zu erwarten, dass einsetzende Trockenheit die Viehhaltungszone nach Süden verlagert, zum Beispiel in das Binnendelta[41], doch die Untersuchungen in Jenné-jeno zeigen lediglich, dass in der letzten Siedlungsphase vor 1400 verstärkt kleinere Rinder verbreitet waren[42], die eher der sesshaften Rinderhaltung zuzuordnen sind.[43] Um Dia verloren die Rinder zu Beginn des zweiten Jahrtausends zahlenmäßig an Ge-

---

37 *Maley/Vernet*, Populations and Climatic Evolution, hier 200.

38 *Brooks*, A Provisional Historical Schema; *ders.*, Landlords and Strangers; *Webb Jr.*, Desert Frontier.

39 *Maley/Vernet*, Populations and Climatic Evolution, 199–202, 216. Es ist anzumerken, dass Anne Mayor et al. den trockenen Klimacharakter ab 1000/1100 deutlich stärker hervorheben als Maley/Vernet, siehe *Mayor/Huysecom/Gallay/Rasse/Ballouche*, Population Dynamics and Paleoclimate, hier 29.

40 Wie trügerisch manche Indizien sein können, zeigt der Verweis von *Maley/Vernet*, Populations and Climatic Evolution, 220, auf die Überlieferung zweier jährlicher Ernten zu Beginn dieses Jahrtausends durch den arabischen Geographen al-Bakri im Gebiet des Ghanareiches. Sie folgern daraus, dass es zwei Regenzeiten gab, die diese Praktik ermöglichten. Nach der von den Autoren zitierten Übersetzung von *Cuoq*, Recueil des sources arabes, 102, lautet der Text: „On sème deux fois par an: à la crue du Nil et à la saison humide." *Levtzion/Hopkins* (Eds.), Corpus, 82, übersetzen diese Stelle wie folgt: „The inhabitants sow their crops twice yearly, the first time in the moist earth during the season of the Nil flood, and later in the earth [that has preserved its humidity]." Wie schon in der Version von Cuoq angedeutet, wird bei Levtzion/Hopkins klar, dass nicht zwei Regenzeiten auftraten, sondern dass es sich eher um einen frühen Hinweis auf die Praxis der ‚culture de décrue' handelt, die Einsaat von Überschwemmungsflächen, die der Senegal (nicht Nil) freigab, die aber ihre Feuchtigkeit noch einige Zeit bewahrten.

41 So *Maley/Vernet*, Populations and Climatic Evolution, 216.

42 *McIntosh*, Modeling Political Organization, hier 70.

43 *MacDonald*, Analysis of the Mammalian, Avian, and Reptilian Remains, hier 302.

wicht, und Ziegen und Schafe traten an ihre Stelle. Dies könnte nun als ein Indiz für Dürreperioden gelten – in der Gegenwart lässt sich beobachten, dass die Viehhalter in solchen Zeiten verstärkt Schafe und Ziegen nutzen.[44] Doch zugleich nahm die Bevölkerung zu. Deren Ansteigen nennen Bedaux et al. als Grund der zurückgehenden Rinderzahlen – der Raum in den Siedlungen wurde für die Menschen benötigt.[45] Als al-Wazzan (als Leo Africanus bekannt) in der Mitte des zweiten Jahrtausends an den Niger reiste, war er vom dortigen Viehreichtum beeindruckt: „Dieses Land hat einen großen Überfluß an Weizen, Gerste, Vieh und Baumwolle", schrieb er und meinte damit sicher nicht nur Schafe und Ziegen.[46] Ein klimabedingter Wandel der Viehhaltungssysteme lässt sich somit nicht erkennen, wohl aber, wie später zu zeigen sein wird, ein solcher, der auf die Zuwanderung der Fulbe zurückzuführen ist.

Auch Belege zum Rückgang ackerbaulicher Aktivitäten sind aus dieser Phase nicht bekannt, was nicht heißt, dass er nicht stattfand. Hinsichtlich der erwähnten Feuchtperiode ab ca. 1500 führt Brooks aus, dass die Pastoralisten nun erneut Weidegebiete weiter im Norden nutzten, was angesichts ihrer transhumanten Wirtschaftsweise naheliegend und plausibel ist. Die Ackerbauer dagegen reagierten nicht mit Ortsveränderungen, und auch dies erstaunt kaum. Die kurze Gunstperiode führte „probably" zu einem höheren Getreideertrag und zu einem deutlichen Bevölkerungswachstum, so Brooks.[47] Für beides fehlt jeder Beleg, jedenfalls ist eine Veränderung der Anbaumethoden nicht erkennbar, allenfalls zu vermuten. Wichtiger als globale Klimaverschiebungen, die die ohnehin sehr flexiblen Grenzen von Ackerbau und Viehhaltung dauerhaft verlagerten, waren jedenfalls die kurzfristigen und kleinräumigen Veränderungen, und dies in umso mehr, als die Periode bis 1400/1500 meist als von einem wechselhaften Klimaregime bestimmt gekennzeichnet wird. Über diese erratischen Ausschläge liegen uns aber kaum Informationen vor, geschweige denn über ihre Auswirkungen auf die Landwirtschaft.[48] Allerdings

---

44   Vgl. *Krings*, Sahelländer, 145

45   *Bedaux* et al., Recherches à Dia, 384.

46   Ich verwende die neuere Edition von *Rauchenberger*, Johannes Leo der Afrikaner, hier 269. Darin korrigiert der Herausgeber zahlreiche Abweichungen von al-Wazzans Text, die der erste Bearbeiter Giovanni Battista Ramusio 1550 zum Teil sinnändernd vorgenommen hatte und die in späteren Ausgaben und Übersetzungen übernommen wurden. Noch an anderer Stelle hebt er die „sehr große Menge Vieh" hervor, das in der Nähe des Niger weidete (ebd. 363).

47   *Brooks*, Landlords and Strangers, 169 f.

48   *McCann*, Climate and Causation in African History, 268. Ähnlich auch *McIntosh*, Reconceptualizing Early Ghana, 140.

verweisen sie auf die Bedeutung des Viehbestandes für die Risikominimierung der landwirtschaftlichen Betriebe. Wollten sie die Folgen von Dürrezeiten abmildern, so mussten sie sich verstärkt agropastoralen Systemen zuwenden. Eine schematische Gegenüberstellung von Ackerbau und Viehhaltung geht nicht nur an den weit verbreiteten Praktiken des Agropastoralismus vorbei, sondern verkennt auch eine wesentliche Komponente der Strategien, die die Bauern zumindest partiell vor den Klimafolgen schützten.

Ähnliche Unsicherheiten gelten für die Beurteilung eines möglichen Zusammenhangs von Klimawandel und den Bevölkerungsbewegungen, die geradezu eine Konstante der afrikanischen Geschichte darstellen. Ob Mali wirklich seinen Aufstieg günstigen Klimabedingungen verdankte, während Jenné-jeno sich entvölkerte[49] und Ghana gleichzeitig unterging, steht dahin. Brooks' Feststellung: „The decline and fragmentation of the Mali Empire began during the latter part of this dry period and extended through much of the wet years that followed"[50] hinterlässt eher Ratlosigkeit bezüglich der Zusammenhänge zwischen Klimaentwicklung und Staatenbildung oder -zerfall. Welch unterschiedliche Faktoren massive Wanderbewegungen auslösten, lässt sich aus der Oraltradition erahnen.[51] Oftmals waren es Differenzen innerhalb der Herrscherfamilien oder politische Instabilität. Nur sehr selten lassen sich die Gründe der Wanderung zweifelsfrei identifizieren, doch bedeutet es eine Einengung des Erklärungshorizontes, immer wieder auf ‚objektive' ökologische Ursachen zurückzugreifen.

Die bekannten Traditionen der Soninké scheinen deutliche Hinweise auf den engen Zusammenhang von klimatischen Entwicklungen und Bevölkerungsbewegungen zu geben. Sie besagen, in knappster Form, dass die Soninké bei ihrer Ansiedlung in Wagadu, das mit Ghana gleichgesetzt wird, einen Pakt mit einer Schlange schlossen. Diese verlangte die jährliche Opfergabe einer jungen Frau und sicherte ihnen dafür Prosperität zu. Als der Pakt gebrochen und die Schlange getötet wurde, kamen

---

49   Vgl. *McIntosh*, Social Memory in Mande, 170: „[…] the great empire of Mali rose at a time of massive depopulation in the Mande granary of the upper Middle Niger". Der Autor vertritt hier einen sehr umfassenden Begriff von Mande, dessen Kerngebiet weit im Westen zwischen Mali und Guinea liegt.

50   *Brooks*, Landlords and Strangers, 170.

51   Zu der Wanderung von Gruppen der Fulbe in das heutige Burkina Faso siehe *Diallo*, Nomades des espaces interstitiels, Kap. II (Les migrations anciennes), 105–130, zu den epochalen Wanderbewegungen der Mossi vor allem die diversen Arbeiten von *Izard*, Introduction à l'histoire du royaume mossi; *ders.*, Gens du pouvoir, gens de la terre; *ders.*, Moogo. L'émergence d'un espace étatique ouest-africain au XVIe siècle.

Dürre, Hunger und Elend über die Soninké; sie mussten die Gegend verlassen und zerstreuten sich über ganz Westafrika.[52] Als historischer Kern der Legende wird nun oftmals angesehen, dass eine Klimaverschlechterung eintrat und die Abwanderung der Soninké verursachte.[53] Zunächst ist anzumerken, dass die diesbezügliche Argumentation nicht frei von zirkulären Elementen ist: Die Abwanderung wird mit der Dürre begründet – dass eine Klimaverschlechterung vorlag, ist daraus ersichtlich, dass die Menschen ihre Heimat verließen. Tatsächlich aber ließ sich inzwischen zeigen, dass Kumbi Saleh, ein urbanes Zentrum der Region, wenn nicht die Hauptstadt Ghanas, keineswegs plötzlich verlassen wurde und bis in das 15. Jahrhundert kontinuierlich bewohnt war.[54] Die Stadt überdauerte also deutlich den Niedergang des Ghanareiches. Für einen abrupten klimatischen Einbruch als Erklärung für dessen Untergang fehlen die Hinweise. Eher als ein Bevölkerungsexodus sind politische Ereignisse in Betracht zu ziehen, und die allmähliche und partielle Abwanderung der Soninké konnte mehreren Ursachen geschuldet sein, beispielsweise der Verlagerung der Handelsrouten und einer Übernutzung der schmalen Ressourcenbasis im Verlauf der Expansion des Reiches. Zu diesem Ergebnis gelangte auch Bathily bei der Untersuchung der mündlichen Überlieferungen und schreibt:

> „As a matter of fact (and in spite of the mythical account of a dessication following the killing of the Biida), after the collapse of Wagadu other Soninké communities settled or remained in the same region. [...] The migrations that have departed from that area over the centuries would seem to have been brought about by socio-political factors, not by climatic disturbances."[55]

Auch die Bevölkerungsentwicklung im Binnendelta beinhaltet noch manche Rätsel, trotz intensiver archäologischer Forschungen. Während es als gesichert gelten kann, dass die Zahl der Bewohner von Jenné-jeno ab dem 11. Jahrhundert zurückging und spätestens um 1400 alle Satellitensiedlungen aufgegeben waren, bleiben Zweifel hinsichtlich der Gründe dafür. Waren sie klimatischer Natur, in einem Zeitabschnitt, der vor allem von starken Schwankungen gekennzeichnet war? Verlie-

---

52 *Monteil*, La légende de Ouagadou et l'origine des Soninké; dazu *Bathily*, A Discussion of the Traditions of Wagadu.

53 Vgl. *Togola*, Memories, Abstractions, and Conceptualization of Ecological Crisis in the Mande World, bes. 186; *Maley/Vernet*, Populations and Climatic Evolution, 220, und *Austen*, Sahara, 87, der gar von einer ökologischen Katastrophe spricht.

54 Siehe unten Text zu Anm. 62.

55 *Bathily*, A Discussion of the Traditions of Wagadu, 41.

ßen die Menschen den Gunstraum des Binnendeltas? Vor allem aber, wohin gingen sie – es läge nahe, eine Wanderung in den regenreicheren Süden anzunehmen. Aber dies ist nicht belegbar, wohl aber blühte in nächster Nähe ein fortan große Bedeutung besitzendes neues Zentrum auf, Djenné. Auch sind etwa in dieser Zeit Wanderungen der Mossi und der von ihnen verdrängten Kipse (Dogon) nach Norden bekannt. Und wir befinden uns in der Periode, in der die Fulbe aus Nordwesten in das Binnendelta eindrangen. Sie kamen wohl aus dem nordwestlich gelegenen Méma, eine Region, die ganz ähnliche Siedlungs- und Wirtschaftsstrukturen zeigte wie das Binnendelta.[56] Allerdings scheint es, dass die Zahl der Menschen dort noch ein oder zwei Jahrhunderte länger auf hohem Niveau verblieb, als es im ökologisch begünstigten Binnendelta der Fall war, ehe auch im Méma ein Bevölkerungsrückgang einsetzte.[57] Warum dies der Fall war, lässt sich aus den archäologischen Untersuchungen nicht schlüssig ableiten. Vielleich war das Klima dafür verantwortlich, vielleicht waren es politische Ereignisse, vielleicht spielten beide Faktoren (oder noch andere, uns gänzlich unbekannte) eine Rolle.[58] Weitere archäologische Befunde in dem gleichen Gebiet, in Dia zwischen dem Méma und Masina gelegen, differenzieren das Bild noch stärker. Dort erlebten die Siedlungen zwischen 1000 und 1600 ihren Höhepunkt.[59] Erst danach begann die Bevölkerung zurückzugehen, doch folgt man der mündlichen Überlieferung, dann verließ die Bevölkerung Dia-Mara nur, um sich an der benachbarten Stelle des heutigen Dia niederzulassen. Sollte dies zutreffen, so könnten klimatische Gründe nicht für diesen Ortswechsel verantwortlich gemacht werden, da der neue Siedlungsort diesbezüglich die gleichen Bedingungen wie der ursprüngliche aufwies.[60]

Gao war von der Mitte des 1. Jahrtausends bis zum Ende des 16. Jahrhunderts durchgängig besiedelt. Veränderungen in der Funktion und Ausprägung der Stadt während dieser langen Zeit waren hauptsächlich politischen Faktoren geschuldet, nämlich der Vorgeschichte, dem Höhepunkt und dem Untergang des Songhayreiches, und natürlich der Ausbreitung des Islam, der jedoch nicht alle Gruppen der

---

56 *Togola*, Archaeological Investigations of Iron Age Sites in the Mema Region.
57 Vgl. dazu *McIntosh*, The Peoples of the Middle Niger, 245–247.
58 *Togola*, Archaeological Investigations of Iron Age Sites in the Mema Region, 21.
59 *Bedaux* et al., Recherches à Dia, 448.
60 Ebd. 451.

Bevölkerung gleichermaßen prägte.[61] Und schließlich noch Kumbi Saleh: Unabhängig von der Diskussion über die Frage, ob es sich bei dieser Stadt um die Kapitale des Ghanareiches handelte, konnte Sophie Berthier zeigen, dass sie zwischen dem 9. und dem Beginn des 15. Jahrhunderts kontinuierlich bewohnt war, ungeachtet aller klimatischen Schwankungen, und dies hoch nördlich im Sahel. Geht man von der heute verbreitet akzeptierten Hypothese aus, es habe sich tatsächlich um die Hauptstadt Ghanas gehandelt, so überlebte sie dieses um drei Jahrhunderte.[62]

Angesichts der zahlreichen offenen Fragen bleibt derzeit nur der Verweis auf McCanns Feststellung: „Yet without clear and more precise data on the period 800–1600, tying historical events and trends to climate is a misleading exercise."[63] Dies gilt auch für die Auswirkungen auf die Lebensbedingungen der Bevölkerung: „But the oral traditions and some of the earliest written sources for the Western Sudan have contradictory things to say about this period of undisputed environmental decline."[64] Es bleibt nur übrig, in den Quellen nach Hinweisen auf die praktizierten Wirtschaftsmethoden zu suchen und diese auszuwerten.

Vor einigen Jahren fragte Roderick McIntosh nach dem ‚Impuls', der zu der für Jenné-jeno typischen Siedlungsform, dem Cluster zahlreicher spezialisierter Niederlassungen, führte, und identifizierte als solchen die klimatische Instabilität des sahelischen Raumes.[65] Doch von dieser Hypothese zu einem allgemeinen „pulse model", einem Model ökologischer Anstöße, die den sozialen Wandel erklären, zu gelangen, wie es der Autor vorschlägt, ist noch ein weiter Weg. Es liegt nahe, dass in einem solchen instabilen Kontext auch die Ackerbauern und Viehhalter eine Strategie der Risikominimierung durch Streuung ihrer Aktivitäten verfolgten. Doch bedarf es weiterer Forschung, um Belege dafür und für ihre Reaktionen auf längerfristige Klimaänderungen (im Unterschied zu kurzfristigen Schwankungen) zu finden. Aus dem Vergleich der bisher vorliegenden Quellen über Anbauprodukte und

---

61   *Insoll* (Ed.), Urbanism, bes. 27, sowie *ders.*, Islam, Archaeology and History, bes. 4 f., 88–94.

62   *Berthier*, Recherches archéologiques sur la capitale de l'empire de Ghana, 30, 102 f.

63   *McCann*, Climate and Causation, 268. Ähnlich auch *McIntosh*, Reconceptualizing Early Ghana, 144.

64   *McIntosh*, The Peoples of the Middle Niger, 247.

65   *McIntosh*, The Pulse Model. An anderer Stelle erklärte der Autor sein nicht sehr explizit ausformuliertes Modell wie folgt: „Climate oscillations would create a ‚pulse' of population movements north and south along the rainfall gradients of the West African monsoonal climate system – encouraging north-south shifts of population movements and of ecological adaptations." Vgl. *de Vries/Makaske/Tainter/McIntosh*, Geomorphology and Human Palaeoecology of the Méma, 67.

-verfahren lässt sich jedenfalls nicht schlüssig belegen, dass sich zwischen dem 14./15. Jahrhundert und der Zeit 200 oder 300 Jahre später ein verbreiteter tiefgreifender Wandel ereignet hat, der als klimabedingt gelten kann. Wie andere Autoren vertreten nun auch Susan und Roderick McIntosh die Auffassung, dass die Klimaverläufe lokal und regional sehr unterschiedlich ausgeprägt waren, was allerdings die Forschung dazu nicht einfacher macht:

> „Earlier conceptions of largely homogeneous climate fluctuations affecting all of West Africa (e.g. Brooks) have yielded to an understanding that local and regional variations existed in the timing and intensity of these fluctuations, so the history of human-environment-climate interactions over the past three millennia will require a significant focus on high resolution, multiproxy local sequences.“[66]

Auch in der Folgezeit bleiben die klimatischen Einflüsse somit ein kontrovers zu diskutierendes Thema, ich werde zu Beginn des anschließenden Kapitels III darauf zurückkommen.

3. Landwirtschaft im Spiegel externer Zeugnisse[67]

Mehr als dass sie es modifizieren, vervollständigen und detaillieren die ersten Schriftzeugnisse das aus archäologischen Forschungen entstehende Bild der westafrikanischen Wirtschaft. Die al-Bakri zu verdankende Darstellung aus dem Jahr 1068 stellt eine frühe Brücke zu den nun einsetzenden Beschreibungen des Sudan dar.[68] Al-Muhallabis geographisches Werk, das dem al-Bakris um fast einhundert Jahre vorausging, ist verloren und nur aus kurzen Auszügen bei Yaqut bekannt, die aber von hohem Wert sind.[69] Al-Bakri benennt mehrere Städte im Land der „Sudan“,

---

66 *McIntosh*, In Search for Takrur, 404.

67 Für die Kenntnis der politischen Entwicklung in der hier behandelten Zeit und Region ist noch immer unverzichtbar *Levtzion*, Ancient Ghana and Mali. Siehe weiter *Niane* (Ed.), General History of Africa, Vol. 4, bes. die Beiträge von *Niane*, Mali and the Second Mandingo Expansion, *Ly-Tall*, The Decline of the Mali Empire, und *Cissoko*, The Songhay from the 12th to the 16th Century; ferner: *Hunwick*, Timbuktu and the Songhay Empire, darin die Einleitung des Herausgebers.

68 Der Autor verstarb 1094 in Spanien, wo er sein ganzes Leben verbrachte. Auszüge aus dem Werk von al-Bakri in: Corpus, 62–87. Wegen der ausführlichen Kommentierung ist auch eine französische Ausgabe hilfreich: *Monteil*, Al-Bakri.

69 Enthalten in: Corpus, 167–175.

der Schwarzen, vielleicht nur große Dörfer, aber mit Ausstrahlung auf ihr Umland. Bei „Ghana" jedoch handelte es sich definitiv um eine Stadt, zweigeteilt in einen großen muslimischen Händler- und einen Herrscherbezirk. Beide Teile lagen sechs Meilen voneinander entfernt, doch war die Fläche zwischen ihnen durchgängig besiedelt.[70] Auch an anderer Stelle hebt al-Bakri im benachbarten Königreich Sila eine „numerous population" hervor.[71] Die ländlichen Gebiete Ghanas sind allerdings ungesund, „it is almost impossible to avoid falling ill there during the time their crops are ripening".[72] Welche Feldfrüchte oder Anbauweisen die Krankheiten hervorrufen, sagt er nicht, doch er erwähnt Brunnen, die sowohl zur Trinkwasserversorgung als auch dem Bewässerungsanbau dienten.[73] Es wäre naheliegend, auf Reiskultur zu schließen, doch al-Bakri erwähnt sie nicht direkt, erst bei al-Idrisi, der knapp hundert Jahre nach al-Bakri schrieb, wird Reisanbau entlang des Senegalflusses genannt.[74] Allerdings könnte die von al-Bakri beschriebene „culture de décrue" durchaus auch auf Reis hindeuten.[75]

---

70 *Al-Bakri*, in: Corpus, 79 f. „Ghana" gilt als mit Kumbi Saleh identifiziert, das im Südosten des heutigen Mauretanien liegt. Die Stadt könnte 15–20000 Bewohner gehabt haben, vgl. *Levtzion*, Ancient Ghana, 22–26. Ob es sich dabei allerdings um die Hauptstadt handelte und dies während der gesamten Existenz des Reiches Ghana, muss im Lichte der Forschungen zu Niani offen bleiben (vgl. oben Anm. 35 u. 36). Vgl. auch *Berthier*, Recherches archéologiques, 103. Die Autorin bemerkt, dass die Grabungsfunde in Kumbi Saleh nicht vor das Ende des 9. Jahrhundert datiert werden können, während die Existenz einer Hauptstadt Ghanas bereits aus dem 8. und 9. Jahrhundert überliefert ist, und sie folgert : „on peut penser […] que la première ville de Ghana se situait ailleurs". Zweifel an der Identität der Stadt „Ghana" mit Kumbi Saleh bestehen deshalb fort, weil bisher erst ein Teil der Doppelstruktur, nämlich der Bezirk der Händler, ergraben werden konnte. Vom Herrscherbezirk fehlt noch jede Spur. Zudem wurde in Frage gestellt, ob sich eine solch große und bedeutende Stadt wirklich in einer menschenfeindlichen Ungunstregion des Sahel befunden haben konnte. Vgl. zu diesem Argument, das doch sehr spekulativ erscheint, *MacDonald*, Complex Societies, 838. Schließlich ist darauf zu verweisen, dass al-Bakri „Ghana" am Südrand der Sahara in der Wüste, al-Idrisi (*Al-Idrisi*, Kitab Rujar, in: Corpus, 104–131) dagegen am „Nil" ansiedelt, womit der Senegal gemeint ist.

71 *Al-Bakri*, in: Corpus, 78.

72 Ebd. 81. *Levtzion/Hopkins* übersetzen an dieser Stelle „The countryside of Ghana is unhealthy and not populous"; *Monteil*, Al-Bakri, 73, jedoch: „Ghana est un pays malsain et peu fréquenté", mit dem Bedeutungsunterschied, dass nicht die Zahl der Bewohner, sondern die der Besucher gering ist, da, wie auch al-Bakri schreibt, die Sterblichkeit zur Erntezeit die Fremden bedrohte. Ansonsten weist al-Bakri wiederholt auf die große Zahl der Ansiedlungen und somit der Bewohner hin: „dwellings are continuous" (Corpus, 81).

73 Ebd. 80. Siehe auch *Levtzion*, Ancient Ghana, 24.

74 *Al-Idisi*, in: Corpus, 111: „The town of Madasa is a middle-sized town with many people, who are very industrious and skillful. It is situated on the north (bank) of the Nile, […]. This is a region of rice and sorghum with large grains of wholesome taste."

75 *Al-Bakri*, in: Corpus, 82.

An vielen Stellen erfolgen Hinweise auf Märkte und Handel. Die Bewohner von TRNQH[76] waren für die Herstellung von Baumwollbahnen bekannt.[77] Flussabwärts, in Sila, zirkulierten diese Stoffe auf den Märkten, so der Verfasser[78], neben Hirse, Salz und Kupfer, das als Geld verwendet wurde. Auch Agrarprodukte zählten also zu den Handelsobjekten. In dem Ort Tiragga trafen die Händler des Ghanareiches mit Kaufleuten aus Tadmakka zusammen, das nordöstlich von Gao lag.[79] Tatsächlich, so erfahren wir wenig später, importierten die Bewohner Tadmakkas Getreide „from the land of the Sudan".[80]

Das Werk des 1349 verstorbenen al-Umari bezog sich bereits auf das Malireich, das Ghana zeitlich nachfolgte.[81] Wie Al-Bakri hatte er die Region, die er darstellte, nie besucht, sondern stützte sich auf Berichte von Augenzeugen, die ihm vor allem in Kairo zugänglich waren, wo er viele Jahre verbrachte. Sie stammten einerseits von ägyptischen Händlern, die Mali besuchten, und andererseits von malischen Pilgern, die auf ihrem Weg nach Mekka in Kairo Station machten. Der bekannteste darunter war zweifelsohne Mansa Musa, der sich 1324 dort aufhielt. Die Zeugnisse, die al-Umari zur Verfügung standen, waren so vielfältig, dass er unterschiedliche Aussagen zu einer Begebenheit vergleichen und abwägen konnte.[82] Er überlieferte uns die breite Palette der landwirtschaftlichen Erzeugnisse: vor allem Reis und Sorghum, etwas Weizen, Yams, Bohnen, Kürbis, Zwiebeln, Auberginen, Knoblauch, Kohl. Hinzu kamen Früchte von Wildpflanzen, Baumwolle. Rinder, Schafe und Ziegen wurden gehalten.[83] Angesichts des ausreichenden Angebotes hielt es Ibn Battuta für verzichtbar, dass Reisende, wie er selbst einer war, Vorräte mit sich führten, denn das

---

76 Unidentifiziert, am Senegalfluss nicht weit von Kayes gelegen.

77 *Al-Bakri*, in: Corpus, 87. Ob dazu die Fibern in den Früchten des Kapokbaumes (Ceiba pentandra) verwendet wurden, erscheint fraglich, auch wenn der Text sagt „There is almost no house without its own cotton tree" (ebd.) Der Kapockbaum kann sehr groß werden, so dass kaum vorstellbar ist, dass neben jedem Haus ein solcher stand. *Monteil* übersetzt: „dans presque chaque maison, pousse un cotonnier" (*Monteil*, Al-Bakri, 69). Damit könnte leicht die hochwachsende Baumwollart Gossypium arboreum gemeint sein, die für Westafrika, besonders Mali nachgewiesen ist. Vgl. *Murray*, Medieval Cotton.

78 *Al-Bakri*, in: Corpus, 78.

79 Ebd. 84. Es handelt sich um das heutige Essouk.

80 Ebd. 85.

81 Text in: Corpus, 252–278. Französische Ausgabe: *Gaudefroy-Demombynes*, Ibn Fadl Allah al-Omari.

82 Z.B. *Al-Umari*, in: Corpus, 272.

83 *Al-Umari*, ebd. 263–265. Eine sehr nützliche Übersicht über landwirtschaftlich genutzte Pflanzen ist dem polnischen Arabisten *Lewicki* zu verdanken: West African Food in the Middle Ages.

Notwendige war auf den Märkten vorhanden. Als Geld fanden Kaurimuscheln Verwendung. Von Gao schrieb Ibn Battuta: „There is much rice there, and milk and chickens and fish."[84] Aus all dem erschließt sich nicht nur, welche Produkte landwirtschaftlich erzeugt wurden, sondern auch, dass sie auf den Märkten reichlich angeboten wurden. Nichts aber erfahren wir über die Organisation der Landwirtschaft. Sklaven begegnen uns ständig an den Höfen der Herrscher und in Privathaushalten. In der Nähe von Timbuktu erhielt Ibn Battuta einen Sklaven als Willkommensgeschenk[85], später kaufte er ein „educated slave girl"[86]. Doch nie hören wir von Sklaven, die in der Landwirtschaft beschäftigt waren. Allmählich aber werden die Zeugnisse dichter, die angesprochenen Themen vielfältiger.

Einer der ersten europäischen Berichterstatter war der Venezianer Alvise da Ca' da Mosto, der in der Mitte des 15. Jahrhunderts entlang der westafrikanischen Küste segelte. Zwar besuchte er einen Markt in Senegal, der zweimal wöchentlich stattfand und ein Einzugsgebiet von vier bis fünf Meilen hatte, doch blieben seine Einblicke in das Landesinnere beschränkt.[87]

Dies verhielt sich anders bei Valentim Fernandes, der die erstaunlich umfangreichen Kenntnisse portugiesischer Seefahrer und Kaufleute über Afrika im 15. Jahrhundert zusammenfügte.[88] Sie erreichten über den Senegal- und Gambiafluss auch das Innere des Kontinentes.[89] Dort fanden sie dichtbesiedelte Regionen vor, deren Bewohner in einem gewissen Wohlstand lebten.[90] „Les Mandingas [...] traitent beaucoup de marchandises, et ce sont des hommes très habiles du travail de leurs mains pour la couture et le tissage et beaucoup d'autres choses."[91] Reis erzeugten sie in so großen Mengen, dass sie ihn zum Tausch oder Verkauf auf die Märkte bringen konn-

---

84 Textauszüge seiner Rihla in: Corpus, 279–304, obiges Zitat ebd. 300. Französische Ausgabe: *Mauny* et al., Extraits tirés des voyages d'Ibn Battuta. Ibn Battuta bereiste den westlichen Sudan von 1352 bis 1353.

85 Corpus, 300.

86 Ebd. 302.

87 *Crone* (Ed.), The Voyages of Cadamosto, 48.

88 *Cernival/Monod* (Eds.), Description de la Côte d'Afrique de Ceuta au Sénégal (künftig: Fernandes 1938); *Monod/da Mota/Mauny* (Eds.), Description de la Côte Occidentale d'Afrique (künftig: Fernandes 1951). Der Band von 1951 setzt die 1938 begonnene Edition des Gesamtmanuskriptes von 1506/07 fort.

89 *Fernandes* 1938, 69; *Fernandes* 1951, 7, 37.

90 *Fernandes* 1951, 55–57. „Dans ces pays il y a beaucoup de lieux habités avec 5000 et 10000 habitants" (ebd. 55).

91 *Fernandes* 1951, 47.

ten.[92] Daneben gab es die uns schon bekannten Produkte wie Hirse, Yams, Bohnen. Viehhaltung, vor allem von Feder- und Kleinvieh nahm einen wichtigen Platz ein, Bienen wurden gezüchtet.[93] Leo Africanus (al-Wazzan) fand in Djenné einen großen Überfluss an Weizen, Gerste, Vieh und Baumwolle vor.[94] Diese Beobachtung wiederholte sich noch mehrmals im Verlauf der beiden Reisen nach Westafrika, die er 1510/11 und 1512/14 unternahm. Über die Hauptstadt des Malireiches[95] schrieb er:

> „Das Land ist reich an Getreide, Fleisch und Baumwolle. [...] Die Einwohner
> dieser Gegend sind besonders reich, weil sie Fernhandel treiben und weil sie
> die günstige Möglichkeit haben, Genia und Tombutto (Djenné, Timbuktu)
> mit Booten zu erreichen."[96]

In Timbuktu selbst „herrschte großer Überfluss an Getreide und Vieh. Die Einwohner pflegen viel Milch und Butter zu verzehren. Es gibt auch viele Früchte."[97] Nicht anders als in Gao, wo der Reisende ein großes Angebot an Gerste, Melonen und Kürbissen registrierte, dazu Fleisch.[98] In Dörfern traf er auf Woll- und Lederhandwerker.[99]

Es verdichtet sich der Eindruck einer Region, die an ihren Gunststandorten dicht besiedelt war und deutlich mehr erzeugte, als für die Subsistenz der Bauern benötigt wurde. Ein Teil des Überschusses wurde vermarktet, ein Teil diente sicherlich der Vorsorge für schlechte Erntejahre. Die jeder Landwirtschaft vertrauten Ertragsschwankungen können in der Savanne besonders stark ausfallen, bis hin zu daraus resultierenden Hungerkrisen. Zu der zwingend erforderlichen Vorratshaltung schweigen die Schriftquellen, doch die Ergebnisse der Ausgrabungen in einem gut erhaltenen Gebäudekomplex im Norden Burkina Fasos aus der Zeit kurz nach der

---

92 Ebd.: „qu'ils l'emportent pour le vendre et pour l'échanger".

93 Ebd. 49, 51, 55.

94 *Rauchenberger*, Johannes Leo der Afrikaner, 269.

95 Von al-Wazzan „Melli" genannt und bis heute nicht zufriedenstellend lokalisiert (vgl. oben). Al-Wazzan besucht Westafrika erst nach der Blütezeit des Malireiches; nichts legt nahe, dass sich im Verlauf der Jahrhunderte der Ort der Hauptstadt des Reiches nicht veränderte, wenn es eine solche ‚Hauptstadt' überhaupt gab.

96 *Rauchenberger*, Johannes Leo der Afrikaner, 273.

97 Ebd. 277.

98 Ebd. 287.

99 Ebd. 291.

Wende vom ersten zum zweiten Jahrtausend weisen auf Räume und Gerätschaften hin, die der Lagerhaltung dienten.[100]

Fernandes erwähnte die Möglichkeit von zwei jährlichen Ernten von Reis und Hirse, im April und im September, „et quand ils moissonnent le riz alors ils sèment les ignames et ainsi ils cultivent toute l'année. Tout ce que l'on a dit jusqu'ici en général s'applique aux *Barbacijs*, *Gyloffas* et *Mandingas* et *Tucuraes*."[101] Die Möglichkeit von zwei Ernten hatte bereits al-Bakri vermerkt, wie schon erwähnt.[102]

Fernandes lässt erstmals schemenhaft erkennen, wie die Landwirtschaft organisiert war: Die Frauen, schrieb er, verrichteten die Feldarbeit. Sie bereiteten die Felder vor, säten aus und ernährten so die Männer. Dazu sponnen sie Baumwolle und stellten Stoffe her, die sie zum Teil verkauften, zum anderen Teil zur Bekleidung verwendeten.[103] Nicht nur die Rolle der Frau ist dabei signifikant (und vermutlich übertrieben[104]), es scheint auch auf, dass der Anbau auf Familienfeldern erfolgte, denn sonst wäre die Vorstellung kaum nachvollziehbar, dass die Frauen mit ihrer Landarbeit die Familien ernährten. Wie die geschlechtsspezifische Aufgabenverteilung bei den ökonomischen Aktivitäten, besonders aber in der Landwirtschaft aussah, bleibt weitgehend im Dunkel.[105] Catherine Coquery-Vidrovitch widmete ihr einige knappe Seiten.[106] Sie bestätigt dabei in allgemeiner Form, was wir aus den wenigen und dazu widersprüchlichen Quellenaussagen erkennen können: Die Männer verrichteten die schweren Tätigkeiten wie das Roden, die Frauen säten und pflegten die Kulturen. In Westafrika arbeiteten im Unterschied zu anderen Teilen des Kontinentes auch die Männer mit der Hacke auf den Feldern.[107] Oskar Lenz beobachtete bei sei-

---

100 *Petit/Czerniewicz/Pelzer* (Eds.), Oursi Hu-Beero, 206 f.

101 *Fernandes* 1951, 57, genannt sind Sérères, Wolof, Malinke und Takrur.

102 Vgl. Anm. 40.

103 *Fernandes* 1951, 47: „Les femmes de ce pays [Mandinga, V. St.] et de toute la Guynee cultivent et labourent et sèment et nourissent leur mari et filent le coton et font beaucoup de tissus de coton, tant pour se vêtir que pour le vendre."

104 Der Jesuit *Baltasar Barreira* äußerte sich in seiner Beschreibung der Küstenregion ähnlich, aber zurückhaltender: „Agriculture is the main occupation of the people, and the women do greater part of it." Description of the Islands of Cape Verde and Guinea, 1 August 1606, in: da Mota/Hair (Eds.), Jesuit Documents, Nr. 13, S. 11.

105 Vgl. zu möglichen Verzerrungen in den Quellen *Jones*, Zur Quellenproblematik der Geschichte Westafrikas, 81–84.

106 *Coquery-Vidrovitch*, Petite histoire, 77–82.

107 Ebd. 78, 82.

ner Reise nach Timbuktu (1879/80) in Bassikunnu, dass sich an der Feldarbeit „Männer und Weiber" beteiligten. [108] Mir erscheint die These nicht abwegig zu sein, dass der Hinweis auf die hohe Arbeitsbelastung der Frauen, mehr noch, die Behauptung, Frauen trügen allein die Last der Feldarbeit, im Zusammenhang mit dem verbreiteten Stereotyp von den ‚faulen' Afrikanern gesehen werden kann: Nicht nur waren die Männer faul, sie schämten sich auch nicht, die Frauen für sich arbeiten zu lassen. [109] Marie Rodet scheint mir am ehesten die Rolle der Frauen bei den landwirtschaftlichen Aktivitäten zu treffen, wenn sie feststellt, dass sie an den Arbeiten teilhatten, in unterschiedlichem Ausmaß und mit verschiedenen Schwerpunkten, und dass dabei eine Trennung in reine Frauenarbeiten und in Männerarbeit, die eine der privaten, die andere der öffentlichen Sphäre zugeordnet, wenig realitätsgerecht ist. Aber auch diese Autorin behandelt das Thema nur im Vorübergehen. [110]

Das hauptsächliche Arbeitsgerät war die Hacke, doch auch der Iler[111] wurde genutzt:

> „Their method of working is as follows: four or five of them take their places
> in the field equipped with certain small spades, fashioned like mattocks and
> advance throwing the soil before them. [...] These throw it forward with their
> mattocks, and do not penetrate more than four inches or so." [112]

Ca' da Mosto gibt hier die Besonderheit dieses Instrumentes an, weshalb es heute noch im Sahel verwendet wird: Es lockert die sandigen, volatilen Böden, ohne allzu tief in sie einzudringen.

Nach dem Bisherigen sind häufige Urteile über die geringe Produktivität der westafrikanischen Landwirtschaft nur schwer nachvollziehbar, zumal quantitative Aussagen dazu so gut wie völlig fehlen. Meist werden von diagnostizierten Defiziten der gegenwärtigen afrikanischen Agrarsysteme im Vergleich mit den in Europa und anderswo praktizierten Methoden Rückschlüsse auf die Vergangenheit gezogen. [113]

---

108 Bassikounou, im äußersten Südosten Mauretaniens; *Lenz*, Timbuktu, Bd. 2, 194.

109 Siehe *Rönnbeck*, The Idle and the Industrious, zur Sicht auf die Frauen 136.

110 *Rodet*, Les migrantes ignorées du Haut-Sénégal, 213 f.

111 Schuffeleisen auf deutsch, laut *Krings*, Sahelländer, 117.

112 *Crone* (Ed.), The Voyages of Cadamosto, 42.

113 Vgl. dazu die Kontroverse im Anschluss an *John Thorntons* Aufsatz „Precolonial African Industry and the Atlantic Trade", 1500–1800": *Hogendorn/Gemery*, Assessing Productivity in Precolonial African Agriculture and Industry 1500–1800; *Austen*, On Comparing Pre-Industrial African and European Economies; und nochmals *Thornton*, The Historian and the Precolonial African Economy.

Ganz offensichtlich ist eine solche Vorgehensweise methodisch nicht angemessen. Sie übersieht vor allem, dass in Europa ein signifikanter Anstieg der landwirtschaftlichen Produktivität erst mit der industriellen Revolution eingesetzt hat, nach Jahrhunderten, die von einer eher langsamen, graduellen Entwicklung bestimmt waren.[114] Die Renaissance, die als Zeit des gesellschaftlichen Aufbruchs gilt, als Tor zur Moderne, macht dabei keine Ausnahme. Auch sie war noch gekennzeichnet durch die Instabilität, die der Landwirtschaft in der Frühen Neuzeit innewohnte.[115] Die Anbausysteme änderten sich kaum, die Produktivität blieb im Ganzen gesehen meist auf niedrigem Niveau konstant.[116]

Somit ist Thorntons These, die Produktivität der afrikanischen Landwirtschaft sei der der europäischen in der Periode vor der industriellen Revolution zumindest gleichwertig gewesen[117], vertretbar, auch wenn sich die überwiegende Zahl der Wirtschaftshistoriker ihr nicht anschloss. Eng verknüpft mit der Erörterung der Ertragshöhe ist die Frage nach dem vorherrschenden Produktionssystem und dabei besonders der schon eingangs erörterte unterstellte Überschuss an Land mit gleichzeitigem Arbeitskräftemangel wegen geringer Bevölkerung. Diese Annahmen entsprechen nicht den Ergebnissen der bisherigen Quellenerhebung. Auch Thornton teilt sie nicht: „But in the seventeenth century there were large areas of Africa that had high population densities […] compared to Europe."[118] Das ungünstige Faktorverhältnis wird herangezogen, um die unterstellte geringe Produktivität zu begründen, doch beide müssen als unbestätigte Prämissen gelten, die nicht dadurch gewinnen, dass sie sich gegenseitig stützen. Zudem, argumentieren seine Kritiker, sei die von Thornton gewählte Kennziffer, Ertrag pro Flächeneinheit oder Saatguteinsatz, irreführend, da die Arbeitskraft den Engpassfaktor bilde. Es mache somit einen entscheidenden Unterschied, ob die Produktion einer gegebenen Fläche mit 20 oder 200 Arbeitseinheiten erzeugt werde.[119] Der Einwand erscheint deshalb nicht schlüssig,

---

114   Vgl. dazu *Slicher van Bath*, The Agrarian History of Western Europe, 172 f., 280 f. Ähnlich *Abel*, Geschichte der deutschen Landwirtschaft, 16, 238, sowie die eingangs zitierte Monographie von *Derville*, L'agriculture du Nord au Moyen Age, 15.

115   *Tallon*, L'Europe de la Renaissance, 52.

116   Ebd. Das ist keine Erkenntnis für einen engen Kreis von Spezialisten, Tallons in jeder Hinsicht empfehlenswertes Buch erschien in der Reihe „Que sais-je", die sich an ein breiteres Publikum wendet.

117   *Thornton*, Precolonial African Industry, 7 f.

118   *Thornton*, The Historian and the Precolonial African Economy, 51.

119   So *Hogendorn/Gemery*, Assessing Productivity, 32 f.

da, Arbeitskräftemangel einmal unterstellt, nicht davon auszugehen ist, dass auf kleinen Flächen zahlreiche Arbeitskräfte eingesetzt waren. Hohe Flächenproduktivität geht unter dieser Prämisse eher mit hoher Arbeitsproduktivität einher. Doch sind dies müßige Spekulationen, da wir über den quantitativen Faktorinput und über Erntemengen nichts wissen.

Die erste mir bekannt gewordene, im weiteren Sinne agronomische Darstellung westafrikanischer Anbausysteme stammt aus dem Jahr 1673, von dem Pastor Wilhelm Johann Müller. Er verbrachte zwischen 1662 und 1669 sechs Jahre an der Goldküste, konnte sich also hinreichend mit den dortigen Anbaupraktiken vertraut machen. Obwohl sein Bericht deutlich aus den zeitlichen und räumlichen Grenzen dieses Abschnittes der Darstellung fällt, möchte ich doch einige Angaben der wertvollen Quelle wiedergeben.[120] Hauptanbauprodukte waren Mais und Hirse. Die Felder wurden mit Biomasse und Asche gedüngt, dann in Reihensaat bestellt, um das Unkraut besser bekämpfen zu können. Die Aussaat wurde von dem „head of household"[121] geleitet, also handelte es sich wiederum um Familienbetriebe. Für beide Getreidearten gibt Müller eine Saat-Ernte-Relation von mehr als 1:100 an.[122] Im 18. und noch im 19. Jahrhundert lag die gleiche Relation für Mais in Mittelitalien bei etwa der Hälfte des genannten Wertes, 1:50.[123] Wir wissen nicht, wie der Pastor seine Berechnung anstellte, doch ähnliche Unsicherheiten gelten auch für europäische Quellenaussagen aus derselben Zeit.

---

120 *Müller*, Die africanische auf der guineischen Gold-Cust gelegene Landschafft Fetu, hier verwendet die kritische englische Edition: *Jones*, German Sources for West African History, bes. 220–222.

121 Ebd. 221.

122 Ebd. 222.

123 Vgl. *Finzi*, ‚Sazia assai ma dà poco fiato', 143. Zum weiteren Vergleich: In Europa war der Maisertrag im 17./18. Jahrhundert zwei- bis dreimal höher als der des Weizens, dessen Saat-Ernte-Ratio bei 1:8, wenn es hoch kam, 1:12 lag. Dies entspräche 1:24, 1:36 bei Mais – Müllers Angaben liegen um den Faktor drei oder vier darüber, vgl. *Derville*, L'agriculture du Nord au Moyen Age, 265. Otto Stolz nennt für den Beginn des 19. Jahrhunderts und für das Land Tirol eine Saat-Ernte-Relation bei Mais von 1:50 bis 1:80, näher bei Müller, aber, in dieser späten Zeit noch immer unter den westafrikanischen Erträgen. Die Angaben bei Stolz gehen auf den zeitgenössischen Statistiker Staffler zurück, dessen Angaben am oberen Rand des Realistischen liegen; *Stolz*, Zur Geschichte der Landwirtschaft in Tirol, 118.

4. Die Chroniken von Timbuktu

Zum Ende des Songhayreiches können wir erstmals auf interne Zeugnisse zurückgreifen, und zwar auf solche von besonderem Gewicht, den Ta'rikh al-Sudan
und den Ta'rikh al-Fattash.[124] Beide Chroniken wurden in der Mitte des 17. Jahrhunderts in Timbuktu vollendet, und zumindest Letztere war das Ergebnis eines langen
Erstellungsprozesses, der in das 16. Jahrhundert zurückreicht.[125] Gegenstand dieser
Werke ist nicht die Ökonomie Songhays, doch finden sich dazu immer wieder sehr
wertvolle Hinweise, am aufschlussreichsten in dem quellenkritisch gesehen leider
zum Teil sehr problematischen Ta'rikh al-Fattash.[126]

Der Ta'rikh al-Sudan beschränkt sich eher auf die Bekräftigung des Eindruckes,
den wir aus anderen Bezügen schon gewonnen haben, nämlich den eines reichen
und dicht besiedelten Landes. „The land of Jenne is prosperous and densely inhabitated, with many markets every day of the week. It is said that there are 7077 villages
in that land, all close to one another."[127] Ganz ähnlich lautet der TF: „On dit que le
Malli renferme environ quatre cents villes et que son sol est d'une extrême richesse.
[...] Ses habitants sont riches et vivent largement."[128]

Cissoko gibt die Einwohnerzahl der drei großen Städte Timbuktu, Djenné und
Gao mit 80 000, 30–40 000 und 100 000 an.[129] Nach Hunwick lag deren Zahl in Gao
bei mindestens zwischen 38 000 und 76 000.[130] Die Angaben beruhen auf einer Häuserzählung, von der der TF wie folgt berichtet:

> „Dies geschah unter der Herrschaft von Askia El-Hâdj.[131] Junge Leute aus Tim
> buktu und einige Einwohner von Gao griffen zu Papier, Tinte und Feder, gin-

---

124 Ich verwende die neue englische Übersetzung des Ta'rikh al-Sudan bei *Hunwick*, Timbuktu, die allerdings nicht vollständig ist und 1613 endet. Dadurch ist ergänzend die ältere französische Ausgabe von *Houdas* (Ed.) heranzuziehen: Tarikh es-Soudan, 2 Vols. Für den Ta'rikh al-Fattash nutze ich *Houdas/Delafosse*
(Eds.), Tarikh el-Fettach ou chronique du chercheur (nachfolgend als TS und TF abgekürzt).

125 *Levtzion*, A Seventeenth-Century Chronicle by Ibn al-Mukhtar, sowie *Nobili/Mathee*, Towards a New
Study of the So-Called Tarik al-fattash.

126 Dazu die vorgenannten Arbeiten von *Levtzion* und *Nobili/Mathee*.

127 TS, 19.

128 TF, 67.

129 *Cissoko*, The Songhay from the 12th to the 16th Century, 206.

130 *Hunwick*, Timbuktu, XLIX.

131 Herrschaft 1583–1586, Sohn von Askia Dawd.

gen in die Stadt Gao und machten sich daran, die Häuserblöcke[132] zu zählen. Die Operation dauerte drei Tage, und man fand 7626 Häuser vor, ohne die Strohhütten."[133]

Die Angaben sind von seltener Präzision in dieser frühen Zeit; sie legen eine Einwohnerzahl eher am oberen Rand der oben zitierten Angaben Hunwicks nahe.

Der Staat schöpfte von den Bauern einen Teil ihrer Produkte in Form der Landsteuer „kharaj" ab.[134] Das Urteil über die Schwere ihrer Last divergiert: Nach Leo Africanus verhielt es sich so, dass all ihre Arbeit und Mühe kaum ausreichten, die Abgaben zu zahlen – „ogni loro fatigha e lavorj non bastano apena per lj tributj che pagano al dc'o Rè".[135] Anderen Zeugen galt sie dagegen als gerecht und leicht zu tragen.[136] Jedenfalls erkennen wir in belegter Form die Existenz einer steuerpflichtigen Bauernschaft. Sie gab es laut Levtzion bereits im alten Mali: „Farmers produced a surplus for exchange and taxation."[137] Der Text, der uns über die Landsteuer unterrichtet, verdient eine besondere Aufmerksamkeit, da ansonsten Hinweise zur Besteuerung landwirtschaftlicher Aktivitäten weitgehend fehlen und da er zudem Aufschlüsse zur sozialen Stellung der Bauernschaft vermittelt. Er entstammt dem Fragenkatalog zur richtigen Regierungsführung, den Askia Mohammad dem Gelehrten al-Maghili[138] vorgelegt hatte. Der Askia leitete seine Frage wie folgt ein:

„God has put this territory under my control [...]. Before me, they [die Bewohner seines Reiches, V. St.] knew nothing but oppression and neglect. They never heard anyone summon them to God and His messenger until they came under my control through the bounty of God. [...] They have abundant agricultural lands and a broad river whose bounty is copious."

Nach dieser Einleitung folgt die Frage: „Is it [permissible] for me to impose tax

---

132   „Ksur" im Text (sing. kasr, qasr), nach heutigem französischen Sprachgebrauch im Sahel „concessions", umschlossene Wohnstätten für mehrere Personen oder Familien.

133   TF, 262: „La chose se passait sous le règne de l'askia El-Hâdj. [...] Des jeunes gens de Tombouctou et quelques habitants de Gâo intervinrent et, prenant du papier, de l'encre et des plumes, ils entrèrent dans la ville de Gâo et se mirent à compter les pâtés des maisons. [...] L'opération dura trois jours et l'on trouva 7626 maisons, sans compter les huttes construites en paille."

134   Vgl. *Hunwick* (Ed.), Sharīʿa in Songhay, 85, 106–109.

135   *Rauchenberger*, Johannes Leo der Afrikaner, 290.

136   Siehe *Hunwick*, Timbuktu, LI.

137   *Levtzion*, Ancient Ghana, 117; vgl. auch dazu auch *Tymowski*, La ville et la campagne au soudan occidental, bes. 65.

138   Zur Person dieses einflussreichen, aber schon zu seiner Zeit umstrittenen Gelehrten siehe *Hunwick*, Art. „al-Maghili".

(kharaj) on their land or not?"[139] Al-Maghili bejahte die Frage eindeutig; er schränkte lediglich ein, die Steuer dürfe nicht drückend sein, „without hardship".[140] Bei dem „kharaj" handelte es sich um eine Abgabe, die auf den Landbesitz von (ehemals) Ungläubigen, die dann unter die Herrschaft eines islamischen Reiches gelangt waren, zusätzlich zum „zakat" erhoben wurde.[141] Dass dies hier der Fall war, soll Muhammads Vorrede nahelegen, wobei offenbleiben muss, ob es sich bei den betroffenen Bauern tatsächlich um Ungläubige handelte.[142] Aufschlussreich ist aber noch eine andere Aussage, dass nämlich die Bewohner über reichlich fruchtbares Land verfügten. Es handelte sich bei ihnen offenbar um selbstständige Bauern, nicht um Abhängige des Reiches noch um Sklaven eines Grundbesitzers. Das sagt nicht nur der Text, es folgt auch aus dem Zusammenhang: Abhängige, Sklaven produzierten für den Staat oder einen Herren, das Produkt verblieb nicht bei ihnen. Sie zu besteuern wäre sowohl unmöglich gewesen, da sie über den Ertrag ihrer Arbeit nicht verfügten, als auch bei Abhängigen auf Staatsgut sinnlos, weil dann ein Teil des Produktes, das ohnehin für den Staat bestimmt war, nur auf anderem Wege eingezogen worden wäre. Diese Differenzierung nimmt in der zweiten Hälfte des 18. Jahrhunderts auch al-Shabeeni vor, wenn er berichtet, dass die Einnahmen des damaligen Herrschers von Timbuktu teils aus Staatsgütern resultierten, deren Ernte ihm vollständig zufiel, teils aus einer Steuer auf die Erträge des Bodens, mit einem maßvollen Satz von zwei Prozent.[143] Dass großer Grundbesitz, von Sklaven bewirtschaftet, in der Ökonomie des Songhay durchaus eine Rolle spielte, wird sogleich zu zeigen sein.

Eine etwa zeitgleiche Anfrage an den ägyptischen Rechtsgelehrten al-Suyuti

---

139   *Hunwick*, Shari'a, 83.

140   Ebd. 85.

141   Vgl. *Hunwick*, Islamic Financial Institutions, 78; *Cahen*, Art. „Kharaj".

142   Vgl. *Hunwick*, Shari'a, 83 Anm. 2.

143   *Shabeeny*, An Account of Timbuctoo and Housa, 14, 44. Al-Shabeeni hielt sich gemeinsam mit seinem Vater, der dort Handelsgeschäfte betrieb, zwischen 1757 und 1769 zwölf Jahre in Timbuktu und in einem bislang noch nicht identifizierten Ort südwestlich davon auf („Housa" ist hier nicht mit dem Haussagebiet im heutigen Staat Niger gleichzusetzen, sondern mit der Region links des Nigers, bei Niafounké), ehe er nach Marokko zurückkehrte. Bei einer späteren Handelsreise nach Hamburg wurde sein Schiff auf der Rückreise aufgebracht und er selbst nach seiner Freilassung in England über seine außergewöhnlichen Kenntnisse Westafrikas 1790 in London ausführlich befragt. Seine Aussagen wurden übersetzt, protokolliert und deutlich später veröffentlicht, vermutlich mit gewissen redaktionellen Änderungen des Herausgebers Jackson. Vgl. quellenkritisch dazu *Wilks/Ferguson*, In Vindication of Sidi al-Hajj Abd al-Salam Shabayni.

(gest. 1505) galt ebenfalls Fragen der Besteuerung.[144] Was eine gerechte Steuer war und worauf sie erhoben werden konnte, stellte offenbar eine damals aktuelle Problematik dar. Aus ähnlichen, bislang noch unbekannten Gutachten dürften weitere Erkenntnisse dazu zu erwarten sein: Elizabeth Sartain hat darauf hingewiesen, dass im 15. und 16. Jahrhundert ein lebhafter Austausch zwischen Westafrika und den Zentren islamischer Gelehrsamkeit in Ägypten bestand, wobei Letztere um rechtliche und religiöse Beratung gebeten wurden.[145] Über den Korrespondenten al-Suyutis, der sich selbst als Muhammad al-Lamtuni identifiziert, ist nichts bekannt. Er verfasste seine Fragen im Juli/August 1493 in al-Takrur, einer nicht näher bestimmbaren Lokalität oder Gegend – die Bezeichnung galt als Sammelbegriff für die westafrikanischen Sahel- und Savannenregionen, ähnlich wie al-Sudan.[146] Aus interner Evidenz seines Fragenkataloges lässt sich allerdings erkennen, dass der Autor in einem Übergangsgebiet zwischen Sahara und Savanne lebte – Hunwick vermutet, es sei in oder bei Agadez gewesen.[147]

Al-Lamtuni überliefert uns ein Land, dessen Herrscher, nicht frei von Willkür und Bestechlichkeit, ein umfassendes System der Besteuerung eingerichtet hatten.

> „We ask about a people whose rulers are in the habit of taking their wealth from them in accordance with an established custom at a fixed time [...]. It consists of diverse products of the land. [...] They demand this (tax) from them every year."[148]

Im Fortgang der Frage wird die Landsteuer („kharaj") explizit erwähnt[149], dazu eine Marktsteuer, die all jene zu entrichten hatten, „who bring horses, camels, cows, goats, slaves, clothes and food".[150] Es wurden also sowohl die landwirtschaftliche Produktion wie auch die Marktaktivitäten, der Handel mit eben diesen Produkten,

---

144 *Al-Suyuti*, Al-hawi lil fatawi fi al-fiqh. Die dem Gelehrten gestellten Fragen, die aufschlussreicher sind als seine Antworten, wurden von *John Hunwick* übersetzt und herausgegeben: Notes on a Late Fifteenth-Century Document Concerning ‚Al-Takrur'. Zur Person siehe *Geoffroy*, Art. „al-Suyuti".

145 *Sartain*, Jala ad-Din as-Suyuti's Relations with the People of Takrur, 198.

146 Ursprünglich wurde als Takrur ein frühes Reich am unteren Senegallauf bezeichnet, doch schon im 13. Jahrhundert galt die gesamte westafrikanische Savannenregion als „Takrur". *Ibn Khallikan* schrieb in diesem Sinn: „Takrur is the name of the land where the Sudan live, and their race is called by the name of their land" (Corpus, 164).

147 *Hunwick*, Notes on a Late Fifteenth-Century Document Concerning ‚Al-Takrur', 10f.

148 Ebd. 12.

149 Ebd.

150 Ebd. 13.

besteuert. Dass es sich dabei zuerst um Vieh, darunter Kamele handelte, bestätigt den obigen Eindruck eines sahelischen Ortes.

Aus den Bezügen des TF auf die Landwirtschaft der Songhayperiode ergeben sich weitere Einsichten in deren Verfassung. Einleitend schreibt der Verfasser:

> „Les vivres que lui [askia Dawd, Herrschaft 1549–1582, V. St.] rapportait la ré-colte de ses cultures étaient si abondants qu'on ne saurait les évaluer ni en in-diquer la quantité. Il avait en effet des plantations dans tous les pays placés sous son autorité."[151]

Aus der darauf folgenden Aufzählung dieser „pays" ist ersichtlich, dass es sich um das Gebiet entlang des Niger, von Dendi, südlich des heutigen Niamey, bis zum süd-westlichen Ufer des Lac Debo handelte.[152] Aus diesen Besitzungen bezog der Askia in manchen Jahren mehr als 4000 Sack Getreide, wobei der Sack etwa 200 bis 250 Li-ter fasste.[153] Die Bewirtschaftung erfolgte durch Sklaven, die einem Aufseher („fan-fa") unterstanden. Größeren Gütern waren mehrere Sklavengruppen mit je einem Aufseher zugeordnet, unter der Gesamtleitung eines Oberaufsehers.[154] Bei diesem Leitungspersonal handelte es sich ebenfalls um Sklaven, die jedoch zu großem Reichtum gelangen konnten. Die Hinterlassenschaft eines von ihnen belief sich auf 500 Sklaven, die er persönlich besaß, 1500 Sack Reis, sieben Rinderherden, 30 Schaf-herden, 15 Pferde, dazu Waffen und Hausgerät.[155] Saatgut und Säcke für die könig-lichen Güter wurden von dem Askia gestellt.[156]

Die Sklaveneigenschaft dieser Arbeitskräfte tritt deutlich zutage, ungeachtet der erwähnten Möglichkeiten, in der Hierarchie aufzusteigen und persönlichen Reich-tum zu erwerben. Doch kann nicht von einer Sklavenökonomie[157] gesprochen wer-den, denn das ließe die Existenz einer sehr großen Zahl von Kleinbauern außer Acht, die niemals der Sklaverei unterlagen. Belegt ist der Einsatz von Sklaven auf Herr-schaftsgut, das vornehmlich der Versorgung der Hauptstadt Gao mit Reis diente. Man kann annehmen, dass auch weitere Amtsträger über solche Ländereien verfüg-

---

151 TF, 178.
152 So auch *Hunwick*, Timbuktu, L.
153 TF, 179.
154 TF, 179.
155 TF, 191.
156 TF, 180.
157 Zur Diskussion dieses Konzeptes mit allen Hinweisen vgl. *Lovejoy*, Transformations in Slavery, 267–271.

ten, in welchem Umfang ist allerdings unbekannt.[158] Doch insgesamt handelte es sich um Einsprengsel in eine kleinbäuerliche Familienwirtschaft. Neben ihnen existierten Bauern, die ihr Land selbstständig bewirtschafteten, einen Teil der Ernte aber ablieferten, Teilpächter also.[159] Elias Saad fügte an: „There are indications indeed that the rights of the absentee owners often lapsed."[160] Das eröffnete den Bauern Möglichkeiten sozialen und wirtschaftlichen Aufstieges.

Ich folge hier nicht John Thorntons Argument, wonach die Sklaverei in Afrika vor Ankunft der Europäer deshalb in der Landwirtschaft weit verbreitet war, weil sie angesichts fehlenden privaten Landeigentums die einzige Möglichkeit gewesen sei, Reichtum zu erwirtschaften.[161] Die Argumentation leidet sowohl an faktischen als auch an methodischen Mängeln. Es ist nicht belegt, wohl auch nicht belegbar, dass landwirtschaftliche Aktivitäten wegen fehlender Zugangs- oder Verfügungsrechte zu und über Boden beeinträchtigt waren. Dies muss eher als eine Projektion neoliberaler Dogmen auf eine ferne Vergangenheit angesehen werden – dass sie auch in der jüngeren Zeit kaum Gültigkeit beanspruchen können, habe ich vielfach erörtert.[162] Wäre die Annahme allerdings zutreffend, so stellte sich sofort die Frage, wie der massive Einsatz von Sklaven hätte gewinnbringend erfolgen sollen, wenn doch der Zugang zu gesicherten Rechten auf das dann verstärkt benötigte Land nicht gegeben war. Nochmals ist es al-Maghili, der zu einem Verständnis der vorherrschenden Konzeption von Landbesitz und -nutzung beiträgt. Ihm wurde folgende Fallgestaltung zur Beurteilung vorgelegt: Einige Personen waren vor Feinden geflüchtet und hatten ihr Land lange Zeit nicht genutzt. Auch als sich die Feinde zurückgezogen hatten, blieben die ursprünglichen Besitzer in der Ferne. Als allerdings andere Bewohner ihrer früheren Heimat mit der Nutzung dieser Felder begannen, versuchten sie das zu verhindern und verlangten einen Pachtzins – waren sie damit im Recht? Al-Maghili antwortete:

> „As for those whom enemies drive from their land so that they abandon dwelling in it, they should not put it out of use nor should they take rent from those who cultivate its soil and graze its pastures. They should either make use of it

---

158   Vgl. *Hunwick*, Notes on Slavery in the Songhay Empire, 25.

159   *Saad*, Social History of Timbuktu, 141.

160   Ebd.

161   *Thornton*, Africa and Africans in the Making of the Atlantic World, 85 f.

162   Zuletzt in: *Stamm*, Formaliser les pratiques coutumières.

themselves or leave it to whoever else can make use of it until they return to it – if they so desire."[163]

Neben der zum Ausdruck kommenden selbstverständlichen Verbindung von Ackerbau und Viehhaltung lassen Frage und Antwort erkennen, dass das Land in der Verfügung derer lag, die es nutzten. Al-Maghili liest sich wie ein ferner Widerhall von Houphouët-Boignys bekanntem Diktum: „La terre à ceux qui la cultivent" – das Land denen, die es bestellen!

Der Ta'rikh al-Fattash enthält lange Passagen, die sich mit den sogenannten servilen Gruppen der Gesellschaft befassen und die reich an die Landwirtschaft betreffenden Informationen sind.[164] Als Ergebnis seiner grundlegenden quellenkritischen Untersuchung warnte Levtzion allerdings vor ihrer Verwendung: „If my thesis that passages in the MS C only were fabricated early in the nineteenth century, at the time of Shehu Ahmadu, is valid then almost nothing is left on the servile groups."[165] Die Einschätzung erstreckt sich auch auf die in den fraglichen Teilen beschriebenen Formen der Abhängigkeit ländlicher Gruppen und auf die von ihnen zu leistenden Abgaben. Bei all dem ist anzunehmen – Levtzions These ist angesichts ihrer überzeugenden Plausibilität heute allgemein anerkannt[166] –, dass es sich um spätere Einschübe handelt. Der Ursprung der Textelemente, die im 19. Jahrhundert einfügt wurden, ist, zumindest was die servilen Gruppen anbetrifft, nicht klar. Kernstück der späteren ‚Fabrikation' war die Prophezeiung eines kommenden Khalifen, der erstaunliche Ähnlichkeit mit Sheku Ahmadu, dem Begründer und ersten Herrscher des Gottesstaates in Masina aufwies. Vergleiche der bekannten Manuskripte erlaubten es Levtzion, das Ausmaß der vorgenommenen Änderungen und vor allem die Hinzufügungen zu bestimmen.[167] Nun liegt das Interesse Sheku Ahmadus auf der Hand, die Legitimität seiner Herrschaft durch diese Prophezeiung zu stärken, doch wozu sollte es dienen, eine detaillierte Darstellung der abhängigen Gruppen in die alte Chronik einzufügen? Die Frage stellte sich auch Levtzion. Er referierte die Ergebnisse eines Austauschs mit William A. Brown, dem herausragenden Kenner der Geschichte des Masina. Dieser verwies auf die Verschärfung der Lage der abhängigen

---

163 *Hunwick*, Shari'a, 88.

164 TF, bes. 107–109.

165 *Levtzion*, A Seventeenth-Century Chronicle by Ibn al-Mukhtar, 588.

166 Unlängst wurde sie noch verstärkt von *Nobili/Mathee*, Towards a New Study.

167 *Levtzion*, A Seventeenth-Century Chronicle by Ibn al-Mukhtar, 592f.

Gruppen unter der Fulbeherrschaft Ahmadus und auf den Bedarf an einer Rechtfertigung des Vorgehens.[168] Auch Nobili/Mathee ordnen Ahmadus Vorgehen als „legal precedents to enslave some West African groups" ein.[169] Doch lässt diese Argumentationslinie einige Fragen offen, die derzeit wohl ohne Antwort bleiben müssen.

Tatsächlich gab es auch in dem originären Text (MS A) einen Verweis auf abhängige Gruppen im Songhay: „Les deux (castes) sont notre propriété."[170] Eine der so angesprochenen Gruppen war die der Sorko, Fischer und Bootsleute auf dem Niger. „Control of the Sorko was necessary for control over the river Niger, which was the economic lifeline of Songhay."[171] Mit der zuletzt zitierten Passage des TF war die Legitimation von persönlichen Abhängigkeiten von der Herrschaft, wenn es einer solchen bedurfte, ausreichend gegeben. Besonders ist zu beachten, dass in dem originären Text des TF ausdrücklich die Sorko als abhängig benannt sind. An deren Unterwerfung war Sheku Ahmadu wegen ihrer wichtigen Rolle bei den Flusstransporten besonders gelegen, und dabei berief er sich in einem Rundschreiben auf den TF.[172] Einer Fälschung hätte es dazu nicht bedurft.[173] Zudem hatte sich bereits al-Maghili in diesem Sinne geäußert. Auf die Frage nach den „slaves of the sultanate" antwortete er wie folgt: „They are like an endowment (hubus) from the days of the forebears who set them aside to aid the sultan, so they should remain like that."[174] Wenn es aber dennoch die Absicht der Textergänzung war, eine Legitimation oder Argumentationsbasis zu liefern, so erscheint die Ausführung nicht schlüssig und zielführend: Aus der darin enthaltenen Entwicklung der Abhängigkeitsformen unter Askia Muhamad, dem Dialogpartner al-Maghilis und Vorbild Sheku Ahmadus, lässt sich eher eine Erleichterung ihres Schicksals erkennen, verglichen mit der Situation unter seinen Vorgängern, was an der Begrenzung der Abgabenlast erkennbar ist.

Bereits vor vielen Jahren hat John Hunwick die These aufgestellt, die Abschnitte

---

168 Ebd. 590 f.

169 *Nobili/Mathee*, Towards a New Study, 69.

170 TF, 141; „castes" ist eine erklärende Einfügung der Herausgeber.

171 *Hunwick*, Timbuktu, XXXI.

172 *Hunwick* fasst den Inhalt wie folgt zusammen: „Proclamation announcing that all Zanj (Bozo/Sorko) are to be enslaved in accordance with what is in the Ta'rik al-fattash." ALA, Vol. 4, 209. Vgl. auch *Nobili*, Catalogue des manuscrits arabes du fonds de Gironcourt, 266. Die gesamte Abteilung 2406 (46–60), bei Nobili Nr. 115, enthält weitere Quellen dazu und zu anderen Fragen von wirtschaftsgeschichtlichem Interesse, die bisher kaum ausgewertet worden sind.

173 Ähnlich argumentierte auch *de Sardan*, Captifs ruraux et esclaves impériaux du Songhay, bes. 107 f.

174 *Hunwick*, Shariʿa, 88. Zum Kontext der Frage siehe Hunwicks Erläuterungen, ebd. 46.

des TF über die servilen Gruppen seien doch Bestandteil des ursprünglichen Textes gewesen, dann aber nach dem Untergang des Songhayreiches daraus entfernt worden, als Mitglieder dieser Gruppen in einflussreiche Stellungen gelangten. Zur Erstellung des MS C im 19. Jahrhundert sei dann eine Vorlage verwendet worden, welche die kontroversen Teile noch enthielt.[175] Vielleicht aber sind dies zu viele, derzeit nicht beweisbare Annahmen.

Unabhängig aber von dieser quellenspezifischen Problematik des TF liegt die Bedeutung der beiden Chroniken darin, dass sie das Nebeneinanderbestehen unterschiedlicher landwirtschaftlicher Betriebstypen deutlich machen. Es existierten zum einen, und sicherlich in ganz überwiegender Zahl, kleinbäuerliche Betriebe. Ebenso gab es große Güter, die der Herrschaft und ihren Amtsträgern dienten. Daneben bestanden abhängige Bauerngruppen, die zwar selbstständig Land bearbeiteten, aber zu Diensten und Grundabgaben verpflichtet waren.[176] Vielfach unterlagen die Bauern der Steuerpflicht, doch wie umfassend die Steuern erhoben wurden, wissen wir nicht. Für diese Feststellungen sind die vermutlich nachträglich eingefügten Stellen des TF entbehrlich, sie können sich auf andere Quellen stützen.

5. Sklaven

Sowohl die Präsenz der Sklaven in den Quellen wie auch die große Beachtung, die sie in der Wirtschafts- und allgemeinen Geschichte Westafrikas gefunden haben, legen es nahe, die Bedeutung der Sklaverei für die Landwirtschaft anzusprechen. Dabei ist zunächst ihr zahlenmäßiges Gewicht in der Untersuchungsregion und -periode zu bestimmen.

Der transatlantische Sklavenhandel hatte in der hier betrachteten Periode noch nicht eingesetzt oder zu ihrem Ende hin, also im ausgehenden 16. Jahrhundert, nicht das Innere der Savannenzone erreicht. Der Anteil der Jahre 1450–1600 am gesamten Sklavenhandel über den Atlantik bis ca. 1900 wird auf lediglich 3,2 Prozent ge-

---

175   *Hunwick*, The Term ‚Zanj‘ and its Derivatives, bes. 102 f. 1985 kam Hunwick, als er sich des Themas der Sklaverei nochmals annahm, nicht mehr auf seine These von 1968 zurück, siehe *ders.*, Notes on Slavery, doch Jahre später merkte er erneut an: „They [die servilen Gruppen in MS C, V. St.] may, however, in part reflect earlier social realities"; *Hunwick*, Timbuktu, XXXI.
176   Vgl. oben Anm. 159.

schätzt.[177] Doch neben dem transatlantischen sind der transsaharische Handel und die interne Sklaverei zu berücksichtigen. Diese beiden Formen fanden eine frühe Erwähnung (Mitte 12.Jahrhundert) in al-Idrisis „Kitab Rujar", so genannt, weil es auf Veranlassung des sizilianischen Königs Roger II. verfasst wurde. Dort erfahren wir von Sklavenrazzien des Reiches Ghana in dem südlich davon gelegenen Land „Lamlam", wo vermutlich vor-malische Malinkegruppen lebten.

> „The people of Barisa, Sila and Ghana make forays into the land of Lamlam,
> and capture its inhabitants. They bring them to their own countries, and sell
> them to the visiting merchants. The latter export them to all countries."[178]

Dies berichtete etwa zeitgleich auch al-Zuhri, jedoch unabhängig von al-Idrisi. Er fügte hinzu, die Bewohner von Ghana hätten diese Sklavenjagden schon in der Zeit unternommen, als sie noch ungläubig waren.[179] Der internen Sklaverei sind wir, soweit die Landwirtschaft betroffen war, bereits im vorhergehenden Abschnitt begegnet. Auf ihr basierten die großen Güter, die im Dienste der Herrscher und hochgestellter Amtsleute standen. Davon abgesehen wird in den frühen arabischen Quellen durchgängig von Sklaven berichtet, die häusliche Dienste verrichteten. Doch nichts schließt aus, dass es daneben auch Feldsklaven gab, und dass die Chronisten dies für selbstverständlich und somit für nicht erwähnenswert hielten.[180] Generell waren sie an landwirtschaftlichen Fragen eher uninteressiert. In welchem Ausmaß Sklaven auf den Feldern arbeiteten, muss offenbleiben. R. T.Ware scheint ihre Zahl jedoch in seinem Beitrag zur „Cambridge World History of Slavery" zu überschätzen. Wenn er Plantagen mit bis zu 2700 Sklaven erwähnt[181], bezieht er sich auf zwei später hinzugefügte Stellen des TF.[182]

Während die interne Sklaverei Auswirkungen auf die Organisationsform der

---

177 Vgl *Adamu*, Delivery of Slaves from the Central Sudan to the Bight of Benin; *Curtin*, Economic Change, Vol.1, 177, und *Lovejoy*, Transformations in Slavery, 19 sowie 59f.

178 *Al-Idrisi*, in: Corpus, 104–131, hier 108. Diese Nachricht findet sich, ca. 200 Jahre später, in *Ibn Khalduns* Muqaddima, in: Corpus, 319f.

179 *Al-Zuhri*, Kitab al-Jughrafiya (Buch der Geographie), in: Corpus, 93–100, hier 98. Im gleichen Sinn schrieb bereits im 10.Jahrhundert *al-Muhallabi* über einen vorislamischen Herrscher: „He has unlimited authority over his subjects and enslaves from among them anyone he wants", in: Corpus, 171.

180 Allerdings sagt Watson, dass in der Landwirtschaft tätige Sklaven in den früh vom Islam beherrschten Regionen, auch in Nordafrika, eher selten anzutreffen waren. Das Land wurde überwiegend von freien Bauern bestellt; *Watson*, Agricultural Innovation in the Early Islamic World, 116.

181 *Ware III*, Slavery in Islamic Africa, 63.

182 TF, 38, 110.

landwirtschaftlichen Betriebe haben konnte, führte der Sklavenexport dazu, die Zahl der Arbeitskräfte zu reduzieren, die für die Produktion zur Verfügung standen, bis hin zur Entvölkerung einzelner Regionen, die allerdings erst in späteren Zeiten auftrat, und nicht in unserer Untersuchungsregion. Anders als beim transatlantischen Handel[183] liegen über das Volumen seiner transsaharischen Variante nur sehr grobe Schätzungen vor. Sie gehen noch immer auf Austens „tentative census" von 1975 zurück[184]; derzeit ist nicht erkennbar, wie sie weiter verfeinert werden könnten. Austen geht von einer Gesamtzahl von ca. vier Millionen durch die Sahara verschleppter Menschen zwischen 800 und 1900 aus. Dieser Handel kann in einen westlichen und einen östlichen Zweig differenziert werden, mit Bestimmungsorten, die einerseits im Maghreb, andererseits in Libyen gelegen waren. Hinzu kam der hier nicht relevante Handel durch das Niltal vor allem nach Ägypten. Ihren Ursprung hatten die Sklavenkarawanen entsprechend ihrer Destination eher im westlichen oder im zentralen/östlichen Teil der Savannenregion, wobei Austen den östlichen Handel nach Libyen als stärker ausgeprägt sieht.[185] Das Reich von Kanem-Bornou, am Tchadsee gelegen, galt über tausend Jahre als der größte Sklavenlieferant für die Regionen nordöstlich der Sahara.[186] Der westafrikanischen Savanne entstammten somit über eine Periode von 1100 Jahren vielleicht zwei Millionen Sklaven, etwa 1800 pro Jahr.[187] Wie sich dieser fiktive Durchschnitt über die Zeit entwickelte, wissen wir nicht, und es sind auch keinerlei Möglichkeiten erkennbar, die Herkunft der Sklaven näher zu bestimmen als den weiten Raum zwischen Senegal und Niger und der Gebiete südlich davon, ein Einzugsbereich also, der deutlich größer als die hier

---

183   Vgl. dazu die Trans-Atlantic Slave Trade Database: www.slavevoyages.org.

184   Vgl. Anm. 187.

185   *Austen*, The Mediterranean Islamic Slave Trade out of Africa, 222. Von einem ‚islamischen' Sklavenhandel zu sprechen, erscheint allerdings unpassend: der transatlantische Handel wird ja mit diesem sachlichen Begriff bezeichnet und gilt nicht als ‚christlich'. Sowohl in der Bibel (z.B. 1 Kor 7, 20–22, Eph 6, 5–9) wie im Koran (z.B. Sure 2, 177; 4, 36; 24, 32–33; 30,28, vgl. *Brunschvig*, Art. „‚Abd", 25 f.) wird die Sklaverei als gegebenes Verhältnis akzeptiert – in beiden Büchern wird gefordert, die Sklaven gut zu behandeln; besonders der Koran lädt zu ihrer individuellen Freilassung ein, ohne die Institution an sich in Frage zu stellen. In der Lutherübersetzung der Bibel erscheint als einschlägiger Terminus meist Knecht, was die Einsicht in die Verbreitung der Sklaverei erschwert.

186   *Iliffe*, Les Africains, 105.

187   Dies basiert auf den Angaben in *Austen*, Mediterranean Slave Trade, und *ders.*, The Trans-Saharan Slave Trade, bes. Tab. 2.1, 2.8 und Fig. 2.1. Siehe zuletzt auch *ders.*, Sahara, 54.

untersuchte Region ist.[188] Solche Größenordnungen, bei aller Zurückhaltung hinsichtlich der Belastbarkeit der Zahlen, legen nicht den Schluss nahe, dass sie geeignet waren, die vorherrschenden Agrarpraktiken vor dem Ende des 16. Jahrhunderts erheblich zu beeinflussen. Doch stellte sich diese Lage regional höchst unterschiedlich dar, aus den Chroniken gewinnt man den Eindruck, dass die Moose vergleichsweise stark von Sklavenrazzien betroffen waren, die Kerngebiete der Sudanreiche dagegen weniger.

Welche Gruppen ,versklavbar' waren, fällt aus dem Thema des vorliegenden Beitrages heraus – allerdings soll darauf verwiesen werden, dass der Koran selbst nicht dazu herangezogen werden kann, um rechtfertigende Gründe für die Versklavung zu finden. Er enthält solche nicht: „The Qur'an nowhere advocates or justifies slavery."[189] Erst spätere Rechtsgelehrte sahen dies anders. Eine aufschlussreiche zeitgenössische Erörterung dazu findet man bei Ahmad Baba, dem bedeutenden Gelehrten aus Timbuktu, der nach dem Zusammenbruch des Songhayreiches nach Marokko verschleppt wurde.[190] Ohne die Institution der Sklaverei grundsätzlich in Frage zu stellen, zog er die Grenze derer, die nach herrschendem islamischen Recht versklavt werden konnten, sehr eng und formulierte strenge Voraussetzungen dafür. Doch in der Praxis galten andere Regeln: Eine Fatwa aus dem ersten Drittel des 16. Jahrhunderts erwähnte islamische Fulbe, welche „quarrel among themselves [...] and sell one another [...], like the Arabs who attack free Muslims and sell them unjustly".[191]

---

188 Mit nicht nachvollziehbaren Methoden ermittelte Nathan Nunn die Zahl der zwischen 1400 und 1900 aus dem heutigen Staat Mali durch die Sahara verschleppten Personen mit exakt 509 950! Über die Jahrhunderte gerechnet resultieren daraus ca. 1000 Menschen pro Jahr: *Nunn*, The Long-Term Effects of Africa's Slave Trades, 152.

189 *Hunwick/Powell*, The African Diaspora in the Mediterranean Lands of Islam, 2. Allenfalls Sure 33,50 könnte als indirekter, undeutlicher Hinweis auf Praktiken der Versklavung, nicht aber als Rechtfertigung dafür gedeutet werden, so dass sich die Feststellung gemäß obiger Anm. 185 bestätigt. Die genannte Sure lautet in Parets Übertragung: „Prophet! Wir haben dir zur Ehe erlaubt: deine (bisherigen) Gattinnen, denen du ihren Lohn (d. h. ihre Morgengabe) gegeben hast; was du (an Sklavinnen) besitzt, (ein Besitz, der) dir von Gott (als Beute) zugewiesen (worden ist)." Bei den Zusätzen in Klammern handelt es sich um erläuternde Einfügungen Parets, die im Wortlaut des Korans nicht enthalten sind. Vgl. auch *Lydon*, Slavery, Exchange and Islamic Law, 142.

190 *Hunwick/Harrak* (Eds.), Miʿraj al-Suʿud. Leider ist die Einleitung der Herausgeber nur sehr knapp ausgefallen, daher ist ergänzend heranzuziehen *Zouber*, Ahmad Baba de Timbouctou.

191 Fatwa of Makhluf al-Balbali on the Slaves of the Sudan, in: *Hunwick/Harrak* (Eds.), Miʿraj al-Suʿud, 11 f., hier 11.

Auf eine weitere bedenkenswerte Folge des Sklavenhandels, jenseits seines quantitativen Gewichts, machte Inikori aufmerksam, nämlich auf die Verschiebung bei den Handelsobjekten. Nachdem er, durchaus im Einklang mit der vorliegenden Untersuchung, die Ausdehnung des für den Markt bestimmten Anteils der westafrikanischen Landwirtschaft hervorgehoben hatte, stellte er die Hypothese auf, diese Entwicklung sei durch die zunehmende Konzentration der Nachfrage europäischer Händler auf Sklaven unterbrochen, ja abgebrochen worden.[192] Im 15. und 16. Jahrhundert exportierte Afrika durchaus auch, ja vornehmlich andere Waren als Menschen. Fernandes bestätigt dies: Mehrfach beschrieb er den regen Produktaustausch mit Regionen im Inneren Westafrikas. Dabei wurden zwar auch Sklaven und ein wenig Gold gehandelt, doch bestand das afrikanische Produktangebot daneben aus Bienenwachs, Bastmatten, Leder, Baumwollstoffen und Luxusartikeln wie Papageien und Vogelfedern.[193] David Eltis stellte unlängst umfangreiche Daten zur Zusammensetzung der afrikanischen Exporte zwischen dem ausgehenden 17. und dem beginnenden 19. Jahrhundert zusammen.[194] Aus ihnen folgt, dass der Warenanteil am gesamten transatlantischen Exportvolumen im Verhältnis zum Sklavenanteil kontinuierlich sank, von ca. 47 auf ca. 8 Prozent. Der absolute Wert dieser ‚anderen Waren' erhöhte sich in der gleichen Zeitspanne etwa um das Doppelte, der der Sklaven verzehnfachte sich. Erst mit dem Ende des Sklavenexportes im 19. Jahrhundert wurde der Handelsverkehr mit anderen Waren als Menschen wieder aufgenommen. Dies erfolgte im Rahmen des sogenannten legitimen Handels und der ihm zugrunde liegenden cash-crop-Revolution am Vorabend der Kolonisierung und war dann ihren Zielen untergeordnet.[195]

Dass aber der Handel in seiner innerafrikanischen Form trotz der zunehmenden

---

192 *Inikori*, Transatlantic Slavery and Economic Development in the Atlantic World, sowie *ders.*, Africa and the Globalization Process, 72, 83. Vgl. auch *Green*, Africa and the Price Revolution, 8 u. 17.

193 *Fernandes* 1951, 43, 59. Ähnlich auch *Donelha*, An Account of Sierra Leone and the Rivers of Guinea of Cape Verde, 125, 155. Frühe Zahlen zum Sklavenhandel nennt *Pacheco Pereira*: Demnach betrug sein Umfang zum Ende des 15. Jahrhunderts im Einzugsbereich des Senegalflusses „in guten Jahren" 400 Personen, sonst die Hälfte. Vgl. *Mauny* (Ed.), Esmeraldo de situ orbis, 47.

194 *Eltis*, The Slave Trade and Commercial Agriculture in an African Context, 33, Tab. 1.1. Eltis wies auch darauf hin, dass zur Versorgung der Sklaven vor und während ihrer Überfahrt erhebliche Nahrungsmittelvorräte erforderlich waren, die meist von der afrikanischen Küste und aus ihrem näheren Hinterland stammten. In dieser Weise stimulierte der Sklavenhandel die kommerzielle Landwirtschaft.

195 Dazu u.a. *Law*, From Slave Trade to ‚Legitimate' Commerce, und *Swindell/Jeng*, Migrants, Credit and Climate.

Bedeutung der Sklaverei nicht aufhörte, sondern eine starke weitere Entwicklung verfolgte, dass also Inikoris These zu relativieren ist, wird in der Folgezeit deutlich werden.

6. Schluss: Intensive Produktion und Warentausch

Differenzierte Agrarsysteme erlaubten es in der Zeit vom 11. bis zum 16. Jahrhundert, in Normaljahren eine zahlreiche Bevölkerung zu ernähren und einen Überschuss für den Verkauf und für die Abgaben zu erwirtschaften. Die Anbaumethoden waren in Abhängigkeit von den jeweiligen Siedlungsräumen unterschiedlich ausgestaltet. Ihr Intensitätsgrad war dort sehr hoch, mit mehreren jährlichen Ernten, wo die natürlichen Bedingungen es erlaubten und wo die Bevölkerungsdichte besonders groß war. Tendenzen zu einer weiteren Intensivierung lassen sich aus den vorliegenden Zeugnissen nicht generell, aber an manchen Stellen durchaus ableiten. Deren Aussagen zu landwirtschaftlichen Fragen sind eher zufällig in einen meist gänzlich anderen Kontext eingestreut. Mit großer Vorsicht lässt sich eine zunehmende Produktion für den Markt annehmen. Doch es kann sich dabei auch um eine verzerrte Wahrnehmung handeln, den Aussagen europäischer Reisender geschuldet, die sich für den Warentausch stark interessierten. Eine erhebliche Marktkomponente der ländlichen Produktion bedurfte einer Voraussetzung, der Existenz eines allgemein anerkannten Zahlungsmittels, Geldes also. War es vorhanden, in welcher Form? An erster Stelle ist dabei an Gold zu denken, das die Vorstellung von der Region so stark prägte und das einen Teil ihrer Exporte ausmachte. Bei al-Bakri erschien es in seiner Geldfunktion: als ungeprägte Münzen und als Dinar und Mithqal, die beide dazu dienten, Handelsabgaben (Zölle) zu begleichen.[196] Bei dem Dinar handelte es sich um eine Goldmünze, bei dem Mithqal um ein Goldgewicht. Ihr Gewicht und ihr Wert waren identisch, ca. 4,25 g. Es fällt auf, dass al-Bakri deutlich in ungeprägte Münzen, Dinar und Mithqal unterscheidet, doch bleibt die Frage offen, ob mit diesen drei Erscheinungsformen des Goldes nicht letztendlich doch nur eine Gewichtseinheit, eine Recheneinheit also, gemeint war, die in der Gestalt von rohen oder nur grob bearbeiteten Goldstücken und des verbreiteten Goldstaubes gezahlt

---

196 *Al-Bakri*, in: Corpus, 85, 81.

wurde. So verhielt es sich noch im 19. Jahrhundert, in Timbuktu und seiner Umgebung. „Das Gold circuliert meistens in der Form von roh gearbeiteten Ringen, kleinen Platten und Körnern", außerdem als Staub.[197] Geprägte Münzen stellten eine Seltenheit dar. Prägestätten in der Region sind nicht belegt, und entsprechende Münzen konnten bislang archäologisch nicht nachgewiesen werden.[198] Hiskett gibt eine Äußerung Ibn Sa'ids wieder, eines Autors des 13. Jahrhunderts, wonach geprägte Goldmünzen aus dem Sudan nach Nordafrika exportiert wurden.[199] Hiskett selbst beurteilt dies skeptisch, vor allem aber stammt sein Beleg aus zweiter Hand, von dem 1331 verstorbenen Kompilator Abu al-Fida.[200] Weder bei Levtzion/Hopkins noch bei Cuoq lässt sich diese angebliche Aussage Ibn Sa'ids auffinden. Viel wahrscheinlicher ist al-Idrisis Bericht, wonach das Gold des Sudan von nordafrikanischen Händlern aufgekauft wurde, „who export it to the mints of their own country, where dinars are struck from it, which they use in trade".[201] Vermutlich waren es solche Goldmünzen marokkanischer Herkunft, die auch südlich der Sahara in den Umlauf gelangten.[202]

Ungeachtet der Form, in der Gold für den Warenaustausch genutzt wurde, spielte es bei alltäglichen Transaktionen auf den ländlichen Märkten kaum eine Rolle. Die Volumina der dortigen Tauschhandlungen waren dafür zu gering. Hier wurden verbreitet die Kaurimuscheln (eigentlich Kaurischnecke, Cypraea moneta) genutzt, die auf den Malediven ihren Ursprung hatten. Erstmals erwähnte sie al-Bakri, aber nicht in ihrer Geldfunktion, sondern als begehrte Handelsware.[203] In gleicher Bedeutung erscheinen sie bei al-Zuhri.[204] Al-Umari und Ibn Battuta berichten dann aber davon,

---

197   *Lenz*, Timbuktu, Bd. 2, 99, 150.

198   *Hunwick*, Islamic Financial Institutions, hier bes. 86 f.; *Hiskett*, Materials Relating to the Cowry Currency of the Western Sudan, Part II, 346. Vielleicht wurden im 18./19. Jahrhundert in Nikki (Nordost-Benin) Goldmünzen geprägt, doch sie hinterließen dort kaum Spuren, und schon gar nicht in den von mir untersuchten deutlich nordwestlich davon gelegenen Regionen. Dazu *Mauny*, Anciens ateliers monétaires ouest-africaines.

199   *Hiskett*, Materials Relating to the Cowry Currency of the Western Sudan, Part II, 345 f.

200   *Fleischer* (Hrsg.) Abulfedae Historia Anteislamica, 177.

201   *Al-Idrisi*, in: Corpus, 111.

202   *Rauchenberger*, Johannes Leo der Afrikaner, 207, geht, gestützt auf einige Aussagen al-Wazzans, von der Existenz im Sahel geprägter Münzen aus, doch muss offenbleiben, ob die dort erwähnten „Ducati del dc'o Regno" (ebd. 280, gemeint ist Timbuktu) und der „Ducato dè quillo Paesè" (ebd. 288, Gao ist das hier gemeinte „paese") nicht Goldstücke in genormter, aber ungeprägter Form waren.

203   *Al-Bakri*, in: Corpus, 83.

204   Corpus, 100.

dass sie als Zahlungsmittel dienten[205], später auch al-Wazzan[206]. Das änderte sich dann über die Jahrhunderte nicht.[207] Auf seiner zweiten Afrikareise notierte Mungo Park zu Beginn des 19. Jahrhunderts eine Reihe von Warenpreisen, alle in Kaurimuscheln ausgedrückt[208], und bezeichnete diese dabei als „the great medium of exchange and the general currency of Bambarra".[209] Zum Ende desselben Jahrhunderts berichtete Oskar Lenz fast gleichlautend aus Timbuktu: „Auf dem Markt und überhaupt im ganzen Kleinhandel wird nur nach Kauris gerechnet, und selbst größere Gegenstände, im Werth von 40–50 000 Schnecken, werden in dieser etwas umständlichen Weise gehandelt."[210] Er stimmt dabei mit Heinrich Barth überein, der aber neben den Muscheln auch Stoffbahnen, die zum Teil aus dem Moogo stammten, als Zahlungsmittel vorfand und verwendete.[211]

Bereits frühere Autoren sprachen von anderen Gütern als Gold oder Kaurimuscheln, die als Zahlungsmittel dienten: Al-Bakri erwähnte Salz, al-Umari Kupferstücke und Stoffbahnen.[212] Green wies darauf hin, dass den als Geld genutzten Waren über ihre Tauschmittelfunktion hinaus ein geschätzter Gebrauchswert innewohnte: „Cloth could be worn, copper and iron melted down […], and cowries could – and were – used extensively for decorative purposes."[213]

Somit ist, glaube ich, hinreichend belegt, dass die angenommene verbreitete Warenzirkulation auch im ländlichen Bereich nicht daran scheiterte oder dadurch eingeschränkt wurde, dass keine geeigneten Zahlungsmittel zur Verfügung standen.[214]

Was immer man also von der in der Einleitung erwähnten „Reversal of fortune"-These halten mag, zumindest ihr Ausgangspunkt, nämlich die Annahme einer günstigen Wirtschaftslage in Afrika um 1500, kann als plausible Unterstellung gelten.

---

205   Beide in: Corpus, 260, 269, 281.

206   Ed. *Rauchenberger*, 281: „Geringerwertiges aber mit kleinen Muscheln […]".

207   Quellenbelege bei *Hiskett*, Materials Relating to the Cowry Currency of the Western Sudan; vgl. auch *Johnson*, The Cowrie Currencies of West Africa.

208   *Park*, The Journal of a Mission to the Interior of Africa in the Year 1805, 276–278.

209   Ebd. 276.

210   *Lenz*, Timbuktu, 156.

211   *Barth*, Reisen und Entdeckungen in Nord- und Central-Afrika in den Jahren 1849 bis 1855, Bd. 4, 286, 293, 295.

212   Beide in: Corpus, 87, 260.

213   *Green*, Africa and the Price Revolution, 6. Weiter *Curtin*, Africa and the Wider Monetary World.

214   Für eine vertiefte Geldgeschichte Afrikas ist noch immer das (schwer lesbare) Buch von *Sundström* unverzichtbar: The Exchange Economy of Pre-Colonial Tropical Africa, 66–121.

Nach Wahrnehmung des Chronisten änderte sich die Gesamtsituation in Westafrika mit dem Untergang des Songhayreiches, mit seiner Eroberung durch marokkanische Truppen.

> „The Sa'dian army found the land of the Sudan at that time to be one of the most favoured of the lands of God Most High in any direction and the most luxurious, secure, and prosperous. [...] All of this changed then: security turned to fear, luxury was changed into affliction and distress, and prosperity became woe and harshness. People began to attack one another throughout the length and breadth of the kingdom, raiding and preying upon property, free persons and slaves."[215]

Das war die Sichtweise eines Vertreters der gebildeten städtischen Schichten. Die Antwort auf die Frage, welche Auswirkungen diese Umwälzungen zum Ausgang des 16. Jahrhunderts auf die ländliche Bevölkerung hatten, bleibt dem weiteren Gang der Untersuchung vorbehalten.

---

215   TS, Ed. *Hunwick*, 192 f., Ed. *Houdas*, 222 f.

III. Vom 17. bis zum Ende des 19. Jahrhunderts

1. Der lange Trend

Das dritte Kapitel dieser Studie beginnt mit der Zeit nach dem Untergang des Songhayreiches 1591 und endet mit der einsetzenden Kolonialisierung. Danach stand Westafrika und somit auch das heutige Mali bis 1960 unter der Kolonialherrschaft. Nach der Unabhängigkeit unterlag der ländliche Raum, in ganz unterschiedlichem Ausmaß, einem komplexen Einflusssystem von neuen Nationalstaaten, ehemaligen Kolonialmächten, internationalen Organisationen und nun auch aufstrebenden Industrienationen wie China. Die Veränderungen des ländlichen Lebens während der Kolonialzeit und der Unabhängigkeit fallen gänzlich aus dem Zeitrahmen meiner Untersuchung. Für die vorhergehende Periode, vom beginnenden 17. bis zum ausgehenden 19. Jahrhundert, können auch hier, wie bereits im letzten Kapitel, abgesehen von einigen notwendigen kurzen Bezügen, die politischen Ereignisse und Veränderungen nicht nachgezeichnet werden. Sie lassen sich aber leicht, sofern sie nicht in großen Umrissen ohnehin bekannt sind, mit Hilfe der einschlägigen Literatur nachvollziehen.[1]

Zunächst einmal sind wir aber mit einer langen Periode von drei Jahrhunderten befasst, die von politischen Turbulenzen, aber auch, zu ihrem Ende hin, von der Ablösung des externen Sklavenhandels und der Suche nach neuen Geschäftsfeldern geprägt war. Akyeampong spricht deshalb in Bezug auf das 19. Jahrhundert von einem der „most fascinating and dynamic centuries in the history of West Africa in the second millennium".[2]

Bei seiner am Ende von Kapitel II zitierten düsteren Prophezeiung standen dem Chronisten aus Timbuktu vor allem der Zusammenbruch des Songhayreiches und

---

[1] Von grundlegender Bedeutung sind dabei *Abitbol*, Tombouctou et les Arma; *Monteil*, Les Bambara du Segou et du Kaarta; *Robinson*, The Holy War of Umar Tal; *Sanankoua*, Un empire peul au XIXe siècle, und General History of Africa, Vol. V und VI.

[2] *Akyeampong*, Commerce, Credit, and Mobility, 231.

DOI 10.1515/9783110585254-004   75

die aufziehende Fremdherrschaft vor Augen. Doch zeigten sich noch andere Herausforderungen, die die Menschen des 17. Jahrhunderts vor große Schwierigkeiten stellten. Nach überwiegender Auffassung setzte um 1630 eine lange Trockenperiode ein, die bis in die Mitte des 19. Jahrhunderts reichte.[3] Sie zog erhebliche Veränderungen in den Agrarsystemen nach sich, doch sie beeinflusste auch die politischen Strukturen der westafrikanischen Sahel- und Savannenregionen.

> „Beginning in the early seventeenth century, the climate of the western sahel and northern savanna lands began a long-term and dramatic trend toward increasing aridity. This had a profound impact because it required farming peoples in the northern savanna who had been practicing rainfed agriculture, either to move south into more humid lands or to transform their styles of life. A similar crisis confronted the herding peoples of the desert frontier who were forced to choose between moving south as the desert-edge pasture lands for sahelian cattle withered or accepting a life based on camel herding, which was suited to the more arid environment. [...] This desertification of the sahel was accompanied by an increase of localized political violence when competition for scarcer resources intensified and new economic patterns came into being."[4]

Dies ist, ausführlich zitiert, Webbs Grundthese, die die nachfolgende Forschung dominierte und aus der sich weitreichende Folgerungen für die politischen, ethnischen und ökonomischen Strukturen der Kontaktzone von Viehhaltern und Ackerbauern ableiten lassen. Doch zunächst sollten wir uns vor Augen halten, dass die Evidenz für die veränderte Klimalage alles andere als eindeutig ist – andere Forscher, z.B. Sharon Nicholson[5], gelangten zu ganz anderen, ja entgegengesetzten Ergebnissen, wie Webb auch selbst einräumt.[6] Die Aussagen zur klimatischen Entwicklung beruhen auf verstreuten Zeugnissen von Reisenden[7], robuste Belege fehlen weitgehend. Nicholson schließt aus ihnen, dass im 16. und 17. Jahrhundert, auch noch, mit

---

3 *Brooks*, A Provisional Historical Schema for Western Africa, 55; *ders.*, Landlords and Strangers, 7–9; *Webb*, Desert Frontier, 4 f.

4 *Webb*, Desert Frontier, 132.

5 Zuletzt *Nicholson*, Environmental Change.

6 *Webb*, Desert Frontier, 4 f.

7 Auch sie sind nicht eindeutig oder einheitlich; *Jean Levens*, ein Direktor der Compagnie des Indes, stellte in seinem Bericht über die Situation am oberen Senegal fest, dass sich die Reise- und Transportmöglichkeiten dort schwierig gestalten und erwähnt Wasserläufe, „qui se remplissent a la moindre pluye, et qu'on ne peut passer qu'a la nage"; Compte-rendu du 10. juillet 1725, ANOM, Fonds ministériels, C 6, 9.

Einschränkungen, im 18. Jahrhundert, höhere Regenfälle vorherrschten.[8] Für die fragliche Periode liegen keinerlei meteorologische Daten vor; die Interpretation von Baumringen bereitet methodische Probleme, da deren Wachstumszyklen nicht hinreichend bekannt sind.[9] Die Wasserstände z. B. des Tschadsees helfen kaum weiter, da er von Chari und Logone gespeist wird, die weit südlich in Zentralafrika entspringen.[10] Doch schließt sich derzeit die vorherrschende Meinung Brooks und Webb an, die von ihnen genutzten Indizien ergänzen sich. Ihren Schlüssen eindeutig entgegenstehendes Material liegt nicht vor, vielmehr verhält es sich so, dass die bekannten Quellen unterschiedlich interpretiert werden können. Cissoko stellte eine Häufung von Hungersnöten, Epidemien und Dürrezeiten im 17. und 18. Jahrhundert fest, mit katastrophalen Auswirkungen auf die Bevölkerung.[11] In Timbuktu wurde ein kleineres Maß als das zuvor gebräuchliche verwendet, so sehr waren die auf den Markt gebrachten Getreidemengen zurückgegangen.[12] Ibrahima Thiaw jedoch beurteilt Hypothesen zur Klimaentwicklung, die auf vereinzelten schriftlichen oder oralen Zeugnissen beruhen, kritisch. Ihre Aussagen „do not evoke climatic decline per se but other, ecological crises whose causes are multiple". Dazu können Dürren, aber auch Flutkatastrophen, Epidemien, Schädlingsbefall und Kriege gehören.[13] Über den Beginn der angenommenen Aridität – ist er nicht eher im 18. Jahrhundert anzusetzen? – gibt es zusätzliche Divergenzen. Sie können jedoch ihre Auflösung darin finden, dass die Klimaverläufe regional sehr unterschiedlich ausgeprägt waren.[14]

Bei diesem Klimawandel handelte es sich nicht um ein erst- oder einmaliges Ereignis in der Geschichte der Region, wie wir bereits in Kapitel II sahen. Den vermuteten zurückgehenden Regenfällen ab dem 17. Jahrhundert ging, nach den gleichen Quellen, eine kurze Feuchtperiode voraus (1500–1630), die ihrerseits auf eine lange Zeitspanne variablen Klimas mit zunehmender Trockenheit zwischen 1100

---

8   *Nicholson*, Environmental Change, 67.

9   Vgl. *Norrgard*, Practising Historical Climatology, 132.

10   *Nicholson*, Environmental Change, 62.

11   *Cissoko*, Famines et épidémies à Tombouctou. Doch Chroniken erwähnen vor allem besondere Ereignisse; ‚normale' Jahre finden in ihnen kaum Beachtung.

12   *Abitbol*, Tombouctou et les Arma, 173.

13   *Thiaw*, Archaeological Investigations, 17.

14   *Pelzer/Müller/Albert*, Die Nomadisierung des Sahel, 276.

und 1500 folgte.[15] Der klimatische Wandel für sich allein genommen ist also keine ausreichende Begründung für Zeiten politischer Unsicherheit, für den Verfall großer Reiche und das Aufkommen kleiner und kleinster Territorialherrschaften, die sich in ständigen Fehden gegenüberstanden und sich mit Razzien überzogen. Die Mossi in Burkina Faso, mit ähnlichen Klimabedingungen konfrontiert, dehnten zur gleichen Zeit ihre Reiche aus und konsolidierten sie. Wohl aber veränderte der Klimawandel die Agrarpraktiken, auch wenn erneut auf die räumliche und zeitliche Variabilität der Klimaentwicklung hinzuweisen ist. Die säkularen Trends konnten an verschiedenen Orten ganz unterschiedliche Formen annehmen.[16] Doch gerade über diese Spezifika wissen wir kaum etwas, und es fehlen auch Studien, die die Klimaentwicklung und eventuelle Anpassungen der Agrarpraktiken auf lokalem Niveau untersuchen.[17] Die Region des Regenfeldbaus zog sich 200 bis 300 Kilometer nach Süden zurück, in ungleichmäßiger örtlicher Verteilung. Wo früher vorwiegend Ackerbau betrieben wurde, gewann nun die Viehhaltung an Bedeutung. Agropastorale Wirtschaftsweisen bestätigen sich als wichtiges Element der Risikostreuung der Landbevölkerung. Das Verhältnis zwischen Ackerbauern und Viehhaltern war nicht nur durch Konfrontation, sondern auch durch Austausch und Zusammenarbeit gekennzeichnet. Um ihren Unterhalt zu sichern, waren die Hirten auf den Handelskontakt mit Ackerbauern angewiesen, und dies verstärkt in Trockenzeiten, wenn die Möglichkeiten für eigenen Getreideanbau im Norden immer prekärer wurden oder ganz entfielen. Der Handel konzentrierte sich somit auf Hirse, aber auch Stoffe und Holz für den Bau von Zelten wurden von den Viehhaltern nachgefragt. Im Austausch lieferten sie Vieh, Datteln und Salz. Solche wirtschaftlichen Kontakte folgten notwendig aus dem Aufeinandertreffen unterschiedlich ausgerichteter Produktionssysteme, der pastoralen Viehhaltung und dem sesshaften Ackerbau, mit ihren zahlreichen Zwischenstufen. Sie stellen eine Konstante der westafrikanischen Landwirtschaft dar, die sich bei allen Veränderungen bis heute beobachten lässt. Klimaveränderungen konnten die Formen des Zusammenlebens beeinflussen, die Konflikte akzentuieren, doch sie hoben dessen Notwendigkeit nicht auf. Sie konnten sogar Gelegenheiten eröffnen, den Austausch zu intensivieren.

---

15 *Maley/Vernet*, Population and Climatic Evolution, 202; *Brooks*, A Provisional Historical Schema for Western Africa, 53, 51.

16 Dazu *McCann*, Climate and Causation, 268.

17 Ebd. 273.

Diese Koexistenz war nicht nur auf die unscharfen südlichen Grenzen des Sahel beschränkt, und sie hatte nicht nur den Güteraustausch zum Inhalt. Vielmehr waren die Viehhalter in der Trockenzeit zu langen Wanderungen zu den Weiden im Süden gezwungen, dort, wo Ackerbauer lebten und ihre Felder bestellten. Sollten die Konflikte nicht eskalieren, war ein gewisses Maß an Absprache und Kooperation erforderlich.

Aber wie schlugen sich diese globalen Veränderungen im Alltag der ländlichen Regionen nieder? Lassen sich überhaupt negative Einflüsse feststellen, oder verhielt es sich nicht doch so, wie Sharon Nicholson annimmt, dass zwischen dem 17. und 19. Jahrhundert eine „great prosperity" vorherrschte:

> „The Niger flood regularly reached Timbuktu, something which rarely occurred in either the nineteenth or twentieth century. Chronicles from Senegambia and southern Mauritania confirm such trends."[18]

Mit irritierender Deutlichkeit tritt erneut hervor, welch grundsätzlich unterschiedliche Ergebnisse aus einem identischen Quellencorpus abgeleitet werden können.

Erste Antworten auf die obigen Fragen nach der Wahrnehmung des Alltags geben die Beobachtungen des jungen Schotten Mungo Park, der am Ende des 18. Jahrhunderts Westafrika bereiste. Sein Zeugnis ist einzig für diese Epoche. Es spiegelt in einer Momentaufnahme den Zustand der ländlichen Ökonomien zu einer Zeit wider, als direkte europäische Einflüsse noch gänzlich fehlten.[19] Nicht nur deshalb ist sein Bericht für die vorliegende Untersuchung von größter Bedeutung; Park stammte auch aus einem Landwirtschaftsbetrieb, so dass seinen Beobachtungen ein großes Maß an Zuverlässigkeit und Sachkunde unterstellt werden kann.

Zunächst erscheinen die von Park überlieferten Eindrücke bereits aus dem vorhergehenden Kapitel vertraut. Auf seiner langen Reise (1795–1797) auf nördlicher Route vom Gambiafluss bis in den Osten von Ségou im Zentrum des heutigen Mali, wo er angesichts langer Entbehrungen und widrigster Umstände – Park reiste fast mittellos – zur Umkehr gezwungen war, durchquerte er immer wieder dichtbevölkerte Regionen, in denen sich größere und kleinere Städte mit Dörfern abwechsel-

---

18   *Nicholson*, Environmental Change, 67.

19   Vgl. die ausgezeichnete Einleitung von Adrian Adams zu der französischen Ausgabe seines Reiseberichtes: *Park*, Voyage dans l'intérieur de l'Afrique. Die hier verwendete Erstveröffentlichung erfolgte London 1799 unter dem Titel „Travels in the Interior Districts of Africa".

ten, umgeben von fruchtbaren Feldern, mit Bewohnern, die in offensichtlichem Wohlstand lebten. Häufig finden sich in seinem Bericht Notizen wie die folgenden: „Medina the capital of the kingdom, at which I was now arrived, is a place of considerable extent; and may contain from eight hundred to one thousand houses"[20]; „Kolor, a considerable town"[21]; „villages, surrounded with extensive cultivations"[22]. An manchen Stellen äußerte er sich, trotz zunehmender Bedrängnis, fast lyrisch:

> „January 26th, in the forenoon, I went to the top of a high hill to the southward of Soolo, where I had a most enchanting prospect of the country. The number of towns and villages, and the extensive cultivation around them, surpassed every thing I had yet seen in Africa."[23]

Auf seiner zweiten Afrikareise 1805, von der er nicht mehr zurückkehrte, notierte er:

> „The villages on these mountains are romantic beyond any thing I ever saw. [...] They have cattle enough for their own use, and their superfluous grain purchases all their luxuries."[24]

Ganz ähnlich war er auch vom Anblick von Ségou überwältigt:

> „The view of this extensive city; the numerous canoes on the river; the crowded population, and the cultivated state of the surrounding country, formed altogether a prospect of civilization and magnificence, which I little expected to find in the bosom of Africa."[25]

Vorher hatte er in Kaarta Viehhirten getroffen, die es angesichts ihres Wohlstandes („the shepherds live in such affluence") nicht für nötig hielten, ein Entgelt für die angebotene Verpflegung zu verlangen.[26] Solch wohlhabenden Fulbehirten war er schon früher begegnet.[27] Sie ließen tagsüber ihr Vieh frei weiden und trieben es abends in einem bewachten Park zusammen. Die Rinder wurden morgens und

---

20   *Park*, Travels in the Interior Districts of Africa, 36. Diese Stadt Medina liegt nördlich des Gambiaflusses; es existieren zahlreiche weitere Orte gleichen Namens (Medina, Madina), etwa am Oberlauf des Senegalflusses.
21   Ebd. 39.
22   Ebd. 49.
23   Ebd. 88.
24   *Park*, The Journal of a Mission to the Interior of Africa, 176. Der Reisende befand sich, als er dies schrieb, zwischen den Flüssen Falémé und Bafing, heute Westmali.
25   *Park*, Travels in the Interior Districts of Africa, 196.
26   Ebd. 91.
27   Ebd. 61 f.

abends gemolken und gaben eine sehr gehaltvolle Milch, aber in geringerer Menge als Park es aus Europa kannte. Sie wurde zu Butter, nicht aber zu Käse verarbeitet. Heinrich Barths Beobachtungen über die Weidepraktiken der Fulbe- und Tuareghirten südlich von Timbuktu unterschieden sich davon kaum. Auch sie trieben ihre Herden am frühen Morgen auf die Weiden und führten sie vor der Mittagshitze in das Lager zum Melken zurück, um sie dann bis zum Abend wieder grasen zu lassen. Andere weideten ihre Rinder in der Nacht und molken sie dann morgens. Gab es einen umfangreichen Viehbestand, so wurde er in unterschiedliche Abteilungen, wie Barth schrieb, gegliedert, von denen manche nachts weideten, andere aber in den Morgenstunden.[28]

Als Hauptanbauprodukte in den Tälern registrierte Park Baumwolle, Tabak und Gemüse. Auf den Hügeln wurden „different sorts of corn" geerntet[29], vor allem Hirse, darunter auch die trockenheitsresistente Sorte Holcus cernuus – Sorghum bicolor.[30] Oftmals tritt nun auch Mais als Anbaufrucht auf.[31] Er war von den Portugiesen im 16./17. Jahrhundert an der westafrikanischen Küste eingeführt worden und verbreitete sich rasch ins Landesinnere, da seine Kultur höhere Erträge als der Hirseanbau erbrachte. Voraussetzung dafür war aber eine ausreichende Feuchtigkeit. Auf deren Fehlen reagierte der Mais mit sehr schlechten Erntemengen, so dass er sich oft in Mischkultur mit der dürreresistenteren Hirse fand.[32]

Park wurde Zeuge lebhaften Handels, vor allem im regionalen Maßstab zwischen den Bewohnern der Savannen- und der Sahel- und südlichen Saharazone. Dessen Hauptgegenstand war einerseits Getreide, andererseits Salz. „The inhabitants employ themselves chiefly in cultivating corn, which they exchange with the Moors for salt."[33] In diesen Handel flossen aber auch andere landwirtschaftliche Produkte ein, so die aus den Karitébäumen gewonnene Butter.[34]

Von solchen Austauschbeziehungen berichten auch andere, frühere Quellen. Ständige Querelen mit ihren Nachbarn hinderten die Einwohner der kleinen politi-

---

28 *Barth*, Reisen und Entdeckungen in Nord- und Central-Afrika, Bd. 4, 357, 371.

29 *Park*, Travels in the Interior Districts of Africa, 34.

30 Ebd. 51.

31 So ebd. 9, 91, 183. Auf S. 9 eindeutig als „Indian corn (zea mays)" identifiziert, später oft nur undeutlich „corn".

32 So auch *Webb*, Desert Frontier, 8.

33 *Park*, Travels in the Interior Districts of Africa, 185, ebenso 58.

34 Ebd. 202 f.

schen Einheiten um die französische Handelsniederlassung St. Joseph[35] zu Beginn des 18. Jahrhunderts nicht, mit eben diesen Nachbarn einen intensiven Handel zu betreiben. Er bezog auch die nördlich lebenden Araber und Mauren ein und nahm ein solches Ausmaß an, dass die kommerziellen Interessen des Handelsstützpunktes stark beeinträchtigt waren.[36] „Ihr Land", fährt der Bericht fort, „ist reich an Reis, Hirse, Mais, Hülsenfrüchten und Sesam, dessen kleine Körner wohlschmeckend und nahrhaft sind."[37] Weiter wurden Baumwolle und Indigo angebaut. Die Bewohner verfügten über Sklaven, die sie jedoch kaum verkauften, sondern auf ihren Feldern einsetzten.[38] An anderer Stelle berichtet Charpentier, dass in dieser Gegend bis zu drei Ernten jährlich möglich waren.[39]

Allerdings beließen es die „Mauren" nicht bei dem Handel, um sich mit Gütern zu versorgen, die sie nicht selbst herstellten. Sie führten dazu auch häufig Raubzüge durch:

> „Desert warriors did exercise concerted political violence against Black communities, intervening in civil wars and launching raids of pillage, enslavement and general destruction across the frontier. The Ulad Mbarak were particularly implicated in the political violence."[40]

Genau mit diesen, mit ihrer Untergruppe Ulad Amar, war Park konfrontiert. Sie hielten ihn lange fest und setzten ihn mancher Schikane aus, ehe er seine Reise südöstlich fortsetzen konnte.

Es zeigt sich aber, dass die Vorstellung eines ruhigen, fast idyllischen Landlebens nur eine vorüberziehende Impression darstellt, und Parks Beschreibungen öffnen den Blick für Entwicklungen im ländlichen Raum, die durchaus mit der eingangs

---

35   Am Senegalfluss, zwischen den heutigen Städten Bakel und Kayes, also nahe der Grenze zwischen Senegal und Mali.

36   „ce qui detruit entierement le commerce de la compagnie"; *Charpentier*, Mémoire vom 1. April 1725, ANOM, Fonds ministériels, Colonies C 6, 9, fol. 3v. Eine Inhaltsangabe mit Textauszügen dieses wichtigen frühen Berichtes bei *Machat*, Documents sur les établissements français de l'Afrique occidentale, 26–35.

37   *Charpentier*, Mémoire, fol. 24v: „Leur pays abonde en riz, mil, bled de turquie, pois et menigue, qui est une petite graine fort delicate et de bonne nourriture." Bei dem erwähnten „menigue" handelt es sich um Sesam, vgl. *Chastanet*, Un proverbe comme ‚conservatoire botanique'. An dieser Stelle liegt vielleicht die erste Erwähnung von Mais („bled de turquie") im Innern Westafrikas vor, klar von Hirse unterschieden.

38   *Charpentier*, Mémoire, fol. 24v.

39   Ebd. fol. 2r.

40   *Webb*, Desert Frontier, 64. Die Ulad Mbarak lebten zwischen dem heutigen Mali und Mauretanien, in der Gegend um Nioro du Sahel.

dargestellten krisenhaften Situation in Verbindung zu bringen sind. Während seiner Reise durchquerte er zahlreiche Kleinstaaten, immer wieder waren Abgaben für die Durchreise zu entrichten. Diese Formationen lagen in ständigen Fehden – Park spricht von tausend unabhängigen Herrschaften, die sich in Rivalitäten gegenüberstanden und immer einen leichten Vorwand für einen neuen Kriegszug fanden.[41] Dabei wurden die Felder der Bauern verwüstet und ihre Speicher geplündert. Sie selbst drohten versklavt zu werden.[42] Im besten Fall nahmen sie den Status von Tributpflichtigen an. „[...] the inhabitants are Negroes [...], who prefer a precarious protection under the Moors, which they purchase by a tribute, rather than continue exposed to their predatory hostilities."[43] Solche Raubzüge waren nicht nur für die Mauren charakteristisch, wie ich unten in dem Abschnitt über die Bambara zeigen werde. In der Folge breitete sich eine abhängige, tributpflichtige Bauernschaft aus.

Die gleichen Ursachen begünstigten auch die Praxis der Sklaverei. Park schätzte den Anteil der Sklaven an der Gesamtbevölkerung auf drei Viertel.[44] Sklaven und Sklavenhändler waren in seinem Bericht allgegenwärtig.[45] Kein schwarzer Afrikaner war von der Gefahr ausgenommen, versklavt zu werden, auch nicht die Begleiter Parks.[46]

Etwa dreißig Jahre nach Park durchquerte René Caillié, von der Küste Guineas kommend, das Grenzgebiet zwischen Guinea, Mali und der Côte d'Ivoire, ehe er Djenné und schließlich Timbuktu erreichte. Was er sah, schließt direkt an Parks Bericht an. Die Fulbe des Futa Djalon verbrachten ihre Zeit damit, ihre Sklaven zu überwachen, die Mandingo begaben sich zu dem gleichen Zweck auf ihre Felder, Caillié besuchte Sklavendörfer „entourés de belles cultures de maïs".[47] Aber nicht nur Sklaven arbeiteten auf den Feldern:

> „[...] als ich eine wohlbestellte schöne Ebene durchquerte, sah ich auf den Feldern viele Arbeiter, die die Erde hackten und sie umwendeten, ebenso wie es

---

41 *Park*, Travels in the Interior Districts of Africa, 290f.

42 Ebd. 159.

43 Ebd. 111. Ähnlich auch S. 139, dort wird präzisiert, dass der Tribut aus Getreide und Stoffen bestand.

44 Ebd. 287.

45 Bes. ebd. 287–298.

46 Ebd. 113.

47 *Caillié*, Journal d'un voyage à Tenboctou, Vol. 1, 328, 376, 422. Sehr hilfreich, um Cailliés Reiseroute im heutigen Mali nachzuvollziehen und mit genauen Ortsidentifikationen und anderen Hinweisen versehen ist *Viguier*, Sur les traces de René Caillié.

die Winzer in Frankreich tun; dies sind keine Negersklaven wie bei den Mandingo, das sind wahre Landwirte, die für eine gute Ernte arbeiten."[48]

Caillié zeigte sich sehr erstaunt über deren Anbaumethoden: „Leurs champs sont aussi bien soignés que les nôtres."[49] Abhängig von der Ackerfrucht erfolgte der Anbau auf Pflanzdämmen oder -hügeln. Die Kulturen wurden von Unkraut freigehalten, Mais kam in Mischanbau mit Baumwolle vor.[50] Die Bauern erzielten auf diese Weise hohe Erträge, bei oftmals zwei Ernten pro Saison.

In der Landschaft Wassoulou wiederholten sich diese Eindrücke. Dörfliche Handwerker stellten Hacken her, mit deren Hilfe die Bauern (auch hier keine Sklaven) Dämme und Hügel aufwarfen, Furchen zogen und Unkraut jäteten. Erneut schrieb Caillié, sie „cultivent aussi bien qu'en Europe".[51] Der französische Hauptmann Quiquandon stimmte mit ihm im Lob der Landwirtschaft überein:

> „Wir durchqueren die Gegend, die Bendougou[52] genannt wird, ein flaches, sumpfiges Land, wo sich eine große Zahl schöner und reicher Dörfer findet. Ihre Bewohner erzeugen auf den fruchtbaren Böden Nahrungsmittel im Überfluss. Sie ist auch für die Viehzucht gut geeignet. Fulbehirten haben sich mit ihren großen Herden nicht weit entfernt von den Dörfern niedergelassen. Schließlich gibt es bedeutende Märkte, wie in Bla."[53]

Hacken waren neben der Sichel die einzigen Agrargeräte, die Caillié vorfand.[54] Daneben war noch im Sahel, aber auch in Senegal, der Iler gebräuchlich. In der zweiten Hälfte des 19. Jahrhunderts registrierte Quintin bei den Bambara von Ségou den Gebrauch von Flegeln zum Dreschen von Hirse, die den ihm bekannten ähnelten – „assez semblables à ceux de nos pays".[55] Weitere Informationen über landwirt-

---

48 *Caillié*, Journal d'un voyage à Tenboctou, Vol. 1, 431: „[…] en traversant une belle plaine bien cultivée: je voyais beaucoup d'ouvriers répandus dans la campagne, qui piochaient la terre, et la remuaient aussi bien que nos vignerons en France; ce ne sont plus les nègres esclaves des Mandingues […]; ce sont des vrais laboureurs qui travaillent pour une belle et abondante récolte."

49 Ebd. 432.

50 Ebd. 443 f.

51 Ebd. 447.

52 Südöstlich von Ségou.

53 *Quiquandon*, Dans la boucle du Niger, 436: „[…] nous traversons le pays appelé Bendougou, pays plat, marécageux, peuplé d'un grand nombre de beaux et riches villages dont les habitants tirent d'un sol fertile des vivres en abondance. […] Cette contrée est très favorable à l'élevage […]. Les Peulhs pasteurs sont venus s'établir non loin des villages avec leurs immenses troupeaux; enfin d'énormes marchés, comme Bla."

54 *Caillié*, Journal d'un voyage à Tenboctou, Vol. 2, 138.

55 *Quintin*, Souvenirs d'un voyage du Sénégal au Niger, 523. Quintin, ein Militärarzt, begleitete Eugène

schaftliche Werkzeuge sind uns nicht übermittelt, doch vermutlich täuscht der Eindruck der Einfachheit und Einheitlichkeit der benutzten Gerätetypen. Seignobos spricht von Hackenfamilien, die unterschiedlichen Zwecken dienten und deren jede wiederum zahlreiche Typen aufwies. Sie wurden verwendet, um Unkraut zu entfernen, die Erde umzuwenden oder aufzulockern oder um Furchen und Hügel zu errichten.[56]

Doch traf Caillié auch auf schlecht bestellte Felder. Ihre Nutzer waren „peu industrieux" und folglich arm.[57] Generell sollten derartige Zuschreibungen sozialer Eigenschaften mit gehöriger Skepsis betrachtet werden.[58] Das Urteil eines Beobachters kann sich beim nächsten in das genaue Gegenteil verwandeln, und dies aus Gründen, die nicht nachvollziehbar sind, aber sicherlich ebenso bei dem Betrachter wie bei seinem Objekt liegen können. So galten dem einen die Bambara als faule Menschen, die im Schatten eines Baumes den Tag verdämmerten, dem anderen aber als fleißige Arbeiter, die sich besonders in der Landwirtschaft auszeichneten.[59] Solch widersprüchliche Urteile hatte bereits der französische Militärarzt Louis Quintin festgestellt und schrieb, dass sich nichts mehr unterscheidet als die Ansichten der Reisenden über die Malinké.[60] Zudem ist zu berücksichtigen, dass sich die Berichterstatter meist auf der Durchreise befanden und nur kurz an einem Ort verweilten. Zuverlässige Eindrücke zur Arbeitsbelastung über das Jahr gesehen blieben ihnen so verwehrt. Glaubhafter sind allerdings genaue Beschreibungen von landwirtschaftlichen Praktiken, wie sie sich auf den Feldern materialisierten.

Kehren wir zu Mungo Park zurück. Auf seinem Rückweg lernte er die verheerenden Folgen einer Hungerskrise kennen. Niemand war mehr bereit oder auch nur in der Lage, ihm Proviant zu überlassen, und er begegnete einer Frau, die gezwungen war, ihren fünfjährigen Sohn zu verkaufen, um für sich und ihre restliche Familie Nahrung zu erhalten.[61]

Auf seine lange Reise zurückblickend ging Mungo Park auf einige allgemeine Fra-

---

Mage auf seiner Mission nach Ségou. Einen weiteren Beitrag veröffentlichte er im gleichen Jahr unter dem Titel „Étude ethnographique sur les pays entre le Sénégal et le Niger".

56 *Seignobos*, Des mondes oubliés, 86–88.

57 *Caillié*, Journal d'un voyage à Tenboctou, Vol. 2, 4, 14.

58 Vgl. den bereits in Kap. II erwähnten Aufsatz von *Rönnbeck*, The Idle and the Industrious.

59 *Bazin*, A chaqu'un son Bambara, 88 f.

60 *Quintin*, Etude ethnographique sur les pays entre le Sénégal et le Niger, 201.

61 *Park*, Travels in the Interior Districts of Africa, 248 f.

gen ein, die noch heute diskutiert werden und im einleitenden Teil der vorliegenden Untersuchung bereits angesprochen wurden. Park konstatierte eine im Vergleich zu den weiten Flächen Westafrikas geringe Bevölkerung, doch betonte er auch die regionalen Unterschiede, die beträchtlich ausfielen: Große Gebiete waren kaum besiedelt oder ganz menschenleer, begründet durch die dort herrschenden naturräumlichen Bedingungen oder die große politische Unsicherheit.[62] Wie unterschiedlich es sich anderenorts verhielt, war im Verlauf seines Berichtes deutlich geworden. Parks Überlegungen gründen auf seiner Vorstellung von der Tragfähigkeit eines gegebenen Raumes, lange bevor dieses Konzept entwickelt wurde.[63] Sie bieten die Gelegenheit, näher auf die in der Einleitung angesprochene Hypothese zurückzukommen, wonach die geringe landwirtschaftliche Produktivität, ja der niedrige ökonomische Entwicklungsstand der Savanne einem Mangel an Menschen bei gleichzeitigem Überfluss an Land geschuldet sei. In der von Brasseul vorgestellten Form lautet das Argumentationsschema wie folgt: Die andauernd niedrige Bevölkerungsdichte auf immensen Flächen erklärt die extensiven und wenig produktiven Anbau- und Viehhaltungsmethoden, die nur einen niedrigen Überschuss zu erzeugen in der Lage sind. Daraus resultiert, dass nur ein geringer Anteil der Produkte in den im Übrigen wenig ausgeprägten Handel gelangt.[64] Park eignet sich nur sehr bedingt als Zeuge dafür. Er schreibt zwar, die Bevölkerung sei „nicht sehr groß", aber zwischen dieser allgemeinen Feststellung, die lokal oder regional auch ganz anders ausfallen konnte, und der Aussage einer Unterbevölkerung, also eines Defizites, liegen mehr als Nuancen. Eine Verbindungslinie zwischen Bevölkerungsdichte und wenig produktiven Agrartechniken zieht er nicht.

Ohnehin ist das Konzept der „relative scarcity of labour in relation to land"[65] von denkbarer empirischer Unbestimmtheit. Dazu fehlen einigermaßen zuverlässige Bevölkerungszahlen und eine sinnvolle Bestimmung der Bezugsfläche, die der Verhältniszahl zugrunde gelegt wird. Ist dafür die gesamte Landesfläche heranzuziehen? Aber wovon? Von Westafrika? Vom heutigen Staat Mali, der damals noch nicht existierte, mit seinem riesigen Wüstenanteil? Oder von regionalen Wirtschaftszentren, wie dem Nigerbogen, dem Senegaltal, der Region von Ségou oder

---

62   Ebd. 261.

63   Vgl. *Tourte*, Histoire de la recherche agricole en Afrique tropicale francophone, Vol. 3, 13.

64   *Brasseul*, Histoire économique, 20. Fast identisch formuliert von *Austin*, Commercial Agriculture, 262.

65   *Austin*, Commercial Agriculture, 262.

Sikasso, dem Moogo? Und wie sollen diese Regionen eingegrenzt werden? Nehmen wir die „polity"[66] Bundu, westlich des Falémé-, südlich des Senegalflusses. 5,6 Prozent ihres Gebietes sind ackerbaulich nutzbar, der Rest der Böden ist wegen lateritischer Verkrustungen dafür ungeeignet.[67] Worauf ist nun die Zahl der Menschen zu beziehen? Andererseits liegt auch nahe, dass die Konzentration einer sehr kleinen Bevölkerungsgruppe auf einem noch kleineren Raum nur begrenzte Entwicklungsmöglichkeiten besitzt. Welches könnte dafür eine untere Grenze sein, gibt es sie überhaupt?

Von den Antworten auf solche Fragen, die aber nicht vorliegen, hängt ganz offensichtlich die als zentral angesehene Kennziffer ab: die errechnete Zahl der Bewohner pro Quadratkilometer, die Relation Arbeitskräfte/Land. Unterstellen wir den offenen Fragen zum Trotz, solche Indikatoren existierten: Sofort erhebt sich das Problem, was relative Knappheit der Arbeitskraft im Verhältnis zur Landverfügbarkeit aussagt und wie ein optimales Verhältnis dieser Faktoren im Hinblick auf die Maximierung des Ertrages gestaltet wäre. Auch dazu liegen uns keine Aussagen vor. Sicher ist nur, dass eine solche optimale Relation keine über die Zeiten und Räume konstante Größe sein kann, sondern von den zahlreichen Faktoren abhängt, die die spezifischen Bedingungen einer Region ausmachen: Art der Kulturen, Agrartechniken, naturräumliche Gegebenheiten. Relative Knappheit der Arbeit im Verhältnis zum verfügbaren Land (d.h. Landüberfluss) ist dann *nicht* gegeben, wenn sich für eine zusätzliche Arbeitskraft keine Fläche mehr findet, auf der sie rentabel eingesetzt werden könnte, auf der also ihre Güterproduktion die Menge, die zu ihrer Erhaltung notwendig ist, übersteigt. Bei der Bezugsfläche kann es sich um bereits genutztes oder aber um bislang unbestelltes, aber landwirtschaftlich nutzbares Land handeln. Umgekehrt ist relative Knappheit der Arbeit *immer dann* existent, wenn schon bisher genutzte oder brachliegende Gebiete vorhanden sind, auf denen ein zusätzlicher Arbeitseinsatz zu einem Mehrprodukt über die Kosten der Arbeitskraft hinaus führen könnte. Letzterer Zustand kann für vorindustrielle, agrarisch orientierte Gesellschaften als der allgemein verbreitete gelten, sehen wir von Regionen am Rande der Überbevölkerung ab.[68]

Dem liegt allerdings ein geschlossenes Modell zugrunde, das nur den Landwirt-

---

66 Vgl. oben Kap. I Anm. 71.

67 *Curtin*, Economic Change, 25.

68 Als solche galt bis vor kurzem Ruanda, mit entsprechend pessimistischen Entwicklungsprognosen. In

schaftsbereich kennt, nicht außerlandwirtschaftliche Wirtschaftsaktivitäten, die die Menschen angesichts ihrer höheren Rentabilität veranlassen könnten, nicht im Primärsektor tätig zu sein, ohne dass die daraus resultierende Arbeitskräfteknappheit in der Landwirtschaft notwendig ein Entwicklungshemmnis darstellte. Es liegt nahe, auch beim Studium agrarisch dominierter Gesellschaften von der Annahme auszugehen, dass deren Ökonomie nicht nur aus der Landwirtschaft bestand, sondern durch Handel und Handwerk ergänzt wurde. Nicht nur deshalb ist das hier diskutierte Modell der Faktorausstattung gänzlich realitätsfern und reflektiert weder die Verhältnisse in Afrika noch anderenorts. Eine solche Konstellation, dass für zusätzliche Arbeitskräfte kein Land zur rentablen Bestellung zur Verfügung stünde, stellt bis in die jüngere Vergangenheit eine Ausnahmesituation dar, und auch heute sind viele Länder bekannt, die trotz sehr geringer Bevölkerungsdichte über eine hohe Wirtschaftskraft verfügen und auf deren Grundlage ein andauerndes Wirtschaftswachstum erreicht haben: Island, Australien, Norwegen etc. Schauen wir zur Verdeutlichung nochmals auf die Situation in Europa im 16. Jahrhundert, zu einer Zeit des Aufbruchs, und richten wir dabei den Blick auf Fernand Braudels Mittelmeerraum, deutlich weiter gefasst als dieselbe Region bei David Abulafia, die nur die Küstengebiete einschließt.

Zum Ende des 16. Jahrhunderts lag die Bevölkerungsdichte dort, „unter Auslassung der Wüstengebiete", bei ca. 17 Einwohnern pro Quadratkilometer. Einhundert Jahre vorher betrug sie nur die Hälfte, acht bis neun Einwohner pro Quadratkilometer.[69] Doch wichtiger als diese Durchschnittszahlen war die ungleiche räumliche Verteilung der Menschen. Uns, die wir diese Gegenden kennen, leuchtet das unmittelbar ein, auf Westafrika bezogen fehlt meist die entsprechende Vorstellungskraft durch eigene Anschauung. Überall gab es unerschlossene, wilde, menschenleere Landschaften. „Sogar in Italien, das im 16. Jahrhundert als Sinnbild des Reichtums gilt, ist diese Art von Wildnis keine Seltenheit. Zu Boccaccios Zeiten trifft man überall auf Wälder, Räuberbanden und wilde Tiere."[70] Angesichts dessen nahm ein zeit-

---

den letzten zwei Jahrzehnten hat sich dies gründlich gewandelt, ein Beleg aus jüngster Vergangenheit für die Unzuverlässigkeit von Voraussagen, die sich auf einen Engpassfaktor beschränken.

69 *Braudel*, Das Mittelmeer und die mediterrane Welt, Bd. 2, 76, 84. Der rasante Anstieg innerhalb eines Jahrhunderts erklärt sich aus der vorangehenden Dezimierung der Bevölkerung durch Pestepidemien. Doch schuf das demographische Wachstum keineswegs bessere Voraussetzungen für die ökonomische Entwicklung, die recht bald an ihre Grenzen stieß. Vgl. dazu *Tallon*, Renaissance, 52.

70 Ebd. 81.

genössischer Beobachter die hier diskutierte Theorie vorweg: Die unzulängliche Landwirtschaft Spaniens liege in der geringen Bevölkerung begründet.[71]

In Anbetracht der teils unklaren, teils uneinheitlichen Evidenz, die zudem nicht mit einem dadurch vorbestimmten Entwicklungsweg verknüpft werden kann, soll das Argument nun nicht, gewissermaßen in Umkehrung verbreiteter Auffassungen, lauten, die Problematik eines eingeschränkten Arbeitskräftepotenzials und großer freier Agrarflächen sei in der westafrikanischen Savanne inexistent oder bedeutungslos gewesen. Vielmehr verweise ich auf die Gleichzeitigkeit unterschiedlicher Verhältnisse und darauf, dass aus ihnen keine eindeutigen Schlüsse auf zukünftige Entwicklungswege gezogen werden können. Der bekannte Bevölkerungsdruck auf dem weiten Zentralplateau Burkina Fasos, über das Emile Baillaud schrieb: „La brousse n'existe guère, tout a été défriché en immenses lougans"[72], hat nicht zu einer besonders intensiven Form der Landwirtschaft geführt. Die Beobachtung großer Bevölkerungskonzentrationen wiederholte sich in anderen Regionen, die er besuchte und die durch unterschiedliche Anbausysteme und Produktionsverfahren gekennzeichnet waren, so am Bani bei Mopti und nahe Sikasso.[73] Baillaud mit seinem ausgeprägten Interesse für Handelsströme und -wege zeigt auch immer wieder eindringlich, dass es sich bei den Regionen mit intensiver Wirtschaftaktivität, immer auf der Landwirtschaft beruhend und mit ihr verbunden, nicht um isolierte Inseln handelte. Inseln waren es vielleicht, umgeben von weiten Räumen, die nur dünn besiedelt waren. Isoliert waren sie aber nicht, zwischen ihnen herrschte ein stetiger Austausch von Waren, kleinräumig ebenso wie über weite Entfernungen.[74]

Zwischen dem zeitlichen Ausgangspunkt dieses Kapitels, dem ausgehenden 16. Jahrhundert, und den Reisen Parks und seiner Nachfolger lagen volle zwei Jahrhunderte oder etwas mehr. Eine solch lange Periode bedarf einer eingehenderen Darstellung als des losen Überblicks, wie er gerade gegeben wurde. Sie soll nun, nach einigen von Park angeregten allgemeinen Überlegungen, erfolgen, mit verschiedenen regionalen Schwerpunkten.

---

71 Nach *Braudel*, Das Mittelmeer und die mediterrane Welt, Bd. 2, 79.

72 *Baillaud*, Sur les routes, 254.

73 Ebd. 272 u. 275. In der Gegend von Sikasso waren allerdings die Dörfer zur Zeit des Besuches infolge der anhaltenden Kriege verlassen und die Menschen geflohen.

74 *Baillaud*, Sur les routes, z.B. 138f., 273f.

2. Die Herrschaft der Arma im Nigerbogen

Nachdem das Reich der Songhay 1591 von marokkanischen Truppen eingenommen worden war, übernahmen die Nachfolger der Eroberer, als Arma[75] bekannt, für mehr als zwei Jahrhunderte die Herrschaft über den Nigerbogen, ehe sie 1833 bei Diré entscheidend von den Truppen der Fulbetheokratie in Masina, der Diina, geschlagen wurden. Von Anfang an war das Regime der Arma vielfältigen Anfeindungen seiner Nachbarn ausgesetzt. Unterstützung und Nachschub aus Marokko blieben bald aus, die Garnisonsstädte erreichten einen hohen Grad der Unabhängigkeit von der Zentralverwaltung der Arma in Timbuktu.[76] „Etat ‚au fil de l'eau', le Pachalik cessait de constituer une entité compacte."[77]

Eine anonyme Chronik aller Herrscher in Timbuktu bis 1750, der „Tedzkiret en-Nisian", bestätigt das düstere Bild, das al-Saʿdi am Ende Songhays der Region gezeichnet hatte. Das Dokument beschreibt eine Epoche größter Unsicherheit, die oft von der Willkür der von ihren Soldaten ernannten und dann wieder abgesetzten Pachas[78] geprägt war, ebenso von Beutezügen, von Plünderungen der Händler und auch der einfachen Bürger, die nicht mehr wagten, sich zum Markt oder zur Moschee zu begeben, und von endlosen kriegerischen Auseinandersetzungen verschiedener Armafraktionen untereinander sowie mit den Fulbe im Westen und den Tuareg im Norden.[79] Trotzdem kam der Handel offenbar nicht völlig zum Erliegen. Im Jahr 1739, berichtete der Chronist, gelangte eine große Salzkarawane mit mehr als 500 Personen nach Timbuktu.[80] Auch der Warenverkehr mit den südlichen Waldregionen, durch den die Bewohner Timbuktus Kolanüsse erhielten, und der Handel mit Getreide setzten sich fort.[81] Zum Teil profitierten die städtischen Kaufleute auch von dieser Beuteökonomie. Immer wieder wurden sie zu erheblichen Geld-

---

75 Abgeleitet von al-Ruma: Krieger, Schützen.

76 *Abitbol*, Tombouctou et les Arma, 100.

77 Ebd. 127. Der Herrscher trug den Titel „Pacha".

78 *Houdas* (Ed.), Tedzkiret en-Nisian, 67 : „les troupes, rentrées dans la ville, tinrent une réunion dans laquelle elles discutèrent la nomination d'un pacha; elles tombèrent d'accord pour élire le caïd ʿAbdalla et le nommèrent pacha pour la troisième fois". Ebendso z.B. 116: „Les soldats lui refusèrent obéissance et le déposèrent pendant huit jours, puis il lui rendirent le pouvoir le neuvième jour."

79 Siehe dazu *Abitbol* (Ed.), Tombouctou au milieu du XVIIIe siècle, VII–IX und durchgängig im Text der darin enthaltenen Chronik al-Qasims.

80 *Houdas* (Ed.), Tedzkiret en-Nisian, 109.

81 Ebd. 126, 157.

abgaben herangezogen; sie konnten sie entrichten, verfügten also über diese großen Summen.[82]

Der anonymen Chronik sind zahlreiche Hinweise auf Dürren und andere Katastrophen und deren Folgen zu verdanken, so für die Jahre 1741 bis 1743:

> „Jamais on n'aurait cru que les richesses de la ville pussent être anéanties à cause de cette disette, ni que ses habitants pussent jamais disparaître et cependant il ne resta plus personne à Tombouctou. [...] La misère a persisté jusqu'à ce jour dans la ville."[83]

Wenn es allerdings die Natur gut mit ihnen meinte, scheint es, als habe sich am Leben der ländlichen Bevölkerung im Gefolge der politischen Umwälzungen nicht viel verändert. „Dieu alors multiplia les pluies et fit pousser des céréales dont ils récoltèrent une grande quantité; les vivres arrivèrent de partout dans toutes les directions et leur prix baissa."[84] So lesen wir in dem TF für die Jahre zu Beginn des 17. Jahrhunderts. Alle uns bereits bekannten Agrarprodukte fanden sich weiterhin, darunter auch solche, die handwerklich verarbeitet wurden: Baumwolle, Indigo, Kürbis, für Kalebassen verwendet, Hanf (Hibiscus cannabicus), aus dem Seile gemacht wurden. Sie lieferten die Grundlage für lebhafte handwerkliche Aktivitäten. Der Handel, schrieb Abitbol, beruhte auf einem verbreiteten und vielfältigen Handwerk, das unter anderem die Weiterverarbeitung der Salzblöcke, Herstellung und Färbung von Textilien, Goldschmiedekunst, Produktion von Lederwaren, Töpferei und Erzeugung von landwirtschaftlichen Geräten umfasste.[85]

In agrargeschichtlicher Betrachtungsweise ist die Rolle von Handel und Handwerk zu betonen, da dabei einerseits agrarische Produkte Verwendung fanden, andererseits die ländliche Bevölkerung als Käufer fungierte. Sie belegen somit das Fortbestehen lokaler und regionaler Wirtschaftskreisläufe, basierend auf dem primären Sektor. Die Stadt Timbuktu nahm dabei als großer Absatzmarkt für Landwirtschaftsgüter eine Sonderstellung ein:

> „Einheimisches Korn wird hier nicht in gehöriger Menge gebaut, um auch nur einen kleinen Theil der Bevölkerung zu versorgen, und fast alle Lebensmittel werden zu Wasser von Ssan-ssandi und der Nachbarschaft eingeführt."[86]

---

82 Ebd. 101, 103, 107.

83 Ebd. 118f. Eine Aufzählung mehrerer verheerender Hungersnöte ebd. 191f.

84 TF, 317.

85 *Abitbol*, Tombouctou et les Arma, 181.

86 *Barth*, Reisen und Entdeckungen in Nord- und Central-Afrika, Bd. 5, 18. So auch *Lenz*, Timbuktu, Bd. 2,

Neben dem genannten Sansanding beschrieb Barth ausführlich die Bedeutung der Kleinstadt Bambara (Bambara-Maoundé, südlich von Timbuktu) für die Versorgung der Wüstenmetropole.[87] Ihre Bewohner betrieben neben der Viehhaltung umfangreichen Getreideanbau und verbrachten das Produkt, Barth spricht von einer bedeutenden Kornausfuhr, auf dem Wasserweg zu den Märkten Timbuktus, von wo ein Teil weiter nach Norden verkauft wurde. Solche zentralen Orte der Lebensmittelerzeugung und -vermarktung fand Barth auch an anderer Stelle vor, z.B. in Sinder (West-Niger, bei Tillabéri).[88] Diese Stadt „ist der grosse Kornmarkt für diese ganze Gegend. Zu jeder Zeit kann man hier eine grosse Menge Hirse käuflich bekommen, und während meiner Reise wurden große Quantitäten ausgeführt."[89] Auch in der näheren Umgebung von Timbuktu wurde intensiv Getreide-, vor allem Reisbau betrieben, wie al-Shabeeny berichtete:

> „Lands are watered by canals cut form the Nile; high lands by wells, the water
> of which is raised by wheels worked by cattle, as in Egypt. [...] They begin to
> sow rice in August and September, but they can sow it at any time, having
> water at hand: he [Shabeeni, V. St.] saw some sowing rice while others were
> reaping it."[90]

Auf seiner Weiterreise von Timbuktu nach ‚Housa' durchquerte er drei Tage lang „a fine, populous, cultivated country".[91] Angesichts all dieser Beispiele sind Zweifel an einer weitverbreiteten Marktproduktion sichtlich gegenstandslos. Nach Heinrich Barths Beobachtungen stellte Timbuktu in diesem Wirtschaftsgeflecht kein produktives, sondern ausschließlich ein Handelszentrum dar. Dreihundert Jahre früher bot die Stadt noch ein anderes Bild: Wenn es ihr auch nicht möglich war, sich selbst mit Lebensmitteln zu versorgen, so befanden sich doch, so der TF, 26 Schneiderwerkstätten dort, jede mit zahlreichen Beschäftigten.[92]

Eng verbunden mit dem Gebiet, das unter der Herrschaft der Arma stand, waren die Tuareg. Doch haben diese in einer Landwirtschaftsgeschichte überhaupt einen

---

160: auf dem Markt von Timbuktu wurden Weizen und Sorghum, Reis und Mais, Gemüse und Obst gehandelt, die nicht in unmittelbarer Umgebung der Stadt erzeugt wurden.

87 *Barth*, Reisen und Entdeckungen in Nord- und Central-Afrika, Bd. 4, 362, 368, 370.

88 Ebd. Bd. 5, 275 f.

89 Ebd.; ähnlich auch ebd. 469, wo Douentza und Konna (nordöstlich von Mopti) als wichtige ländliche Märkte erscheinen.

90 *Al-Shabeeny*, An Account of Timbuctoo and Housa, 24 f.

91 Ebd. 37.

92 TF, 315.

Platz? Waren sie nicht eher Krieger, ja sogar Räuber und Plünderer, als Viehhalter? So sah sie Brown:

> „The Tuareg were predators of the settled cultivators, the traders and the fishermen. [...] basically they sought to ‚tax' sources of wealth not available in their own economy."[93]

Darunter fielen vor allem ackerbauliche Produkte. René Caillié konnte das aus eigener Anschauung bestätigen. Kurz vor Kabara, dem Hafen von Timbuktu, zog er durch ein Bauerndorf, in dem Lebensmittel fehlten, obwohl der Reisanbau verbreitet war: Die Tuareg hatten die Ernte beschlagnahmt oder gestohlen.[94] Ähnliches erlebte Heinrich Barth: Ihm sagten die Dorfbewohner, sie lebten hauptsächlich von dem Samen des Wildgrases Bourgou[95], jedoch vermutete Barth, dass die Armut nur vorgegeben war, um sich vor den Tuareg zu schützen.[96] Mit den Fulbehirten standen diese im Wettbewerb und im Streit um Zugang zu Wasser- und Salzstellen, aber auch um Weiden, wenn die Fulbe ihre Rinderherden zu weit nördlich oder sie ihre Dromedare zu weit südlich trieben – ‚zu weit' jeweils aus der Sicht der anderen Gruppe gesehen. Auch hier war es die eingangs angesprochene Dürreperiode, die erklären könnte, dass Tuareg-Fraktionen nach Süden, bis zum Nigerbogen zogen und sich dort in Konkurrenz zu anderen dort lebenden Gruppen etablieren mussten.[97] Die Chroniken von Agadez, eine der wenigen publizierten internen Quellen zur Geschichte der Tuareg, geben ein lebhaftes Bild von den ewigen Auseinandersetzungen mit den sesshaften Ackerbauern, aber auch untereinander, von größeren und kleineren Kriegszügen, die ihre Ausbreitung begleiteten.[98]

Doch gibt dies nur eine Facette ihres Lebens in der Wüste wieder. Sie waren auch Händler und Viehhalter, mit großen Dromedarherden, und setzten eine Region zwischen Sahara und Sahel in Wert, die ansonsten, von einigen Oasen abgesehen, menschenleer und ungenutzt geblieben wäre. Barth beschrieb ihre Praktiken, dass sie

---

93 *Brown*, The Caliphate of Hamdullahi, 144.

94 *Caillié*, Journal d'un voyage à Tenboctou, Vol. 2, 286 f.

95 Echinochloa stagnina, sonst überwiegend zur Viehweide genutzt.

96 *Barth*, Reisen und Entdeckungen in Nord- und Central-Afrika, Bd. 5, 166.

97 Vgl. *Grémont*, Les Touaregs, 183 f.

98 Ediert in: *Urvoy*, Chroniques d'Agadez, 145–177, hier bes. 175. Quellenkritisch dazu *Rossi*, The Agadez Chronicles.

ihre Tiere morgens und abends weideten und in der Mittagshitze zusammentrieben und molken oder dass sie die Weidezeit ganz in die Nacht verlegten.[99]

Selbst die kriegerisch ausgerichteten Fraktionen der Tuareg, und dies waren nicht alle, bezogen ihre Einkünfte nicht nur aus Raub, Beute und Zwangstributen, sondern auch aus Viehhaltung und Fernhandel.[100] Und bei dem spektakulären Karawanenhandel, der die Aufmerksamkeit europäischer Reisender von Heinrich Barth bis heute auf sich zog, ist zu berücksichtigen, dass er ohne eine ausgedehnte Kamelhaltung nicht möglich gewesen wäre.[101] Andere Tuareggruppen, z.B. die Kel Ansar, die in der Umgebung von Timbuktu siedelten, betrachteten ackerbauliche Aktivitäten als Teil ihrer Identität:

> „However, in all groups there are certain families or tribes the members of which subsist predominantly by agriculture, but are nevertheless considered ‚true' Tuareg by pastoralists."[102]

Die Kel Ansar erschlossen ihre Region vom 16. bis zum 19. Jahrhundert[103] aktiv durch Brunnenbau und Bewässerungsvorrichtungen und waren so in der Lage, landwirtschaftliche Überschüsse weiter in den Norden zu verkaufen.[104] Jedoch waren es oft nicht die Tuareg selbst, die den Ackerbau betrieben, sondern ihre Abhängigen. Dagegen berichten Mangeot und Marty, dass Angehörige einer weiteren Tuaregfraktion, der Kel-Essuk südlich von Gao, sesshaft geworden waren und Reis- und Hirseanbau betrieben, sie selbst, wie der Kontext nahelegt.[105] Beide Autoren überliefern auch, dass die Zahl der Sklaven („captifs") bei den Tuareg vergleichsweise gering war und dass „la condition de ces captifs est bien supérieure à celle de cette classe dans la société noire".[106] Daneben fanden sich weitere Bauern, die selbstständig auf eigene Rechnung produzierten und durch die landwirtschaftlichen Aktivitäten der Tuareg gezwungen waren, ihre Erzeugnisse auf den Märkten von Timbuktu, Niafounké und

---

99 *Barth*, Reisen und Entdeckungen in Nord- und Central-Afrika, Bd. 4, 357.

100 *Saad*, Social History of Timbuktu, 151.

101 So *Spittler*, Dürren, Krieg und Hungerkrisen, 4.

102 *Nicolaisen/Nicolaisen*, The Pastoral Tuareg, 52 sowie 269, 293. Siehe auch *Norris*, The Tuaregs, 138, und *Marty*, Etudes sur l'Islam, 104 f.

103 Vgl. *Norris*, A Summary of the History of the Eastern Kel Intesar, bes. 37.

104 *Oualett Halatine*, Chronique Kal Ansar, 51, 54, 211. Vgl. auch *Hureiki*, Essai sur les origines des Touaregs, 114.

105 *Mangeot/Marty*, Les Touareg de la boucle du Niger, 446.

106 Ebd. 462.

Goundam zu verkaufen, da die lokale Nachfrage der Viehhalter infolge ihrer eigenen landwirtschaftlichen Produktion rückläufig war.[107]

3. Das Land der Dogon

Die Dogon gehören zu den emblematischen, oft beschriebenen Bevölkerungsgruppen Malis. Dies liegt in der Natur ihres Lebensraumes, der Schichtstufe („falaise") von Bandiagara, begründet, in ihrer Kultur, die trotz der Touristenströme, zumindest gegen Ende des vergangenen Jahrhunderts, als ursprünglich gerühmt wird, und in der Beachtung, die sie in der ethnologischen Literatur seit Marcel Griaules „Dieu de l'eau" fanden. Dieses Buch wirkte weit über die Ethnologie hinaus, obwohl es mehr Fragen aufwirft als beantwortet.

Die Anbausysteme der Dogon gelten noch heute als „herausragende autochthone landwirtschaftliche Leistungen" – sie wurden von Thomas Krings ausführlich analysiert.[108] Um sie zu verstehen, ist ein Blick auf den Lebensraum erforderlich, in den diese wohl schwerpunktmäßig gegen Ende des 15. Jahrhunderts unter dem Druck der sich dort ausbreitenden Mossi aus dem Norden Burkina Fasos einwanderten.[109] Ihr neues Siedlungsgebiet war dreifach untergliedert[110]: die Hochebene von Bandiagara, oft von nacktem Fels bedeckt, stark zerklüftet und von Tälern und Klüften durchzogen; die schon erwähnte „falaise", die bis zu 450 Meter steil abfällt; die am Fuße der „falaise" liegende Feuchtniederung (Stufendepression). Daran schließt sich die weite Seno-Gondo-Ebene an. Sie gehört nicht mehr zum Altsiedlungsland der Dogon, wird aber von ihnen spätestens seit der Kolonialzeit extensiv genutzt.

Das Altsiedlungsgebiet ist durch hohe Bevölkerungsdichte und große Landknappheit gekennzeichnet.[111] Dies zwang zu aufwendigen Anbausystemen. Dafür

---

107 *Marty*, Études sur l'Islam, Vol. 2, 107.

108 *Krings*, Agrarwissen, 181–229; vgl. ebenso *Bouju*, Graine de l'homme, 126–132.

109 Dazu *Izard*, Introduction à l'histoire des royaumes mossi, Vol. 2, 276; *ders.*, Gens du pouvoir, gens de la terre, 310. Die Migration der Dogon nach Nordwesten gilt als von Naba Rawa verursacht, einem Sohn von Ouédraogo, dem mythischen Begründer der Mossireiche. Siehe *Stamm*, Sunjata und Ouédraogo, 1122. Die Dogon selbst bezeichnen eine weit entfernte Region, das Mandé, als ihre ursprüngliche Heimat, vgl. *Bouju*, Qu'est-ce que l',ethnie' dogon?

110 Nach *Krings*, Agrarwissen, 185–188.

111 *Gallais*, Pasteurs et paysans du Gourma, 100–102.

standen vor allem die feuchten Täler des Plateaus und die Böden der Stufendepression zur Verfügung. Charakteristisch für ihre intensive Bearbeitung sind die Kammerfelder, kleine von Erd- oder Steinwällen umschlossene Parzellen, die auf diese Weise vor Erdabtrag und vorzeitigem Wasserabfluss geschützt wurden. Diese Kleinfelder trugen Mischkulturen, die oft auf Pflanzhügeln wuchsen, die mittels Vegetationsresten angelegt und gedüngt wurden: Das gejätete Unkraut wurde aufgeschichtet, mit Erde bedeckt und bildete so die Grundlage der nachfolgenden Anbausaison. Mischkultur von Hirse und Augenbohnen schützte den Boden und die jungen Hirsepflanzen vor Überhitzung und Austrocknung und verbesserte zugleich die Stickstoffversorgung.[112] Die Methoden der Feldbestellung ähneln denen des ebenfalls praktizierten Gartenbaus. Es herrschte eine große Sortenvielfalt vor, z.B. bei Pennisetum und Sorghum.[113] Sie konnte sich nur über einen sehr langen Zeitraum ausgeprägt haben. Daraus ergibt sich die Frage, über welche direkten Aussagen wir zu den historischen Agrarsystemen der Dogon verfügen.

Ob sie die beschriebenen Anbaumethoden erst nach ihrer Migration unter dem Druck der Landknappheit entwickelten oder bereits in Nord-Burkina Faso praktiziert hatten, vielleicht weniger ausgefeilt, muss offenbleiben. Aber es ist darauf zu verweisen, dass sie im Yatenga zu den „teng-biise", den Kindern der Erde, den Autochthonen also, gehörten. Deren Nachkommen, die in ihrer Heimat zurückgeblieben waren, zeichneten sich noch im 20. Jahrhundert durch Überreste intensiver Anbaumethoden aus, die sie ohne räumliche Zwänge und im deutlichen Unterschied zu den zugewanderten Mossi praktizierten.[114]

Das älteste verfügbare Zeugnis zu historischen Agrarverfahren der Dogon ist der Bericht von Lieutenant Desplagnes über seine Mission in den Jahren 1903–1906, also nur kurz nach der Einnahme Bandiagaras, des Hauptortes des Dogongebietes, durch die französischen Truppen. Ihm waren somit Informationen und Eindrücke zugänglich, die noch nicht von der Kolonialpolitik überlagert waren.[115] Seine der Landwirtschaft gewidmeten Beobachtungen verweisen auf die Existenz intensiver,

---

112 *Krings*, Agrarwissen, 203 f.

113 Ebd. 200 f.

114 Siehe dazu die Untersuchungen von *Marchal*, Yatenga, Nord Haute Volta, Kap. 5, sowie *ders.*, Lorsque l'outil ne compte plus.

115 *Desplagnes*, Le Plateau Central Nigérien.

an die speziellen Standorte angepasster Anbaumethoden. Sie belegen, dass der hohe Bevölkerungsdruck ein historisches Phänomen ist, keines der letzten Jahrzehnte.

> „Tous les terrains furent utilisés et les flancs des montagnes aménagés en terrasse pour faciliter les cultures. [...] Les champs sont l'objet d'un soin jaloux et les méthodes d'agriculture indigènes se sont sérieusement perfectionnées."[116]

Die von Krings beschriebenen Kammerfelder, die Düngung der Äcker, auch bereits die Errichtung von Kleinstaudämmen zur Bewässerung, all dies konnte bereits zu Beginn des vergangenen Jahrhunderts aufgezeichnet werden.[117] Die Vielfalt der Kulturpflanzen fiel Desplagnes auf, und er berichtete auch von dem kommerziellen Gebrauch, den die Dogon davon machten.

> „Les populations [...] cultivent au contraire avec ces plantes indigènes un certain nombre d'essences d'origines très diverses dont elles ont conservé, semble-t-il, le monopole et plusieurs de ces plantations ne sont faites que dans un but commercial pour servir de matière d'échange."[118]

Neben mehreren Reissorten wurden Baumwolle, Indigo, Henna, verschiedene Gewürze, Piment, Bohnen, Tomaten, Kürbisse, Melonen, Zwiebel und Fabirama angebaut. Sie dienten teils dazu, auf den Märkten der Ebene Stoffe, Salz und Trockenfisch einzutauschen.[119] Der Baumbestand wurde gepflegt und erneuert, nicht nur, um die Früchte und Blätter zu nutzen, sondern auch wegen der Beschattung der Kulturen.[120]

4. Die Fulbeherrschaft von Masina: Primat der Viehhaltung

Nordöstlich von Ségou ergießt sich der Niger, nun fast ohne Gefälle, in eine riesige Beckenlandschaft, das Nigerbinnendelta, das sich über mehr als 500 Kilometer nach Nordosten bis zum malischen Seengebiet, der „zone lacustre" erstreckt. Während der Flutperiode, deren Hochwasser noch durch die Einmündung des Bani bei

---

116 Ebd. 339 f.
117 Ebd. 343.
118 Ebd. 341.
119 Ebd. 342 f. Bei Fabirama handelt es sich um die ‚Hausakartoffel', Solenostemon rotundifolius, eine minzartige Pflanze mit unterirdischen Knollen, die kleineren Kartoffeln ähneln und in gleicher Weise wie diese verwendet werden können.
120 Ebd. 343.

Mopti verstärkt wird, entsteht in den Monaten Oktober bis Dezember eine Überschwemmungsfläche von ca. 20000 Quadratkilometern.[121]

Bis zum Beginn des 19.Jahrhunderts stand das Nigerbinnendelta unter der Führung lokaler Fulbechefs. Sie füllten das Machtvakuum aus, das dort bereits während des Songhayreiches bestand, dem die Fulbe allenfalls tributpflichtig waren, aber dessen Kontrolle sie nicht effektiv unterworfen waren. Nach dem Untergang Songhays blieb allen Versuchen der Arma, ihre Herrschaft auf das Delta auszudehnen, der dauerhafte Erfolg verwehrt. Ähnlich erging es den Bambaraherrschern von Ségou. Ihre Oberherrschaft beschränkte sich ebenfalls nur auf das Recht, Tributzahlungen zu erhalten. Ansonsten war ihr Einfluss nominell.[122] Trotz ihrer dominanten Position vor allem im 19.Jahrhundert gehörten die Fulbe nicht zu den Erstsiedlern im Binnendelta. Dies waren die Fischer und Reisbauern. Die Fulbe drangen nach Gallais ab dem 14./15.Jahrhundert aus dem Nordwesten, aus dem Futa Toro, dann aus dem Méma, in die Region ein.[123] Die Migration verlief nicht immer friedlich: Al-Saʿdi berichtete davon und beklagte die Arroganz und Gewalt der Fulbe, die die Reichtümer an sich nahmen und die Menschen töteten.[124] Dies war nur eine der möglichen Sichtweisen; die Songhayherrscher und später die Arma gingen ihrerseits immer wieder mit massiven Repressalien gegen die Fulbe vor[125], so dass auch sie Grund zur Klage hatten, doch ist davon nichts überliefert.

Ihre Wirtschaftsweise, ja ihr gesamtes Leben und ihre Kultur, waren vom Rind geprägt.[126] Im Masina herrschte das Zeburind vor, mit seinem charakteristischen Höcker und den zahlreichen Hautfalten am Hals. Die Rinderherden wurden durch

---

121 Vgl. *Devisse* (Ed.), Vallées du Niger, 47f.; *Barth*, Mali, eine geographische Landeskunde, 83–86.

122 *Ba/Daget*, L'empire peul du Macina, 103.

123 *Gallais*, Le delta intérieur du Niger, Vol.1, 87f. Fay setzt dafür Mitte/Ende 14.Jahrhundert an und nennt als Herkunftsregion das Mandé, vgl. *Fay*, Les derniers seront les premiers, 174, auch ebd. Anm. 25 u. 26. Diese Zeitangaben sind lediglich als grobe chronologische Annäherung zu verstehen, die auf unterschiedlichen Aussagen der Oraltradition beruhen. Die Zuwanderung der Fulbe erfolgte in größeren und kleineren Gruppen über einen sehr langen Zeitraum.

124 TS, 411: „leur arrogance, [de] leur tyrannie qui avaient semé le trouble dans le pays en tous lieux et dans toutes les directions. Ah! que de créatures de Dieu pauvres et malheureuses avaient péri sous les coups des gens du Massina! Que de richesses ceux-ci avaient prises violemment et injustement!"

125 Belege dafür bei *de Bruijn/van Dijk*, Arid Ways, 48.

126 Siehe die von *Sow* zusammengestellten Texte: La Femme, la Vache, la Foi.

Ziegen- und Schafbestände ergänzt, darunter das Wollschaf und die kurzhaarige milchreiche ,maurische' Rasse.[127]

Schon vor der Ausbreitung der Fulbe nahm die Viehhaltung im Nigerbinnendelta einen wichtigen Platz ein.[128] Diese Region weist dafür ein ebenso großes Potenzial auf, mit ihren üppigen Bourgoubeständen als Viehnahrung in der Trockenzeit und der Möglichkeit, in der Regenperiode die von der Tsetsefliege nicht infizierten Weiden im Nordwesten (Méma) und Nordosten (Gourma) aufzusuchen[129], wie für den Reisanbau und den Fischfang. Bereits im ersten Jahrtausend n.Chr. lässt sich Viehhaltung nachweisen[130], in Jenné-jeno war sie während der gesamten Existenz dieses Siedlungsschwerpunktes präsent.[131] Das Delta war immer von der Trilogie Ackerbau, Viehhaltung, Fischfang geprägt.[132] In welcher Form die Vieh-, vor allem die Rinderhaltung praktiziert wurde, bevor sich die Wanderviehwirtschaft der Fulbe durchsetzte, lässt sich derzeit nicht mit Bestimmtheit sagen. Dass jedoch in Jenné-jeno offenbar (es liegen dafür nur wenige Indizien vor) kleinwüchsige buckellose, Tsetse-resistente Rinderrassen verbreitet waren[133], deutet eher auf agropastorale Systeme mit kleinräumiger Transhumanz hin. Der Präsenz der Rinderhaltung widerspricht auch nicht, dass in Jenné-jeno, anders als am Senegallauf, in den Ansiedlungen keine massiven Dungrückstände in den Siedlungen nachgewiesen sind. Es ist leicht denkbar, dass das Vieh aus Platzmangel die Nächte außerhalb verbrachte.[134] Diese recht vagen Vermutungen – Kevin MacDonald spricht von der archäologischen Unsichtbarkeit der pastoralen Viehhalter[135] – werden nun allerdings durch die Anwendung neuester naturwissenschaftlicher Methoden auf archäologische Funde im Binnendelta gestützt. Es handelt sich dabei um die Isotopenuntersuchung des Zahnschmelzes von Nutztieren aus verschiedenen Zeitabschnitten, die von Abigail Chipps Stone durchgeführt wurde. Diese Analyse ermöglicht es, Herkunftsort

---

127 *Mauny*, Tableau géographique de l'ouest africain au moyen âge, 276–282. Wolllose ,sudanische' Schafe erwähnte auch *Lenz*, Timbuktu, Bd. 2, 88.

128 Vgl. Kap. II.2.

129 *Smith*, Pastoralism in Africa, 163.

130 *Bedaux* et al., Recherches à Dia, 369, 384f.

131 *MacDonald*, Analysis of the Mammalian, Avian, and Reptilian Remains, 299.

132 *Gallais*, Le delta intérieur du Niger, Vol. 1, 85.

133 Vgl. *MacDonald*, Analysis of the Mammalian, Avian, and Reptilian Remains, 301; *ders./MacDonald*, The Origins and Development of Domesticated Animals in Arid West Africa, 132.

134 *McIntosh*, Modeling Political Organization, 71.

135 *MacDonald*, Invisible Pastoralists.

und Aufenthaltsgebiete der fraglichen Tiere zu rekonstruieren, und somit auch ihr Mobilitätsverhalten abzubilden. Im Ergebnis gelangte die Autorin zu der Erkenntnis, dass bereits vor der Zeit von ca. 1400, als die Siedlungsgeschichte von Jenné-jeno, wie wir in Kapitel II sahen, endete, weiträumige Transhumanz praktiziert wurde. Sie war allerdings nicht die am weitesten verbreitete Form der Viehhaltung. Räumlich eingeschränkte Transhumanz oder mehr oder weniger stationäre Haltungsformen überwogen deutlich.[136] Dies änderte sich aber nach dem erwähnten Zeitpunkt, in einer Periode also, die mit der Ausbreitung der Fulbe im Nigerbinnendelta zusammenfällt. Von nun an war die Rinderhaltung überwiegend in weiten Wanderbewegungen organisiert und wurde von spezialisierten Hirten ausgeübt.[137]

Waren die Fulbe Nomaden oder transhumante Pastoralisten, bewegten sich also die Menschen mit ihren Tieren, ohne über eine feste Ansiedlung zu verfügen, oder waren es die Tiere, die wanderten, unter der Obhut von Hirten, während das Gros der Bevölkerung in festen Niederlassungen zurückblieb? Eine stationäre Form der Viehhaltung war jedenfalls nicht möglich, nicht im Binnendelta, schon gar nicht in den sahelischen Gebieten, und sie ist es bis heute nicht. Angesichts der Niederschlagsverhältnisse und der daraus folgenden Nutzungsmöglichkeiten der Weiden, angesichts der periodischen Überflutung von weiten Teilen des Binnendeltas und angesichts der Konkurrenz von Ackerbauern und Viehhaltern dort, wo Regenfeldbau möglich war, folgten die Herden einem jahreszeitlichen Wanderzyklus. In der Trockenzeit hielten sie sich auf den dann zugänglichen Überschwemmungsflächen auf, weideten die Bourgougräser oder nutzten die Rückstände auf den abgeernteten Feldern. Mit einsetzendem Regen und steigendem Wasserstand verließen die Hirten das Delta und trieben die Herden in die ergrünenden Weiden im Norden.[138] Während die sesshaften Agropastoralisten den buckellosen Bos taurus hielten, der gegen die Trypanosomiasis (Schlafkrankheit) immun war, zogen die Fulbe das Zeburind vor, dem es, trotz mancher Einkreuzungen, an dieser Resistenz fehlte. Seine Haltung südlich einer Regengrenze von 600 mm pro Jahr gilt als risikoreich[139], ein weiterer Faktor, der die Transhumanz erforderte, um dem starken Fliegenbefall in der Regenzeit zu entgehen. Doch handelt es sich bei dieser Isohyete nicht um eine starre

---

136 *Stone*, Urban Herders, 167, 177f.

137 Ebd. 178, 207.

138 Vgl. *Monteil*, Une cité soudanaise, 216–223; *Gallais*, Le delta intérieur du Niger, Vol. 2, 361–371.

139 *Smith*, Pastoralism in Africa, 131.

Trennlinie: Auch südlich davon, bei höheren Niederschlagsmengen, finden sich noch Fulbe mit ihren Zebuherden, so im Nordwesten von Burkina Faso und im Norden der Côte d'Ivoire.[140]

Land, Weiden ohne entsprechende Verbindungswege sind in einem transhumanten Kontext nicht nutzbar, ebenso wenig wie Weiden ohne Zugang zu Wasserstellen: Flussläufe, Seen, im Sahel vielfach Brunnen. Die Ressourcennutzung definiert sich über die Zugangsmöglichkeiten zu den je nach Jahreszeit benötigten und komplementären Weiden, aber auch über die Verfügbarkeit überlebenswichtiger Stellen wie Viehtränken und Salzweiden. Im Sahel zahlten Gruppenfremde eine Abgabe für die Nutzung der Brunnen. Dies erlaubte die Regulierung des Viehbesatzes. Eine Überweidung konnte so verhindert werden, dazu kam es erst viel später, als die örtlichen Systeme der Zugangsbeschränkung durch die Einrichtung zahlreicher ‚öffentlicher' Brunnen nicht mehr funktionieren konnten. Oftmals geschah dies im Rahmen von Entwicklungsprojekten.[141]

Anders als die frei zugänglichen Weiden waren die Nutzungsrechte an den Bourgoubeständen, die die wesentliche Nahrungsquelle der Herden in der Trockenzeit bildeten, auf bestimmte Gruppen begrenzt. Sie konnten jedoch an neu Hinzuziehende und an Fremde übertragen werden, meist gegen eine Abgabe.[142] Nach Sanankoua erfolgte die Aufteilung der Bourgouflächen auf einzelne Viehhalterfamilien zur Zeit der Diina; vorher waren sie größeren Gemeinschaften zugeordnet.[143]

Der Übergang der Fulbe vom Nomadismus zur Transhumanz mit einhergehender Sesshaftigkeit der überwiegenden Zahl von ihnen wird heute verbreitet als geplante Politik unter dem Einfluss Sheku Ahmadus angesehen[144], der 1818 die verbündeten Heere der Fulbechefs und des Königs von Ségou besiegt und einen Gottesstaat im Masina, die Diina, errichtet hatte. Die Gründe dafür waren sowohl politischer als auch religiöser Natur, im Sinne einer Unterordnung der bisherigen Nomaden unter die Einheit des Glaubens und des Staates. Wie Anne Mayor anmerkte, ist zu vermuten, dass die verstärkte Sesshaftigkeit der Viehhalter auch zu neuen

---

140   *Benoit*, Le chemin des Peul du Boobola, 51; *Diallo*, Nomades des espaces interstitiels, 50, 62.

141   Zu solchen Praktiken der Tuareg siehe *Oualett Halatine*, Chronique Kal Ansar, 53, sowie *Claudot-Hawad*, Les Touaregs, 45–66.

142   *Gallais*, Le delta intérieur du Niger, Vol. 1, 138 f.

143   *Sanankoua*, Un empire peul au XIXe siècle, 93, 95 f.

144   Ebd. 94; *Brown*, The Caliphate of Hamdullahi, 134; *Johnson*, The Economic Foundations of an Islamic Theocracy, 488.

Siedlungsformen führte: An die Stelle der temporären Strohhütten mussten stabilere Bauformen getreten sein.[145] Dieser Wandel wurde bislang allerdings noch nicht archäologisch nachgewiesen. Victor Azarya verweist auch auf interne Entwicklungstendenzen in den Fulbegesellschaften, die, unabhängig von politischen Direktiven, eine Sesshaftigkeit begünstigt haben könnten. Sie waren im Masina bereits vor Sheku Ahmadu zu beobachten, ehe sie von dem neuen Staat, der Diina, beschleunigt wurden.[146] Die Gründe dafür, so der Autor, sind darin zu sehen, dass die Fulbe durch ihre politisch-militärische Stärke, später durch ihre regionale Vorherrschaft, in der Lage waren, Land und Sklaven zu erwerben, meist zu erobern. Den Boden überließen die Wohlhabenderen unter ihnen den Sklaven zur Bestellung; ihre Herden übergaben sie Berufshirten, sie selbst ließen sich als politische und religiöse Führungsschicht nieder. Die Staatenbildung der Diina verstärkte diesen Prozess in einem bisher unbekannten Ausmaß. Zugleich wurde er aus den oben aufgeführten Erwägungen politisch gefördert.[147]

Die Koexistenz von Viehhaltern und Ackerbauern erforderte strikte Nutzungsregeln, sollten permanente Konflikte vermieden werden. Dies galt umso mehr in einem Gebiet wie dem Binnendelta, in dem große Flächen regelmäßig überflutet wurden und wo in der Trockenzeit, wenn die Herden zurückkehrten, der Zugang zu der Bourgouweiden gesichert sein musste. Ob die Diina dabei gänzlich neue Regeln einführte, wie Sanankoua, Gallais und Ba/Daget nahelegen, oder ob es sich doch eher um die Vereinheitlichung und Durchsetzung bereits bestehender Konventionen handelt[148], muss mangels Quellengrundlagen offenbleiben.[149]

Charles Monteil, dessen Monographie über Djenné auf seine Zeit als Kolonialverwalter in dieser Stadt zwischen 1900 und 1903 zurückgeht, der also noch Zeitzeugen der Diina befragen konnte, berichtet, dass Ahmadu die Koordination der Viehhalter

---

145 *Mayor*, Les rapports entre la Diina peule du Maasina et les populations du Delta intérieur du Niger, 41.

146 *Azarya*, Sedentarization and Ethnic Identity among the Fulbe, 49.

147 Ebd. 48–50.

148 So *de Bruijn/van Dijk*, Arid Ways, 54. Es ist dabei zu berücksichtigen, dass auch andere pastorale Gesellschaften wie die Tuareg vergleichbare Regeln der Transhumanz kannten, vgl. *Mangeot/Marty*, Les Touareg, 451.

149 Es ist darauf hinzuweisen, dass sich alle Belege für einen so weitreichenden Einschnitt wie die Sesshaftmachung bisher nomadischer Fulbe auf die Oraltradition stützen, wie von *Ba/Daget* gesammelt und verbreitet. Bei *Browns* eigenen Erhebungen (*ders.*, The Caliphate of Hamdullahi, 134) ist nicht auszuschließen, dass sie von schon bekannten Narrativen überformt waren.

zentralisiert hatte – es lag nun in der Zuständigkeit der Zentralverwaltung festzulegen, welche Weidegebiete besucht werden durften, wie lange die Verweildauer dort
war, wann die Schafschur erfolgen durfte, welche Vorkehrungen gegen Viehseu-
chen zu treffen waren und welche Preise für die Tiere und ihre Produkte galten.[150]
Diese Eingriffe, die eher die Verantwortung für die Reglementierung der Viehhaltung auf die staatliche Ebene verlagerten als dass sie deren Neuerfindung bedeute-
ten, waren auch deshalb notwendig geworden, weil die Herden nach der Sesshaftmachung des überwiegenden Teils der Fulbe nur unter der Bewachung weniger Hirten
verblieben. Sie wurden leichtes Objekt der Razzien der Bambara von Ségou, wenn sie
nicht unter militärischen Schutz gestellt wurden, wofür allerdings eine Planung
ihrer Wanderwege und -zeiten erforderlich war.[151] Die feste Ansiedlung der Viehhalter zog weitere Folgen nach sich. Ein Teil der Milchkühe musste nun ganzjährig
bei der Ansiedlung verbleiben, um die Versorgung mit Milchprodukten sicherzu-
stellen. Das System der Rinderhaltung änderte sich grundlegend.

> „The state-directed settlement also entailed a radical shift in Fulbe cattle rais-
> ing patterns. Instead of each family herding its own cattle, the sedentary Fulbe
> now had to entrust a large part of their cattle to hired herdsmen who would
> take them on the seasonal transhumance cycle, while a small part was kept
> near the household."[152]

Wenn er auch den Anforderungen der Tierhaltung untergeordnet war, blieb der
Ackerbau doch unentbehrlich. Vermutlich hat er im Rahmen der Sesshaftwerdung
noch an Bedeutung gewonnen. Betrieben wurde er von Rimaibe, den Abhängigen
der Fulbe, die teils als „rimaibe beit al mal", auf großen Gütern angesiedelt, dem
Staat, teils individuellen Fulbeherren untergeordnet waren. Ihre Zahl, so nimmt
McIntosh an[153], stieg nach der Sesshaftwerdung ihrer Herren deutlich an. Ursprünglich handelte es sich meist um Kriegsgefangene, doch viele lebten bereits seit Generationen bei ihren Herren. Vor allem der Status der Letzteren ist nicht dem von Sklaven gleichzusetzen.[154] An fünf Tagen der Woche bestellten sie ein ihnen zugewiese-
nes Landstück und hatten dafür eine Abgabe in Getreide zu entrichten, die etwa dem

---

150 *Monteil*, Une cité soudanaise, 221.

151 Vgl. *Gallais*, Le delta intérieur du Niger, Vol. 2, 364.

152 *Azarya*, Economic Enterprise in Fulbe and Mande States, 76.

153 *McIntosh*, The Peoples of the Middle Niger, 112.

154 *Sanankoua*, Un empire peul au XIXe siècle, 112 f.; *Monteil*, Une cité soudanaise, Djénné, 165 f.; *Johnson*, The Economic Foundations of an Islamic Theocracy, 488.

Jahresbedarf von einer Person entsprach. Johnson und Gallais zählen zu den Abgabepflichten zusätzlich noch ein Sechstel der Ernte[155], doch handelt es sich dabei um eine kolonialzeitliche Neuerung, die die fixe Getreideabgabe ersetzte.[156] Welches Gewicht diese Abzüge hatten, lässt sich nicht genau beurteilen, da wir nichts über das Produktionsvolumen erfahren; ein Bericht der Kolonialverwaltung beziffert den Anteil der Abgaben an der Ernte in vorkolonialer Zeit, also bevor die Sechstelregel eingeführt wurde, mit einem Drittel.[157] Wohl aber wird deutlich, dass die Rimaibe nicht in Kolonnen unter Anleitung und Aufsicht arbeiteten, sondern selbstständig auf überlassenen Parzellen. Deren Ertrag über die Abgabe hinaus verblieb bei ihnen, und sie hatten die Möglichkeit der Bestellung eines ihnen zustehenden Landstückes auf eigene Rechnung. Gallais schreibt diese Regeln Sheku Ahmadu zu, allerdings ohne Quellenbelege.[158] Er stützte sich vermutlich auf die mündliche Überlieferung. Sie könnte dazu neigen, Herrschaft und Person Ahmadus in einem günstigen Licht erscheinen zu lassen. Im weit entfernten Futa Djalon, außerhalb des Einflussbereiches der Diina, fanden sich, wie René Caillié berichtete, ähnliche Bestimmungen.[159] Es war im Prinzip nicht zulässig, Rimaibe zu verkaufen, zu züchtigen oder gar zu töten.

Bereits im vorhergehenden Kapitel waren wir auf die Problematik der Sklaverei in der Diina gestoßen. Es war argumentiert worden, Ahmadu habe den TF auch deshalb ergänzen, also fälschen lassen, um eine strengere Unterordnung abhängiger Gruppen unter die Fulbeherrschaft zu legitimieren. Wir hatten in diesem Zusammenhang festgestellt, dass es, soweit belegbar, Ahmadus primäres Anliegen war, die Bootsleute des Niger unter seiner Kontrolle zu behalten. Insgesamt erweist sich seine Haltung zu den abhängigen Gruppen, besonders den Rimaibe, als weniger eindeutig, für eine intendierte oder durchgesetzte Verschärfung ihrer Lage finden sich keine Hinweise. Vielmehr gründeten sich die Anfänge seines Reiches auch auf die Unterstützung unterer Bevölkerungsschichten, darunter maßgeblich die Rimaibe.

---

155 *Johnson*, The Economic Foundations of an Islamic Theocracy, 488f.; *Gallais*, Le delta intérieur du Niger, Vol. 1, 130.

156 *Klein*, From Slave to Sharecropper in French Soudan, 104.

157 Ebd.

158 *Gallais*, Le delta intérieur du Niger, Vol. 1, 130.

159 *Caillié*, Journal d'un voyage à Tenboctou, Vol. 1, 315: „J'appris que, dans le Fouta-Dhialon, les nègres [gemeint sind Sklaven, V. St.] ont deux jours de chaque semaine consacrés à travailler leur champ particulier."

Sie nahmen als Soldaten an seinen Feldzügen teil, sie begrüßten seine Siege, sie wandten sich von den bisher Mächtigen ab und unterstützten das neue Gemeinwesen.[160] Diese Parteinahme sollte sich für sie jedoch nur sehr begrenzt auszahlen. Zwar wurden im Zuge der Siedlungspolitik Ahmadus auch von Rimaibe bewohnte Dörfer begründet, die einen tributpflichtigen, aber doch freien Status genossen.[161] Doch änderte sich in der Diina im Grundsatz nichts an dem Fortbestehen der Sklaverei, von der die Fulbe weitgehend zur Erzeugung von Ackerbauprodukten abhängig waren.

> „Although the Hamdullahi movement offered some [...] opportunity for political and economic mobility, at least at the beginning of the jihad, it did not actually alter the pattern of social organization, hence could not have fulfilled any hopes it raised for genuine social revolution."[162]

Von den vielfältigen landwirtschaftlichen Produkten des Binnendeltas, die sich nicht nur auf die der Viehhaltung beschränken lassen, wurde ein erheblicher Teil weiterverarbeitet und ging in den Handel ein, der aus dem Delta herausführte. Dazu zählten Bastmatten, Kalebassen, verschiedene Seifen und Öle, Baum- und Schafwollstoffe, vor allem aber getrockneter Fisch.[163] Die Region war (und ist) mit ihren Flussläufen und permanenten oder temporären Wasserflächen ein Zentrum des Fischfangs, der vornehmlich von den Sorko-, Somono- und Bozofischern betrieben wurde.[164] Die Fanggebiete waren unter den Fischern aufgeteilt. Eine maßgebliche Rolle spielte dabei der „Herr des Wassers" („djitigi"), der die Familie der ‚Erstansiedler' repräsentierte und eine faktische und vor allem rituelle Oberhoheit über ein weites

---

160 *Brown*, The Caliphate of Hamdullahi, 124, 126, 127, 132.

161 Ebd. 135.

162 Ebd. 137.

163 *Monteil*, Une cité soudanaise, 227–242, 264 f.

164 Vielfach erscheint es eher angemessen, von sozioprofessionellen Gruppen als von Ethnien zu sprechen. Wir werden darauf noch weiter unten bei den Marka und Bambara zurückkommen. Die mit der vorschnellen Bezeichnung als Ethnie verbundene Problematik wird bei den Somono deutlich, die, unterschiedlicher Herkunft, in früher Zeit, vielleicht schon im Malireich, mit der Gewährleistung des Flussverkehrs betraut waren. Die Bozo ihrerseits erkennen sich selbst unter diesem (oder auch einem anderen) Sammelbegriff nicht wieder. Vgl. *Kassibo*, Histoire du peuplement humain, 81–97. *Gallais*, Le delta intérieur du Niger, Vol. 1, 78, verweist auf Fälle, in denen Fremde in das Binnendelta einwanderten, Fischer wurden und „par mutation ethnique" die Identität von „Bozo" annahmen. Er zieht die Folgerung: „Reconnaissons l'existence d'un peuple du fleuve comprenant divers groupes entre lesquelles la communauté du genre d'existence, les techniques semblables, les rivalités pour le partage des eaux, ont multiplié les influences réciproques, les échanges d'hommes et d'idées" (ebd. 79).

Gebiet ausübte, das er selbst nicht vollständig nutzte, sondern dessen Fischereirechte auch bei anderen Familien lagen. Diese Familien konnten sie ihrerseits an Dritte übertragen.[165] Weitere Zugangsrechte zu den Fischereiressourcen hatten ihren Ursprung in Verfügungen der historischen Reiche am Niger. Die Diina, Songhay, vielleicht auch schon Mali siedelten Fischer und Bootsleute an der wichtigen Wasserstraße an und statteten sie mit entsprechenden Nutzungsrechten aus. Der Wasserherr hatte die Aufgabe, jährlich den von seinen Vorfahren mit den jenseitigen Mächten geschlossenen Pakt durch ein Opferritual zu erneuern, den Zeitpunkt der Eröffnung der Fischereisaison und ihrer wichtigsten Etappen zu bestimmen sowie die Regeln für die aktuelle Kampagne festzulegen: verbotene Gerätschaften, Stellen oder Bestände, die geschützt werden sollten.[166] Die Fischereiperioden richteten sich nach dem biologischen Zyklus der Fische, der wiederum von Flut, Überschwemmung weiter Flächen und zurückgehendem Wasserstand bestimmt war. Manche Fischarten wanderten periodisch vom Lac Débo flussaufwärts bis Ségou, Koulikoro und dann mit abnehmendem Wasserstand wieder zurück in das Delta. Mit dem zurückweichenden Wasser konnten auch die Tiere gefangen werde, die in den Überschwemmungsflächen lebten.[167]

Nach Tymowski lassen sich drei Milieus der Fischerei trennen, die unterschiedliche Techniken erforderten: der Niger mit seinen Nebenarmen und Zuflüssen, die Seen der „zone lacustre", die riesigen temporären Überschwemmungsflächen.[168] Letztere waren nur wenige Monate überflutet, doch in dieser Zeit stellten sie den Fischen ein reichhaltiges Nahrungsangebot bereit. Mit zurückgehendem Wasserstand strebten diese dann zurück in das Hauptbett des Flusses – ein idealer Zeitpunkt, die gemästeten Tiere in von den Fischern mit Erddämmen eingerichteten Ablaufrinnen zu fangen. Diese Praktiken beobachtete Quiquandon unweit des Bani und beschrieb die dabei angewandte Technik:

> „[...] je fus à même de constater plus tard, que les indigènes construisent ces digues uniquement afin de capturer des poissons. En hivernage, l'eau monte brusquement, dépasse en hauteur ces murailles de 50 et 60 centimètres et se retire au bout de quelque temps, aussi brusquement qu'elle est montée; le

---

165 Die Rechte an Fischereizonen ähneln durchaus denen an Grund und Boden. Zur sozialen Organisation der Fischerei vgl. *Daget*, La pêche dans le Delta central du Niger, 58.

166 Siehe *Fay*, Des poissons et des hommes, 126 f., 152 f.

167 *Monteil*, Une cité soudanaise, 200–209.

168 *Tymowski*, La pêche à l'epoque du moyen âge dans la boucle du Niger, 8 f.

poisson, qui s'est aventuré au loin, cherche alors à fuir; il trouve dans la muraille de terre de petites brèches par lesquelles il se précipite avec les eaux, mais il est pris dans une véritable nasse placée à l'orifice."[169]

Auch die Seen der „zone lacustre" werden von der jährlichen Nigerflut berührt. Geht sie zurück, so verbleiben die Fische in den tiefer gelegenen Seen, da eine Verbindung zu dem Fluss nur während des hohen Wasserpegels möglich ist.

Eugène Mage fand bei einem Somono bei Ségou eine Vielfalt lokal hergestellter Fischereigeräte vor, „un grand magasin rempli d'engins de pêche toute espèce, fabriqués dans le pays".[170] Es handelte sich um verschiedene Arten von Netzen mit unterschiedlicher Maschengröße, um Angelschnüre und -haken. Dazu wurden Harpunen und Reusen eingesetzt.

Die Fische wurden vor Ort getrocknet, und ein Teil ging in den Fernhandel ein, der bis in die heutigen Staaten Burkina Faso und Côte d'Ivoire reichte.[171] Diese für den Markt bestimmte Produktion war im Binnendelta konzentriert, doch nicht darauf begrenzt. Auch an der Falémé, die in den Senegal mündet, stellte getrockneter Fisch eine in den nördlich davon gelegenen Gebieten sehr begehrte Handelsware dar. Mungo Park beschrieb Fischfang und -verarbeitung, wie sie dort betrieben wurden. Der Fisch wurde zerkleinert und getrocknet, die Trockenmasse dann als Würze dem Couscous beigegeben.[172] Bereits in der Mitte des 12. Jahrhunderts hatte al-Idrisi diese Praktiken gesehen: „In the Nile are species of fish, big and small, which serve as food for most of the Sudan. They catch them, salt and preserve them. These fish are very thick and oily."[173]

Zwischen den Fischern und den Reisbauern des Binnendeltas bestanden enge Beziehungen, die auf dem geteilten Raum und der Komplementarität ihrer Aktivitäten beruhten. Kassibo legt einen gemeinsamen Ursprung von Tié- und Sorogofischern, zu den ‚Bozo' gehörend, und Nono-Reisbauern nahe.[174] Der Reisanbau (Oryza glaberrima) hat im Binnendelta eine lange Geschichte. In dem zentralen Ort Dia praktizierten die frühen Bewohner eine Mischwirtschaft, die sich auf Viehhaltung und Reis-

---

169 *Quiquandon*, Dans la boucle du Niger, 436.

170 *Mage*, Voyage dans le Soudan Occidental, 194f.

171 *Monteil*, Une cité soudanaise, 209–211.

172 *Park*, Travels in the Interior Districts of Africa, 51.

173 *Al-Idrisi*, in: Corpus, 108, vgl. auch 111. Der „Nile" ist der Senegalfluss.

174 *Kassibo*, Histoire du peuplement humain, 93.

bau stützte und durch Fischerei und Jagd ergänzt wurde.[175] Auf seinem Weg nach Timbuktu durchquerte René Caillié das Binnendelta und bemerkte die für den Reisanbau auf den Überschwemmungsflächen erforderlichen Vorkehrungen zur Wasserlenkung: „les nègres y font des chaussées pour maitrîser l'inondation".[176] Der Wasserzu- und -abfluss wurde durch diese Dämme („chaussées") reguliert; wie sie aussahen, hatte Caillié schon etwas früher beschrieben: Immerhin hatten sie eine Höhe von einem Meter oder etwas mehr.[177] Nicht nur Reis-, auch der Gemüseanbau wurde unter Nutzung von Bewässerungssystemen betrieben. In Boré (nordöstlich von Mopti) fand Heinrich Barth die Landschaft „von Kanälen zur Bewässerung der Gemüsegärten durchschnitten".[178]

5. Das Land am oberen Senegal

Schon im 17. Jahrhundert erweckte das Gebiet am oberen Senegallauf, bei der Einmündung der Falémé, aufgrund seines vermuteten Goldreichtums das Interesse der europäischen Mächte. Zuerst waren es die Portugiesen, dann die Engländer und Franzosen, die Erkundungsmissionen dorthin entsandten. Frankreich konnte sich schließlich, mit einer Unterbrechung, eine Vorrangstellung sichern.[179] 1714 wurde das Fort St. Joseph als befestigte Handelsniederlassung errichtet. Die französischen Kaufleute bezeichneten die Gegend meist als Galam, ihre Bewohner als Sarakholle. Diese selbst nennen sich Soninké und ihr Land Ganjaaga.[180] Historisch bildete es einen Teil des Reiches Ghana – al-Bakri beschrieb es bereits im 11. Jahrhundert.[181] Die intensiven Erkundungen und Handelskontakte schlugen sich in einer Vielzahl von Berichten an die federführende Compagnie du Sénégal, zwischenzeitlich auch Compagnie des Indes, nieder. In ihrem Mittelpunkt standen natürlich die Möglichkeiten und Probleme des Handels (Gold, Sklaven, Gummi), doch sie gingen zuweilen

---

175 *Bedaux* et al., Recherches archéologiques à Dia, 446.

176 *Caillé*, Journal d'un Voyage à Tenboctou et à Jenné, Vol. 2, 176.

177 Ebd. 136.

178 *Barth*, Reisen und Entdeckungen in Nord- und Central-Afrika, Bd. 5, 469.

179 Zur französischen Präsenz im Senegal siehe *Ly*, La Compagnie du Sénégal, sowie *Delcourt*, La France et les établissements français au Sénégal entre 1713 et 1763.

180 *Bathily*, Les portes de l'or, 35–38.

181 *Al-Bakri*, in: Corpus, 77 f.

auch auf die natürlichen Bedingungen der Region und auf die Aktivitäten ihrer Bewohner ein. Somit sind wir vergleichsweise gut über die dortigen landwirtschaftlichen Verhältnisse informiert, und dies in einer Periode, die ansonsten nur sehr unzulänglich dokumentiert ist.

Neben dem bereits erwähnten Bericht Charpentiers von 1725 liegen ein weiterer aus der Feder Pierre Davids (1744) und eine „Relation de Bambouc" von 1729 vor, die vor allem wegen ihrer recht ausführlichen Darstellung der landwirtschaftlichen Praktiken großes Interesse verdient.[182] Zunächst wendet sich der Verfasser gegen die Ansicht, es handle sich um eine Dürreregion ohne landwirtschaftliches Potential. Dagegen hebt er hervor, dass zahlreiche Flussläufe nicht nur für eine ausreichende Bewässerung sorgen, sondern auch die hohe Fruchtbarkeit ihrer Ufergebiete durch die periodischen Überschwemmungen aufrechterhalten. Eine reiche Vegetation war die Folge. Die Bewohner verwendeten Bienenstöcke, um Honig zu gewinnen[183]; „in dem Land sind viele ausgezeichnete Viehweiden gelegen, mit feinen, zarten Gräsern, die von den Rindern gerne gegessen werden".[184] Die zahlreichen Herden, vor allem Ziegen und Rinder, wurden, wie Boucard bemerkte, nicht bei den Gehöften gehalten, sondern gemeinschaftlich in einem speziellen Areal, wo sie von ihren Besitzern gemolken wurden. Neben der Viehhaltung, die mit großer Sorgfalt erfolgte („dont ils prennent un soin extrême"[185]), wurde ein vielfältiger Ackerbau betrieben. Er war auch hinreichend flexibel, um sich auf veränderte Rahmenbedingungen einzustellen: Als die Bewohner von Bambouc mit denen von Boudou im Streit lagen und dadurch ihre Nahrungsmittelversorgung in Gefahr geriet – Boudou war ein wichtiges Anbaugebiet –, gelang es ihnen, die eigene Produktion drastisch zu erhöhen. Entsprechende Landreserven und Arbeitskräfte konnten mobilisiert werden.[186] Dies ist nicht der einzige Verweis auf die Möglichkeit kurzfristiger wirtschaftlicher Dynamik am oberen Senegal. Etwa 75 Jahre später berichtete der Kolonialverwalter Julien-Désiré Schmaltz, wie die Landwirtschaft infolge politischer Reformen innerhalb von zwanzig Jahren einen erheblichen Aufschwung nahm: „sie

---

182 *Boucard*, Relation de Bambouc, 246–275.

183 Ebd. 266.

184 Ebd. 267: „le Pays est remply d'excellents paturages qui rapportent une herbe tres fine et tres mince que les bœufs mangent avec avidité."

185 Ebd.

186 *David*, Journal d'un voiage fait en Bambouc en 1744, 166.

verkaufen heute Hirse und Tabak an den größten Teil der benachbarten Staaten"; die Bevölkerung hatte sich durch Zuwanderung verdoppelt.[187]

An erster Stelle unter den Kulturen nennt Boucard Erdnüsse, die gemeinsam mit Hirse angebaut wurden. Er schreibt dazu, eine einzige Aussaat von Hirse und Erdnüssen sichere die Ernte über drei Jahre[188], was nicht recht einleuchtet, zumindest aber darauf hindeutet, dass dieselben Felder mehrjährig genutzt wurden, in den Flussniederungen permanent. Neben den Erdnüssen erscheinen weitere Hülsenfrüchte wie Erderbsen und Bohnen. Mais („Mahy ou Bled de Turquie") wurde vielfach angebaut. Der Autor unterscheidet den Mais deutlich von der Hirse, die er in „gros et petit mil" differenziert.[189] Für die ansonsten häufig vorkommende Verwechslung von Sorghum und Mais ist hier also kein Platz. Hinzu kam Reis.

> „Les Negres scavent tres bien profiter du debordement de ces petites Rivieres. Ils sement dans ces endroits du riz, il y vient tres bien, et pour le moins aussi beau que celuy que nous avons du Levant."[190]

Am Senegal und seinen Nebenflüssen wurde somit die „culture de décrue" praktiziert, die die Feuchtigkeit der Überschwemmungsflächen und der Uferbereiche bei zurückgehendem Wasserstand nutzte und damit zwei Ernten pro Anbaujahr erlaubte. Charpentier hatte sogar drei Ernten für möglich gehalten.[191] Mungo Park beobachtete diese Methode ebenfalls an der Falémé und äußerte sein Erstaunen darüber, dass deren Ufer im Dezember, also in der Trockenzeit, von prächtigen Hirsefeldern gesäumt waren.[192] Gleichermaßen erfreute sich Mollien an diesem Anblick: „[...] la belle verdure de ces champs réjouit et repose l'œil du voyageur", auch dies mitten in der Trockenperiode, im Februar 1818.[193] Lange vor diesen Autoren hatte bereits al-Bakri die „culture de décrue" am Oberlauf des Senegal erwähnt: „The inhabitants sow their crops twice yearly, the first time in the moist earth during the season of the Nile flood, and later in the earth [that has preserved its humidity]."[194] Es ver-

---

187   Développements sur le projet de Colonisation dans les Etablissements français d'Afrique, ANOM, Série géographique, Sénégal et dépendances, XIII, 18 (19.3.1818).

188   *Boucard*, Relation de Bambouc, 267.

189   Ebd. 268; resp. die Hirsegattung Sorghum und Pennisetum.

190   Ebd. 269.

191   *Charpentier*, Mémoire, fol. 2r (wie Anm. 36).

192   *Park*, Travels in the Interior Districts of Africa, 51. Ähnlich auch *Chambonneau* in: Ritchie, Deux textes sur le Sénégal, 320.

193   *Mollien*, Voyage dans l'intérieur de l'Afrique, Vol. 1, 251.

194   *Al-Bakri*, in: Corpus, 82. Der Nil ist wieder der Senegal.

wundert nicht, dass die Region imstande war, eine „numerous population" zu ernähren, wie al-Bakri feststellte.[195] Auch Bathily benennt, bezogen auf die späteren Jahrhunderte, zahlreiche Zeugnisse für die große Besiedlungsdichte[196]; David schreibt, dass der Abstand der Dörfer voneinander bei einer oder zwei Meilen lag.[197]

Ähnliche Anbautechniken finden sich am Niger und in der Seenregion („zone lacustre") des Nigerbogens wieder. Thomas Krings hat die komplexen Verfahren der Ackerbauern bei unterschiedlichen Wasserständen detailliert beschrieben.[198] Heinrich Barth hatte davon bei seiner Durchquerung der Seenlandschaft südlich von Timbuktu berichtet.[199]

Angesichts dieser vielfältigen und offenbar erfolgreichen Anbaupraktiken, gepaart mit sorgfältiger Viehhaltung, sind Boucards häufige Verweise auf die Faulheit der Bewohner des Senegaltals ganz unverständlich und kaum aus der Sache erklärbar. Es würde sich in sein Argument passend einfügen, wenn er die Sklaven erwähnte, die für die ‚faulen' Bauern die Arbeiten verrichteten. Doch nichts davon wird erwähnt, obwohl der hohe Sklavenanteil bei den Soninké ebenso bekannt ist wie ihre Rolle beim Menschenhandel.

Ausgehend von der geographischen Lage ihres Siedlungsgebietes, von dessen naturräumlichen Bedingungen, die trotz der Nähe der Wüste günstig waren, und von ihren daran angepassten Agrartechniken hatten die Soninké eine Wirtschaftsweise ausgebildet, die für den Markt bestimmten Getreideanbau und Handel miteinander verband. Die hohe Produktivität[200] erbrachte erhebliche Getreideüberschüsse, die in dem in die Sahara führenden Handel gegen Vieh und Salz getauscht wurden. Diese Waren fanden wiederum in der südlichen Savanne starke Nachfrage, und die daraus resultierenden Profite erlaubten den Kauf von Sklaven. Sie wurden in der Hirseerzeugung eingesetzt und machten deren Ausdehnung möglich, so dass der Kreislauf aus Getreideüberschuss, Tausch im Norden und gewinnträchtiger Verkauf der Produkte von Sahara und Sahel im Süden auf höherer Stufenleiter fortgesetzt werden konnte. In einer detaillierten Denkschrift über den Handel im Senegal

---

195 Ebd. 78.

196 *Bathily*, Les portes de l'or, 51–53.

197 *David*, Journal d'un voiage fait en Bambouc en 1744, 167.

198 *Krings*, Sahelländer, 121–123.

199 *Barth*, Reisen und Entdeckungen in Nord- und Central-Afrika, Bd. 4, 375.

200 *Manchuelle*, Willing Migrants, 12, erwähnt Hektarerträge, die deutlich über den in postkolonialer Zeit erzielten lagen.

schrieb der anonyme französische Verfasser ca. 1720, dass man die Möglichkeit nutzen müsse, vom oberen Senegallauf Hirse an die Küste zu bringen, zur Versorgung der dortigen Bevölkerung und für die Sklaven während des Transportes über den Ozean.[201] Der Handel mit Getreideüberschüssen erfolgte somit auch mit den westlichen Küstenregionen, er war nicht auf die Orientierung nach Norden beschränkt. Der Sklavenanteil unter den Soninké war sehr hoch, 30 bis über 50 Prozent der Bevölkerung. Die kommerzielle Landwirtschaft ging mit sehr restriktiven Methoden der Sklavenhaltung einher.[202] Eine mobile Lebensweise – Manchuelle spricht von „periodic return migration"[203] – bildete sich bei den Soninké infolge der Verbindung von kommerzieller Landwirtschaft und periodischen Handelsreisen außerhalb der Anbauperiode heraus. Sie legte, so Manchuelles These, die bereits im Titel seines Buches deutlich hervortritt, die Grundlagen ihrer späteren Disposition für Arbeitsmigration, in der sie an erster Stelle vertreten waren. Das oben zitierte Dokument von ca. 1720 bezeugt, dass bereits zu dieser frühen Zeit in Galam eine Händlerschicht, bestehend aus „Mandingues, Malincops, Sarracolets" präsent war. Ihre Aktivitäten reichten bis nach Gambia, wo England über Handelsniederlassungen verfügte, und das zum Schaden französischer Interessen.

Diese Darstellung der vorkolonialen Soninké-Ökonomie, insbesondere die Erzielung hoher vermarktungsfähiger Überschüsse mag erstaunen, da sie während und nach der Kolonialzeit als eine Subsistenzökonomie galt, die nicht instande war, einen nennenswerten Überschuss zu erzeugen.[204] Pollet/Winter sehen die Ursachen dieser Umkehr in der Kolonialherrschaft begründet: sie führte dazu, dass die Ökonomie der Soninké wieder auf das Niveau der Subsistenz zurückfiel. Die hohen Überschüsse, die vorher erzeugt werden konnten, gingen drastisch zurück.[205] Die Charakteristika, die üblicherweise der vorkolonialen Wirtschaft zugeschrieben werden, finden sich hier durch die neuere Zeit induziert.

---

201 „Il ne faut pas manquer l'occasion d'en [Hirse, V. St.] faire venir du haut de la Rivière, tant pour la Nourriture des Negres a la Colonie, que pour leur traversée aux Isles francaises." ANOM, C 6/14, Memoire générale sur le Commerce du Sénégal. Das Manuskript befindet sich in einer Unterreihe, deren Inhalt sich vor allem auf die 50er/60er Jahre des 18. Jahrhunderts bezieht. Eine beigefügte Notiz der Archivdirektion besagt allerdings, dass das Dokument von ca. 1720 stammt, und die interne Evidenz bestätigt das.

202 Siehe *Manchuelle*, Willing Migrants, 29 f., und *Bathily*, Les portes de l'or, 183.

203 Ebd. 14.

204 So *Pollet/Winter*, La société soninké, 145.

205 Ebd. 148.

6. Die Herrschaft der Bambara von Ségou – eine Sklaven-ökonomie?

In einer grundlegenden Untersuchung zur Geschichte des mittleren Nigertals unterschied Richard Roberts zwei unterschiedliche Agrarsysteme, ja Wirtschaftsweisen: das kooperative Modell der Bambara, das auf der Arbeit der Altersklassengruppe („ton") der unverheirateten Männer für die Dorfgemeinschaft und deren bedürftige Mitglieder beruhte, und das der Maraka[206], die, sehr aktiv im Handel, ihre Gewinne in größere Landgüter investierten und diese von Sklavengruppen bearbeiten ließen.[207] Bei beiden Systemen war der Getreideanbau zentral. Seine Überschüsse, die Roberts mit dem Doppelten der für den Unterhalt der Produzenten erforderlichen Menge angibt[208], flossen in den Handel mit den Gebieten des Sahel und der

---

206   Bei den Maraka, meist als Marka bezeichnet, handelt es sich oft, aber nicht ausschließlich, um von Soninké abstammende städtische und muslimische Händlergruppen am mittleren Nigerabschnitt (siehe *Monteil*, Les Bambara, 404, Anmerkung von Jean Bazin zur Ausgabe von 1977). In gewisser Weise sind sie mit den Dioula vergleichbar, auch sie eine heterogene muslimische Händlergruppe, deren Aktivitäten sich aber eher nach Süden in die Waldregionen erstreckten (siehe *Bazin*, A chaqu'un son Bambara, 120), während die Marka mehr nach Norden orientiert waren. In beiden Fällen handelt es sich nicht um Ethnien (so auch *Meillassoux*, Anthropologie der Sklaverei, 57), ein Begriff, der ohnehin große Probleme bereitet, wie Jean Bazin am Beispiel der Bambara gezeigt hat (loc. cit.). Dass sich heute zahlreiche Menschen auf diese Identität beziehen, auf eine unterstellte gemeinsame Geschichte in einem geteilten Raum, sollte nicht darüber hinwegtäuschen, dass in der Vergangenheit recht unterschiedliche Ansichten darüber geherrscht haben, was ein Bambara ,eigentlich' sei. Eine strikte Klassifikation war Ziel und Werk der Kolonialverwaltung. Doch vielleich ist Bazins Sichtweise, die große Resonanz gefunden hat, zu stark von neueren ethnologisch-philosophischen Diskursen geprägt. Das ist jedenfalls Djatas Auffassung, der das Vorhandensein einer spezifischen Bambara-Identität lange vor der Kolonialzeit annimmt (*Djata*, The Bamana Empire by the Niger, 183). Ihm folgend empfiehlt es sich, ethnische Identitäten nicht allein als Ergebnis externer Zuschreibungen zu sehen. Doch zu welcher Deutung man auch bei einer Detailuntersuchung gelangen mag: in jedem Fall ist der Hinweis von Jean Copans zu beachten: „L'identité ethnique est le résultat d'un processus et non d'une essence" (*Copans*, Ethnologie, 83). Dies gilt auch für die Marka, deren Ursprünge Jean Gallais wie folgt charakterisierte: „Les populations du Delta qui acceptèrent l'Islam et l'autorité du Mali revendiquèrent cette appellation [nämlich Marka, „mali-ka", die Leute Malis, V. St.] et constituèrent du fait de cette allégeance, un peuple nouveau" (*Gallais*, Le delta intérieur du Niger, Vol. 1, 83). Doch führen solche Überlegung weit von der Thematik dieses Buches ab. Sie für jede Gruppe zu vertiefen, liegt außerhalb seiner Möglichkeiten, weshalb ich ganz überwiegend von der Verwendung des problembehafteten Begriffes Ethnie absehe.

207   *Roberts*, Warriors, Merchants, and Slaves, 25. Angesichts des Titels dieses Werkes stellt sich sofort die Frage, ob es am Mittellauf des Niger denn hauptsächlich Krieger, Händler und Sklaven gab und nicht auch Bauern.

208   Ebd. 21, ohne allerdings eine Quelle zu nennen.

Sahara, aber auch in den Austausch mit den periodisch am nördlichen Nigerufer anwesenden Pastoralisten. Sie profitierten von den Vegetationsresten auf den abgeernteten Feldern, zugleich düngten die Herden die Felder.[209]

Die Landwirtschaft der Bambara wird so als Familienwirtschaft mit kooperativen Zügen gekennzeichnet, unter Anleitung und Aufsicht der Ältesten.[210] Die Felder wurden von betriebseigenen Arbeitskräften der bäuerlichen Haushalte bestellt. Hinzu kamen in den größeren von ihnen einige Sklaven. Reichten die Arbeitskräfte nicht aus, vielleicht wegen Krankheit, Abwesenheit oder eines Todesfalls, so konnten die betroffenen Einheiten Unterstützung von der Vereinigung der unverheirateten Männer erhalten. Allerdings scheint es zu sehr in idealtypischen Formen gedacht, eine ‚genossenschaftliche‘ Produktionsweise der Bambara den sklavenbetriebenen großen Gütern der Marka gegenüberzustellen, zumindest, wenn dies auf die beiden genannten Gruppen beschränkt bleibt. Eher scheint der Unterschied generell zwischen kleinbäuerlicher und kommerzieller Landwirtschaft zu liegen. Die Mehrzahl der von Ségou geraubten Sklaven wurde vermutlich von dem internen Markt aufgenommen und nicht durch die Sahara oder über den Atlantik verfrachtet.[211] Wenn es auch als sicher erscheint, dass ein großer Teil der Sklaven der Reproduktion des Heeres diente und ein weiterer Teil auf den großen staatlichen und den privaten Landwirtschaftsgütern der Marka Verwendung fand, so arbeiteten doch wieder andere auf Familienland, gemeinsam mit den Bambarabauern und ihren Angehörigen.[212] Dies ist auch der Eindruck, den Monteils Beschreibungen erwecken.[213] Roberts’ oben erwähnte Gegenüberstellung findet dadurch Bestätigung, dass der Anteil der von Marka gehaltenen Sklaven auf mehr als 80 Prozent der gesamten Sklavenbevölkerung in der Region Ségou geschätzt wurde.[214] Ob aber tat-

---

209 Ebd.48.

210 Ebd.31: „The Bambara lived in corporate farming communities [...]“; ebd.25: „Cooperative labor provided by young unmarried men was a central feature of Bambara villages.“ Roberts bezieht sich stark auf Meillassoux’ Konzept der häuslichen Gemeinschaft, in der die Alten über die Verwendung des gemeinsamen familiären Produktes bestimmen. Vgl. z.B. *Meillassoux*, Die wilden Früchte der Frau, bes. 55–57.

211 Ebd.17–19, 38f.; *MacDonald/Camara*, Warfare and the Origins of a State of Slavery, 29. Vgl. auch *Klein*, Slavery and Colonial Rule in French West Africa, 41.

212 *Bazin*, Guerre et servitude à Ségou, 159: Die Sklaven „sont intégrés aux unités familiales: leur travail s’ajoute à celui des maîtres ou le remplace partiellement“.

213 *Monteil*, Les Bambara, 188: „Chez les gens peu fortunés, le maître travaille autant sinon plus que l’esclave.“

214 ANOM, Fonds A.O.F., K 17/3, Bericht Poulet über die Sklaverei v. 18.3.1905, Kap. III, 21.

sächlich nur eine Minderheit der Sklaven in den externen Handel einging, muss angesichts des Mangels an quantitativen Daten zum Ausmaß der internen Sklaverei zunächst offenbleiben. Nach Lydon ist davon auszugehen, dass der Transsaharahandel aus der Nigerregion im 19. Jahrhundert zunahm, als die Verschleppung nach Amerika allmählich zurückging.[215]

Auch das Auftreten familiärer und kooperativer Arbeitsformen in anderen Regionen Westafrikas, weitab von Ségou, lässt es angeraten erscheinen, sie nicht vorschnell zur Grundlage eines spezifischen Betriebsmodells allein der Bambara zu erheben. Auf seinen Reisen in Senegal traf La Courbe 1685 auf eine Gruppe von etwa sechzig Personen, die, angefeuert von Trommeln und Griotgesängen, gemeinsam ein Feld bestellten. Sie benutzten, so beobachtete der Reisende, keine Hacken, sondern Iler. Es handelte sich bei ihnen nicht um Sklaven, jedenfalls erwähnte das der Autor nicht.[216] Wenige Jahre zuvor hielt sich ein anderer französischer Handelsreisender dort auf und beschrieb, wie jeder Haushalt für sich allein seine Felder bestellte. „Chaque menage travaille seul en sa ‚Tol‘, qui sont leurs terres labourables.“[217] Auch er erwähnte keine Sklavenarbeit, obwohl sich diese gut in seine Argumentation eingefügt hätte, denn immer wieder beschrieb er, in der für diese Vertreter von Handelsgesellschaften offenbar typischen Tonart, die Einwohner als „paresseux et Lascifs, [...] assis le ventre au soleil“.[218] Doch statt andere – Sklaven – für sich arbeiten zu lassen, beschränkten sie, immer nach der Wahrnehmung dieses Beobachters, ihre landwirtschaftlichen Aktivitäten auf das für den Unterhalt erforderliche Minimum. Weiter äußerte Chambonneau, so der Name des Reisenden, seine Verwunderung darüber, dass bei ihnen Land weder gekauft noch verkauft wurde.

Ein weiterer Reisender, Anne (-Jean) Raffenel wurde in der Mitte des 19. Jahrhunderts mehrere Monate in Kaarta[219] festgehalten und hatte in dieser Zeit Gelegenheit, die dortigen Landwirtschaftspraktiken in einigen Details zu beobachten. Sein Bericht verdient insofern Beachtung, als er nicht dem flüchtigen Eindruck eines Durchreisenden entstammt. Dabei lassen wir seine oft abfälligen Bemerkungen bei-

---

215 *Lydon*, Slavery, Exchange and Islamic Law, 118–120.

216 *Cultru* (Ed.), Premier voyage du Sieur de la Courbe, 51.

217 *Ritchie*, Deux textes sur le Sénégal, 320.

218 Ebd.

219 Ein zweiter Bambarastaat, nordwestlich von Ségou gelegen, entstanden aus einer Abspaltung des Bambarareiches von Ségou.

seite.[220] Ende Mai wurden die Felder durch Verbrennen des Unkrautes und der Pflanzenreste der vergangenen Saison („les tronçons de mil de la dernière année"[221] – ein Beleg dafür, dass dieselben Felder über mehrere Jahre genutzt wurden) für die Ernte vorbereitet. Raffenel bestreitet, dass den Bauern der Düngeeffekt dieser Maßnahme bekannt war; Mungo Park, weniger voreingenommen, berichtete dagegen von der planmäßigen Düngung der Felder:

> „The inhabitants appear to be very active and industrious, and seem to have carried the system of agriculture to some degree of perfection; for they collect the dung of their cattle into large heaps during the dry season, for the purpose of manuring their land with it at the proper time."[222]

Das Saatgut wurde in regelmäßig angelegte Pflanzlöcher gegeben: fünf bis sechs Körner bei Sorghum („gros mil"), 15 bei Pennisetum („petit mil"), zwei bei Mais, Bohnen und Erdnüssen. Nach den ersten Regenfällen wurden die Felder regelmäßig von Unkraut gesäubert und geharkt. Nach drei Monaten konnten Mais und Pennisetum geerntet werden, bei Sorghum dauerte es fünf Monate, bei den Bohnen etwas weniger. Erdnüsse benötigten sieben Monate bis zur Reife. Insgesamt wurden vier verschiedene Sorghumsorten angebaut, zwei Sorten von Erdnüssen, dazu Pennisetum, Mais, Zwiebeln, Tabak und in Feuchtgebieten Reis.[223] Es bestätigt sich der Eindruck eines sorgfältigen, arbeitsaufwändigen und durchdachten Anbausystems. René Caillié hatte bereits früher, im weiter südlich gelegenen Wassoulou, Gelegenheit, die Verwendung einer Fruchtfolge zu beobachten: „J'ai vu les nègres labourer le champ qui venait d'être récolté tout récemment, pour l'ensemencer de nouveau d'un autre grain."[224] Sicherlich ist es nicht überinterpretiert, die von Raffenel registrierte regelmäßige Anlage der Saatlöcher in Verbindung mit der nachfolgenden Fruchtpflege zu sehen, und die Zahl der Varietäten mit Bodenspezifika und Risikostreuung.

Wiederholt haben wir bereits Hinweise auf intensive und ortsgebundene An-

---

220 *Raffenel*, Nouveau voyage dans le pays des nègres, 2 Vols. Das Werk ist stark vom Geist der heraufziehenden Kolonialepoche geprägt, der gesamte zweite Band ist Vorschlägen zur Nutzung des Sudan im Interesse Frankreichs gewidmet.

221 Ebd. Vol. 1, 412 f.

222 *Park*, Travels in the Interior Districts of Africa, 348, beobachtet auf der Rückreise im Südosten des heutigen Senegal, nahe der Grenze zu Mali.

223 *Raffenel*, Nouveau voyage dans le pays des nègres, Vol. 1, 412–415. Auch *Quintin*, Souvenirs d'un voyage du Sénégal au Niger, 522, bezeugte die landwirtschaftliche Prosperität des Kaarta und traf ebenfalls die von Raffenel erwähnten Feldkulturen an.

224 *Caillié*, Journal d'un voyage à Tenboctou, Vol. 1, 432.

bausysteme gefunden.[225] Wie steht es dagegen mit dem Wanderfeldbau und der Feldwechselwirtschaft[226], die in der Literatur verbreitet als vorherrschende landwirtschaftliche Anbauformen gelten? Von Wanderfeldbau, von mobilen Ackerbauern, finden sich keine Spuren. Die Existenz der durchgängig erwähnten festen Bauerndörfer zeigt, dass er nicht praktiziert wurde. Anders dürfte es mit der Feldwechselwirtschaft aussehen. Sicherlich war sie eine verfügbare und vor allem auf den Außenfeldern genutzte Technik, neben den oft bezeugten intensiven Verfahren, die eine mehrjährige, wenn nicht dauerhafte Flächennutzung erlaubten. Der französische Botaniker Auguste Chevalier, der zwischen 1898 und 1900 an einer wissenschaftlichen Erkundungsmission des landwirtschaftlichen Potenzials in der neuen Kolonie Soudan français teilnahm, befasste sich als einer der ersten gezielt und wissenschaftlich fundiert mit den praktizierten Agrarsystemen und erörterte dabei auch die Problematik der später so genannten „shifting cultivation".[227] Nachdem er detailliert die aufwendige Arbeit der Rodung neuer Felder und den geringen Ertrag auf diesen Parzellen in den ersten Jahren ihrer Bewirtschaftung analysiert hatte, gelangte er zu dem Schluss: „L'indigène préfère toujours cultiver son vieux lougan au lieu d'en ouvrir de nouveaux."[228]

Die Feststellungen des französischen Hauptmannes Binger, der 1887 bis 1889 unter anderem den Moogo bereiste, bestätigen Chevalier. Binger fand nirgendwo „brousse" vor, ungenutztes Land, das weder bestellt wurde noch vorübergehend in Brache lag: „Partout ce sont des cultures en exploitation ou des terrains anciennement défrichés dont on a momentanément abandonné la mise en œuvre."[229] Er beschreibt somit ein System der Brachenbewirtschaftung. Völlig neue Felder zu eröffnen, war nicht Bestandteil der verbreiteten Agrarpraktiken und offenbar aus Landmangel nur schwer möglich. Nun stellte ein solch ausgeprägter Landmangel eine besondere Fallkonstellation dar, die neben anderen Faktoren die hohe Mobilität der

---

225 Einen gesamtafrikanischen Überblick dazu gibt *Widgren*, Agricultural Intensification in Sub-Saharan Africa. Ich danke dem Verfasser, der mir seinen Beitrag vor Erscheinen zur Verfügung gestellt hat.

226 Bei Ersterer ziehen die Ackerbauern weiter, sobald ihre Felder erschöpft sind und eröffnen neue Flächen. Feldwechselwirtschaft stellt dagegen ein Anbausystem mit Brache dar, die von kürzerer oder längerer Dauer sein kann. Die festen Ansiedlungen bleiben dabei bestehen.

227 *Chevalier*, Les cultures indigènes dans l'Afrique Occidentale Française; *ders.*, L'Avenir de la culture du cotonnier au Soudan Français.

228 *Chevalier*, Les cultures indigènes dans l'Afrique Occidentale Française, 260.

229 *Binger*, Du Niger au Golfe de Guinée, Vol. 1, 483.

Moose erklärt. Sie zeigt jedoch erneut, dass nicht verbreitet Landüberfluss vorherrschte, und sie macht zugleich deutlich, dass sowohl Landmangel wie auch Landüberfluss zu räumlicher Mobilität führen konnten.

Ihr Ziel, die langjährige, wenn nicht dauerhafte Bestellung ihrer Felder, erreichten die Ackerbauern, zumindest im dorfnahen Bereich, auf den von den Frauen bewirtschafteten Hausgärten ohnehin[230], durch Düngung, intensive Bodenbearbeitung und durch die Bodenfruchtbarkeit konservierende oder wiederherstellende Anbaufolgen. „Les champs qui avoisinent les villages indigènes […] peuvent être cultivés indéfiniment."[231] Eine bei den Bambara beobachtete Fruchtfolge sah im ersten Jahr den Anbau von Hirse, Reis oder Sesam vor, im zweiten Jahr Fonio[232], dann Erdnuss oder Erderbse und schließlich im vierten Jahr Maniok/Yams. Dann begann der Zyklus von neuem.[233] Auch die Baumwollkultur erfolgte im Rahmen einer vieljährigen Fruchtfolge: Nachdem die Pflanzen während vier bis fünf Jahren genutzt worden waren, baute man Leguminosen zur Anreicherung des Bodens an, dann erst Getreide. Die jungen Baumwollpflanzen wuchsen in Mischkultur mit Hirse, die ihnen Schatten spendete. Nach der Hirseernte wurden sie vereinzelt, angehäufelt und bei Bedarf gedüngt und bewässert.[234] Nur auf weniger fruchtbaren Böden mussten die Felder nach fünf bis zehn Jahren einer mehrjährigen Brache überlassen werden.[235]

Dem Ruf der Bambara als gute Ackerbauern fehlt also nicht die Grundlage Sie konzentrierten sich ganz auf den landwirtschaftlichen Anbau. Ihren Viehbestand, über den sie durchaus auch verfügten, überließen sie häufig professionellen Hirten, Fulbe oder Mauren.[236] Für unsere Kenntnis ihrer Anbaumethoden sind konkrete Beschreibungen deutlich wertvoller als zweifelhafte Werturteile. So stellte Quintin z.B. auf seinem Weg nach Ségou eine „culture soignée" fest, die er dem Fortschritt der Zivilisation zuschreibt, doch es erschließt sich nicht, welchen Fortschritt welcher Zivilisation er meinte.[237] Aufschlussreicher ist der materielle Inhalt seines Berich-

---

230   *Chevalier*, Les cultures indigènes dans l'Afrique Occidentale Française, 299.

231   Ebd. 261.

232   Digitaria exilis.

233   *Chevalier*, Les cultures indigènes dans l'Afrique Occidentale Française, 299.

234   *Chevalier*, L'Avenir de la culture du cotonnier au Soudan Français, 234f.

235   *Chevalier*, Les cultures indigènes dans l'Afrique Occidentale Française, 260.

236   Vgl. *Soleillet*, Voyage à Ségou, 211; ebenso *Roberts*, Warriors, Merchants, and Slaves, 26.

237   *Quintin*, Souvenirs d'un voyage du Sénégal au Niger, 523.

tes: Er beobachtete „véritables jardins où chaqu'un était occupé à arroser du tabac et des légumes", große Baumwoll- und Indigofelder zeugten von der „industrie" der Bauern.[238] Feldsklaven erwähnte auch er nicht, obwohl er für die Thematik durchaus sensibel war.

Worauf gründete sich also der Ruf Ségous als eines Zentrums der internen Sklaverei? Die Machtgrundlage der Bambaraherrschaft von Ségou, aber auch in einer Reihe anderer kleinerer Gemeinwesen, war eine Gruppe von Kriegern, die sich überwiegend aus Sklaven zusammensetzte. Sie verteidigten ihr Gebiet gegen fremde Einfälle, sie machten während regelmäßiger Kriegs- und Raubzüge Beute, die zum Teil ihrem Unterhalt diente, teils den Herrschern zufloss, die sie ihrerseits umverteilten.

> „Under both the Kulubali and the Ngolossi [Herrschergeschlechter Ségous, V. St.], the Segu state was based on warfare. Slave warriors produced little if any food, they produced slaves. Their subsistence derived from a variety of sources: from the labor of their wives, many of whom were slaves retained after successful military campaigns, from neighboring villages obliged to provide food for the garrisons, from the king's redistribution of food and booty, from exchanges of booty with visiting merchants."[239]

Vor allem an der Peripherie des Reiches von Ségou wurden sogenannte Ackerbaudörfer angelegt, deren Struktur eine Doppelte war – die Garnison und benachbart die Siedlungen der Ackerbauer, die ihre Verpflegung sicherstellten.[240] Die Arbeitskräfte dort waren Sklaven, auch wenn sich MacDonald und Camara dazu zurückhaltend äußerten:

> „Although termed slaves by outsiders, theirs was not a chattel status; rather they were more like serfs who were tied to a village and obliged to provide the Fama (ruler) with a disproportionate quantity of their produce."[241]

Auf der Grundlage dieser kriegerischen Staatsstrukturen konnte sich die interne Sklaverei ausbreiten. Sie ermöglichte die Ausdehnung der Getreide- und Stoffproduktion, deren Überschüsse florierende Märkte alimentierten. Im Tagebuch seiner

---

238 Ebd. 524.

239 *Roberts*, Warriors, Merchants, and Slaves, 35.

240 *MacDonald/Camara*, Segou, Slavery, and Sifinso, 176 f.; ebenso *Bazin*, Guerre et servitude à Ségou, 176.

241 Ebd. 177. Dass die Autoren mit ihrer Zurückhaltung Recht hatten, dass sich hinter dem Begriff Sklaverei, bambara „jònya", höchst unterschiedliche Realitäten verbergen konnten, zeigt eindrucksvoll *Bazin*, Guerre et servitude à Ségou.

letzten Reise schilderte Mungo Park stark beeindruckt den Markt von Sansanding, einer Markasiedlung. „The market is crowded from morning to night.“[242] Neben dem täglichen gab es noch den größeren Wochenmarkt, jeden Dienstag. „On this day, astonishing crowds of people came from the country to purchase articles in wholesale, and retail them in the different villages.“[243] Der Handel fand somit nicht nur in größeren und mittleren Zentren statt, sondern bezog die Dörfer mit ein. Es scheint, als hätten vor allem die Marka diese Produktionsausdehnung betrieben und von ihr profitiert.

> „Slavery dominated the economic and social life of the Maraka, even more so than for the other social groups of the Middle Niger valley. [...] Only the Maraka underwent considerable change in the structure and organization of household relations and economic organization as a result. [...] It is possible to discern an economic model of a cosmopolitan urban masterclass dependant on an expanding plantation sector.“[244]

Das erforderliche Kapital für den Aufbau dieser landwirtschaftlichen Großbetriebe, von Roberts etwas irreführend bei überwiegendem Getreidebau „plantations“ genannt, erzielten die Marka vor allem durch den Handel mit den Mauren, bei dem sie als Mittelsleute und Ansprechpartner bei der Abwicklung von deren Geschäften auftraten und an dem Gewinn partizipierten. Sie nahmen die Mauren bei sich auf, lieferten oder vermittelten ihnen Getreide, Stoffe, Gewürze, lagerten ihre Waren und verkauften sie selbstständig, wenn die Pastoralisten angesichts der nahenden Regenzeit wieder nach Norden zogen.[245] Sie unternahmen selbst Handelsreisen in Richtung Süden und verkauften dort Salz, Fisch und Textilien. Zurück brachten sie Kolanüsse und andere Produkte der Waldregionen, die ihrerseits im Norden nachgefragt waren, neben dem von ihnen selbst produzierten Getreide.[246]

---

242 *Park*, Journal of a Mission to the Interior of Africa, 273.

243 Ebd.274. So auch, betreffend Nyamina, eine Markasiedlung westlich von Ségou, *Mage*, Voyage dans le Soudan Occidental, 187.

244 *Roberts*, Warriors, Merchants, and Slaves, 49f. Vgl. auch *Bazin*, Guerre et servitude à Ségou, 154–158. *Meillassoux*, Anthropologie der Sklaverei, 253–256, befasst sich ebenso mit der für die Marka charakteristischen Ökonomie, geht aber nicht über das von Roberts Gesagte hinaus, wie dies im Übrigen nur sehr wenigen Autoren nach dessen Buch gelang.

245 *Roberts*, Warriors, Merchants, and Slaves, 48.

246 Ebd.61.

„By buying cheaply and selling dear, these Maraka absorbed not only regional differences in price, but also won considerable windfall profits from the annual price cycles of commodities."[247]

Das von Roberts angesprochene ökonomische Modell der Marka war also dadurch gekennzeichnet, dass sie den Gewinn aus Handelsaktivitäten in landwirtschaftliche Güter investierten, die wiederum ihren Handel alimentierten. Der Boden wurde ausschließlich von Sklaven bewirtschaftet – ein großer Landbesitzer sagte dem französischen Kolonialverwalter Brevié 1904, er und seinesgleichen hätten die Gewohnheit verloren, auf den Feldern zu arbeiten.[248] Doch auch hier sind Verallgemeinerungen nicht angezeigt: Roberts weist auf Markagruppen hin („black Maraka"), die eine bäuerliche Familienwirtschaft ohne Sklaven betrieben.[249]

In der Trockenzeit arbeiteten die Sklaven in der Textilherstellung.[250] Heinrich Barth beschrieb, wie Textilien aus Sansanding, einer der Markastädte, den Markt von Timbuktu beherrschten.[251] Eine solche ökonomische Ausrichtung war nicht auf die Marka beschränkt. Meillassoux identifizierte ähnliche Wirtschaftsformen im Sahel Westmalis und sprach von einem „mécanisme de l'accumulation"[252] – wir hatten dies im vorhergehenden Abschnitt als bei den Soninké verbreitet kennengelernt. In einem ähnlichen Sinn charakterisierte Caillié einige Bewohner Djennés als „industrieux" und „intelligents", denn sie ließen ihre Sklaven „par spéculation" arbeiten, im Hinblick auf einen zukünftigen Gewinn, im engen Sinn des Wortes Spekulation.[253] Das Model einer Verflechtung von Landwirtschaft und fortgeschrittenem Handwerk konnte sich auch ohne die Sklavenarbeit als Grundlage entwickeln. Louis-Parfait Monteil fand es im Moogo, auf dessen niedrige Sklavenbevölkerung wir unten zurückkommen werden, vor: „Le Mossi est un pays de culture, d'élevage et d'industrie. [...] En résumé, le Mossi est un pays riche et prospère [...]"[254]

---

247 Ebd. 110.

248 Zit. ebd. 122.

249 Ebd. 25.

250 Ebd. 108

251 *Barth*, Reisen und Entdeckungen in Nord- und Central-Afrika, Bd. 5, 20.

252 *Meillassoux*, Le commerce pré-colonial et le développement de l'esclavage à Gŭbu du Sahel (Mali), 191.

253 *Caillié*, Journal d'un voyage à Tenboctou et à Jenné, Vol. 2, 208. Wie Caillié „spéculation" versteht, lässt sich aus der Verwendung des Wortes in Vol. 2, 101 ableiten. Ähnliche Feststellungen bei *Jean-Louis Boutillier*, Les captifs en A.O.F., 518.

254 *Monteil*, De Saint-Louis à Tripoli par le Lac Tchad, 123 f.

Östlich von dem hier zugrunde gelegten Untersuchungsgebiet, aber unter vergleichbaren ökologischen Bedingungen, hatte sich im 19. Jahrhundert im Kalifat von Sokoto ein weiteres bedeutendes Zentrum der Textilindustrie herausgebildet. Es beruhte ebenfalls auf Sklavenarbeit. Lovejoy spricht von dem „heavily populated textile belt of Kano and Zaria", Iliffe nennt die dortige Textilherstellung „l'industrie [...] la plus capitaliste de l'Afrique".[255] Die Rohstoffe, vor allem die Baumwolle, stammten aus einem weiten Umkreis. Die Endprodukte gingen in den Fernhandel ein. Träger des Prozesses waren Manufakturbetreiber und überregionale Händler. Diese ausgedehnte spezialisierte Produktion bedurfte eines erheblichen Überschusses der Landwirtschaft, um die zahlreichen dabei beschäftigten Sklaven, Handwerker, Händler und Unternehmer zu ernähren. Der Überschuss entstammte einem intensiven und produktiven Regenfeldbau, ergänzt durch Bewässerungsverfahren in den Flussniederungen oder Feuchtgebieten. Die Felder, so Lovejoy, waren meist sehr klein, nicht größer als Gärten, „but their output was significant".[256] Dabei wurden die arbeitsintensiven Techniken des Feldbaus angewandt, die in unterschiedlichen Zusammenhängen bereits beschrieben wurden. Große von Sklaven bestellte Betriebe bestanden neben freien Kleinbauern, die aber nach Iliffe zweifellos die Mehrheit der Ackerbauer stellten.[257]

Es waren also nicht nur die Marka, die einen umfassenden Geschäftszyklus betrieben, der die Produktion von landwirtschaftlichen Gütern, die Weiterverarbeitung und den Handel umfasste. Um diesen bedeutsamen Sachverhalt ausführlicher zu belegen, habe ich im vorherigen Abschnitt weit über den eigentlichen Untersuchungsraum hinausgeblickt. Ganz ähnliche Tendenzen ließen sich in den Handelsstädten der nördlichen Savanne der heutigen Côte d'Ivoire, etwa in Kong oder in Bouna identifizieren, wo sich landwirtschaftliche und Handelsaktivitäten ergänzten und eine wirtschaftliche Expansion einleiteten, die erst mit Samoris Kriegszügen und der anschließenden Kolonisierung ihr Ende fand.[258] Die dabei führenden Gruppen beschritten den Weg der ursprünglichen Akkumulation, überwiegend gegründet auf Sklavenarbeit.

---

255 Dazu *Lovejoy*, Transformations in Slavery, 207–209, Zit. 208; *Iliffe*, Les Africains, 344–346, Zit. 345. Vgl. ähnlich auch *Flint/McDougall*, Economic Change, 392.
256 *Lovejoy*, Transformations in Slavery, 208.
257 *Iliffe*, Les Africains, 344.
258 *Boutillier*, Bouna, royaume de la savane ivoirienne, 320, 328.

In Jacques Giris Bilanz der wirtschaftlichen Entwicklung des Sahel spielt das Fehlen von Kapitalakkumulation und in der Folge von produktiven Investitionen eine entscheidende Rolle für die von diesem Autor konstatierte Stagnation.[259] Angesichts der beschriebenen Tendenzen bedarf seine Auffassung einer Revision, zumindest einer klaren Nuancierung. Zudem charakterisiert die geringe Bedeutung kapitalgestützter Investitionen zahlreiche vorindustrielle Gesellschaften, ohne dass ihnen die Ausbildung einer kapitalistischen Wirtschaftsform unmöglich gewesen wäre. Der Weg dorthin bedarf akkumulierten Kapitals – es ist eine notwendige, doch keine hinreichende Voraussetzung. Weiter sind eine freigesetzte Lohnarbeiterschicht erforderlich, vielleicht auch, innerhalb hier nicht zu diskutierender Schranken, Sklavenarbeit, vor allem aber die Bereitschaft der Gesellschaft, das soziale Leben, die Institutionen, die kulturellen Ausdrucksformen dem Primat der Ökonomie zu unterwerfen, dem Ziel der schrankenlosen Kapitalvermehrung.

Das Leben der Sklaven, wie es Roberts beschrieb, ihre Arbeit auf den Feldern oder in der Textilherstellung, war vom Rhythmus der Jahreszeiten geprägt.[260] Sie bewirtschafteten daneben, wie wir schon wiederholt sahen, kleinere eigene Felder und Hausgärten.[261] Manche von ihnen hatten ihrerseits Sklaven. Gelegentlich entsteht dabei der Eindruck, dieses Bild sei doch etwas geschönt, beeinflusst von Roberts' Interviewpartnern, den Nachkommen der ehemaligen Markaherren.[262] Jedenfalls betont der Autor stark die wenigen Freiräume, die den Sklaven blieben:

> „The plantation system also provided slaves with some control over their
> daily lives beyond the supervised work period. [...] They benefited from living
> in a community, even one composed only of slaves, where they could marry
> and raise a family and could develop an emotional stake in the society."[263]

Dies bezieht sich vor allem auf die Sklavendörfer, in denen es den Bewohnern möglich war, in einem Zustand weitgehender Unabhängigkeit zu leben. Sie hatten die Pflicht, eine bestimmte Zahl von Tagen für ihre Herren zu arbeiten oder eine fixe Getreideabgabe zu liefern, oft als Ablösung für die Arbeitsleistung. Die Getreideab-

---

259 *Giri*, Histoire économique, 151–154.

260 *Roberts*, Warriors, Merchants, and Slaves, 122–128.

261 *Raffenel*, Nouveau voyage dans le pays des nègres, Vol.1, 442–442, nahm auch im Kaarta die uns bereits bekannte Regel wahr, dass Sklaven dazu wöchentlich zwei Tage zur Verfügung standen.

262 So z.B. *Roberts*, Warriors, Merchants, and Slaves, 123.

263 Ebd. 124.

gabe verhielt sich proportional zur Ernte, ein Zehntel, maximal 20 Prozent.[264] Es drängt sich die Vermutung auf, dass sich die relative Autonomie der Sklaven im Zeitablauf verstärkte und gewohnheitsrechtliche Züge annahm, doch verallgemeinern lässt sich das sicherlich nicht.

Ein Beispiel dafür, wie sich der Status der Sklaven gewohnheitsrechtlich verfestigen konnte und wie sie, und zwar mit Erfolg, auf ihren Rechten beharrten, bildet ein Erlebnis, das der französische Kolonialoffizier Etienne Péroz von seinem Aufenthalt im Mandegebiet[265] 1887 überlieferte. Ein Sklavenbesitzer war von den Kolonialtruppen zur Ablieferung einer großen Hirsemenge verpflichtet worden, die er allerdings nicht besaß. Er wandte sich also an seine Sklaven und verlangte die Hirse. Die Sklaven berieten sich, und ihr Ältester antwortete wie folgt:

> „Mahmady, ich grüße dich, und alle, die hier sind, deine Sklaven, grüßen dich. Du verlangst von uns Hirse, aber du weißt, dass die Hirse in unseren Speichern uns gehört, denn wir haben sie gesät und geerntet. Den Teil, der dir zusteht, haben wir dir gegeben, denn du bist unser Herr. Nun schulden wir dir nichts mehr bis zur nächsten Ernte. Rechne, Mahmady, nicht mit unserer Hirse, denn wir benötigen sie, um über das Jahr zu kommen."[266]

Allerdings ist davon auszugehen, dass sowohl dieses Arrangement, das schon an Teilpacht erinnert, wie auch das selbstbewusste Auftreten der Sklaven in der Marktökonomie der Marka nur schwer vorstellbar gewesen wäre. Dass in der Behandlung der Sklaven bei ihnen und in den Familienbetrieben der Bambara deutliche Unterschiede bestanden, wurde auch der französischen Kolonialmacht rasch bewusst. Der Gruppierung der Sklaven in Arbeitsbrigaden und der systematischen Ausbeutung ihrer Arbeitskraft zur Herstellung für den Markt bestimmter Produkte stand ihre Integration in kleinbäuerliche Betriebe gegenüber, die sie gemeinsam mit ihren freien Herren, Kleinbauern, betrieben. Fawtier, Lieutenant-Gouverneur der Kolonie Haut-Sénégal-Niger, berichtete dazu, gestützt auf eigene Erhebungen in der Region:

---

264 *Boutillier*, Les captifs en A.O.F., 523.

265 Unweit Niagassola, südwestlich von Bamako, an der Grenze zwischen Mali und Guinea.

266 *Péroz*, Au Soudan Français. Souvenirs de guerre et de mission, 189: „Mahmady, je te salue; tous ceux qui sont ici sont tes captifs; ils te saluent. Tu nous demandes du mil; mais tu sais que le mil qui est dans nos greniers est à nous, car c'est nous qui l'avons semé et récolté. [...] Nous t'avons donné la part qui revenait, car tu es notre maître; mais nous ne te devons plus rien jusqu'à la prochaine récolte. Mahmady, ne compte pas sur notre mil, car nous le gardons pour le temps de l'hivernage."

„Alors que le Bambara va aux champs avec ses serviteurs, vit de la même existence, a les mêmes joies et les mêmes peines, le Marka, assis à la mosquée ou sur les galets des places publiques, traite des affaires commerciales, écoute les marabouts et méprise profondément ses serviteurs occupés aux travaux des champs.“[267]

Einen anderen Aspekt der Sklaverei, den einer ständigen Unsicherheit infolge der Jagd auf Menschen und des Elends der neu Gefangenen, die zum alsbaldigen Verkauf bestimmt waren, hebt die Aussage des französischen Leutnants Vallière hervor, der von einem Gespräch mit einem Sklavenhändler bei Naréna (Westmali, südwestlich von Bamako) berichtete:

„Ich nutzte unseren ruhigen Aufenthalt in dieser einsamen Gegend, um mich lange mit dem Karawanenchef über Einzelheiten seines verabscheuenswürdigen Gewerbes zu unterhalten. Der Dioula erklärte mir, dass die Herkunftsgebiete der Sklaven eine ausgedehnte, weitgehend unbekannte Region zwischen den Nigerzuflüssen umfassen. Das Ouassoulou vor allem gilt als sehr dicht bevölkert. Seine Bevölkerung besteht aus Bambara und Fulbe, die sich einen ständigen Krieg liefern, dessen einziges Ziel darin besteht, sich gegenseitig Frauen, junge Männer und Kinder zu entführen, um sie auf den bekannten Sklavenmärkten zu verkaufen. Diese Methode, zu Reichtum zu gelangen, ist so verbreitet, dass sie von allen Schichten der Bevölkerung praktiziert wird. Kaum ist die Ernte in den Dörfern beendet, schließen sich die jungen Leute zu bewaffneten Banden zusammen und suchen ihre Nachbarn auf, um ‚Geld zu machen‘.“[268]

---

267   ANOM, Fonds A.O.F., 15 G 170, 26.6.1905. Vgl. *Roberts/Klein*, The Banamba Slave Exodus of 1905, 293.
268   Exploration du lieutenant Vallière, in: *Gallieni*, Voyage au Soudan français, Kap. XIV–XVI, hier 320: „Je mis à profit notre paisible séjour dans cette solitude pour causer longuement avec le chef de la caravane sur les détails de sa détestable industrie. [...] Le dioula m'apprit que les pays à esclaves embrassent l'immense région, encore peu connue, comprise entre les premiers affluents du Niger. [...] Le Ouassoulou notamment passe pour avoir une population des plus denses. [...] Les habitants sont un mélange de Bambaras et de Peuls métis, qui se font, sans distinction de nationalité, une guerre perpétuelle. Le seul objet de ces combats incessants est de s'enlever réciproquement des femmes, des jeunes hommes et des enfants, pour aller les vendre sur les marchés renommés. [...] Ces moyens de s'enrichir sont si bien rentrés dans les mœurs qu'on les voit employés par toutes les classes de la population. [...] Lorsque les villages ont terminé les récoltes, les jeunes gens se réunissent en bandes armées et vont chez les voisins chercher à ‚gagner un peu de bien‘.“ In dem Bericht begegnet uns wieder ein „dioula“, ein Händler, nicht etwa ein Angehöriger einer gleichnamigen ‚Ethnie‘. Deren Existenz ist in Zweifel zu ziehen, bei „dioula“ handelt es sich um eine Gruppe von Händlern unterschiedlicher Herkunft, vermutlich mit fernen Anklängen an die Soninké. Man ist nicht „dioula“, sondern kann es auch werden, indem man ihre professionellen Aktivitäten übernimmt, wie *Tauxier*, Le noir

Eugène Mage wurde Augenzeuge der unbeschreiblichen Grausamkeit, mit der Umars Soldaten Sklaven unter den Bambara erbeuteten.[269]

Nach der Jahrhundertwende (1904) erhoben die ersten Kolonialverwalter nach nicht immer sehr klaren Kriterien den Anteil der Sklaven an der Gesamtbevölkerung. Meillassoux zufolge schwankte er zwischen 30 und 60 Prozent.[270] Boutillier dagegen nennt für die Kolonie Haut-Sénégal-Niger[271], die der hier betrachteten Region weitgehend entspricht, eine Zahl von 600000 Sklaven auf 4 Millionen Einwohner, das sind 15 Prozent.[272] Eine neuere und kritische Auswertung dieser Daten verdanken wir Martin Klein, der sie auch mit inzwischen verfügbaren Regionalstudien abglich.[273] Danach ergibt sich für die Kolonie Haut-Sénégal-Niger insgesamt ein Sklavenanteil von 21 Prozent an der Bevölkerung, mit großen regionalen Schwankungen. In den nördlichen Verwaltungsbezirken („cercles") lag der Anteil generell höher. Es ist auch zu berücksichtigen, dass zu dieser Kolonie große Teile des heutigen Burkina Faso gehörten (cercles Bobo Dioulasso, Ouagadougou), wo die Sklaverei weit weniger verbreitet war. Vielleicht neigten die „Commandants de cercle" oder ihre Informanten auch dazu, die Rolle der Sklaverei zu minimieren, doch möglicherweise zählten sie auch Personen als Sklaven, die in einer weiteren Form abhängig waren, oder sie überzeichneten die Sklaverei, um die zivilisatorische Mission der Kolonisierung zu rechtfertigen. Im Ergebnis solcher Abwägungen nimmt Klein einen Sklavenanteil von einem Viertel bis einem Drittel der Bevölkerung an. Ob diese Größenordnung auch für die davorliegende Zeit galt oder ob sie vor allem in der zweiten Hälfte des 19. Jahrhunderts durch die Kriegszüge Umar Tals und Samori Tourés in die Höhe getrieben worden war, da auch der Handel über den Atlantik versiegte, lässt sich mangels zuverlässiger Zahlen zu der Vorperiode nicht sagen, letztere Vermutung stellt aber eine plausible und weit geteilte Annahme dar.[274] Doch beruhten die hier betrachtete Region und ihre Wirtschaft auf dem System der Sklavenhaltung?

---

du Soudan, 39, zutreffend beobachtete: „Les Bobos ne font pas du tout les dioulas", in dem Sinne, wie sie „ne font pas les tisserands".

269 *Mage*, Voyage dans le Soudan, 437f.

270 *Meillassoux*, Intoduction zu: ders. (Ed.), Development of Indigenous Trade, 3–48, hier 21f.

271 Im Zuge einer Neuordnung der Verwaltung Nachfolgerin der Kolonie „Soudan Français".

272 *Boutillier*, Les captifs en A.O.F., 528.

273 *Klein*, Slavery and Colonial Rule in French West Africa, 252–255.

274 So u. a. *Flint/McDougall*, Economic Change, 383; *Meillassoux*, Le commerce pré-colonial et le développement de l'esclavage à Gübu du Sahel, 192f.; *ders.*, Anthropologie der Slaverei, 257; *Lydon*, Slavery, Exchange and Islamic Law; *Bassett*, The Peasant Cotton Revolution in West Africa, 35.

Claude Meillassoux ist nicht dieser Auffassung. Zu eng seien die Beziehungen zwischen Herren und Sklaven, zu ähnlich seien beider Aktivitäten, und spätestens in der zweiten Generation seien die Sklaven unverkäuflich geworden.[275]

Meillassoux' Einschätzung wird durch Beobachtungen Paul Soleillets gestützt. Auch wenn Sklaven in der Feldarbeit tätig waren, so zogen sich die Bauern, ihre Herren, nicht daraus zurück. „L'agriculture est en honneur dans le pays.[276] [...] Elles [les populations, V. St.] ne considèrent pas le travail de la terre comme déshonorant. Les hommes s'y livrent."[277] Ohnehin scheint mir der ebenfalls von Klein eingeführte Begriff der Dichte der Sklaverei besser geeignet, ihre Ausbreitung und Facetten wiederzugeben als der der „mode of production", der eine Ja/Nein-Antwort aufdrängt.[278] In ein „density system" gehen dagegen neben quantitativen Aspekten auch die Stellung der Sklaven zu ihren Herren, die Organisation der Arbeit und die Möglichkeit, in Grenzen ein selbstbestimmtes Leben zu führen, ein.

Was in der Landwirtschaft völlig fehlte, waren Lohnarbeiter. Keinerlei Spuren deuten auf ihre Existenz hin. Dies kann in einen Zusammenhang mit den vorherrschenden Regeln des Landzugangs gesehen werden, die jedem Angehörigen einer bestimmten Gruppe – Familie, Dorf – ermöglichten, die Felder zu bestellen, die er für seinen Lebensunterhalt benötigte. So war niemand gezwungen, wegen Landlosigkeit Lohnarbeit zu leisten, zumal die Überlassung der erforderlichen Flächen nach aller Wahrscheinlichkeit unentgeltlich erfolgte, Zeugnisse dazu sind rar. Der verbreitete Schluss daraus, Land sei im Überfluss vorhanden gewesen, ist jedoch nicht haltbar. Vielmehr bestanden Verteilungssysteme des vorhandenen Landes, die dessen Nutzung durch Gruppenmitglieder gewährleisteten. Zugleich tragen solche tendenziell egalitären Regeln zur Erklärung der weiten Verbreitung der internen Sklaverei bei, vorausgesetzt, dass dazu auch weitere politische Voraussetzungen wie die Möglichkeit der Sklavenjagd gegeben waren. Wenn keine Lohnarbeiter bereitstanden, da jeder landwirtschaftlich Aktive sein Auskommen als Kleinbauer finden konnte, stellte, sofern diese Institution gesellschaftlich akzeptiert und politisch durchführbar war, Sklavenarbeit eine Alternative dar, um zusätzliche Arbeitskräfte

---

275 *Meillassoux*, Introduction, S. 22. Eine gegenteilige Meinung vertritt *Lovejoy*, Transformations in Slavery, 267–271.

276 Gemeint „pays bambara", nordwestlich von Ségou.

277 *Soleillet*, Voyage à Ségou, 213.

278 *Klein*, Slavery and Colonial Rule in French West Africa, 4.

zu rekrutieren. Wiederum ware es ein Fehlschluss, wollte man daraus eine Unterbevölkerung ableiten. Was nicht zur Verfügung stand, waren nicht Bewohner, sondern Lohnarbeiter. In einem solchen Kontext stellte sich die oft diskutierte Frage nach der relativen Wirtschaftlichkeit von Lohn- vs. Sklavenarbeit nicht, eine Wahlmöglichkeit war nicht gegeben.

Als Umar Tal 1861 die Herrschaft über den mittleren Nigerabschnitt und das Reich von Ségou übernahm, gerieten die dortigen Wirtschaftssysteme in eine weitere Krise. Es handelte sich bei Tal um einen Eroberer, der mit einer vergleichsweise kleinen Gruppe von religiös motivierten Kriegern, den „talibé", eine Herrschaft übernommen hatte, die nur wenige Jahre bis zu seinem Tod 1864 währte. Unter seinen Nachfolgern spaltete sich das von ihm errichtete Reich und zeigte deutliche Verfallserscheinungen. Die neuen Herren vermochten nicht, vielleicht hatten sie auch gar nicht die Absicht, sich dauerhaft am Niger niederzulassen; ihr Interesse war es, soweit es sich um wirtschaftliche Motive handelte, sich die dort vorhandenen Güter anzueignen. Im Mandé erklärten die lokalen Chefs dem französischen Miltärarzt Bayol, es sei besser, ein Gegner Ahmadus, des schwachen Nachfolgers Umars zu sein als sein Verbündeter. Gegen seine Feinde vorzugehen, fehle ihm die Macht, vor allem in Gebieten in einiger Entfernung von seinem Herrschaftskern. Von seinen Verbündeten aber fordere er unaufhörlich Tribut, „ses soldats traversent notre pays, ils nous volent nos récoltes et nous prennent nos enfants".[279] Die bäuerliche Reaktion auf wiederkehrende Raubzüge und Konfiskationen bezeichnet Roberts als „subsistence response".[280] Die Bauern erzeugten nur noch so viele Produkte, wie sie unmittelbar benötigten, eventuelle Überschüsse und Viehherden[281] versteckten sie, um eine Beschlagnahme durch Umar oder wieder erstarkende marodierende Bambarakrieger zu vermeiden. Der Handel ging zurück, die Marka verlagerten ihre Stützpunkte vom Nigertal nach Nordwesten, an die Peripherie der Herrschaft Umars. Von dort führten sie ihre Aktivitäten fort. Die „talibé" kamen, wenn sie sich Reichtum und Macht versprochen hatten, nicht auf ihre Kosten, und sie waren sich dessen auch offenbar bewusst:

---

279 *Bayol*, Voyage au pays de Bamako sur le Haut-Niger, 156.
280 *Roberts*, Warriors, Merchants, and Slaves, 86.
281 So *Quintin*, Souvenirs d'un voyage du Sénégal au Niger, 521.

> „Que d'illusions envolées! Que d'espérences bientôt deçues! Combien en ai-je
> vu, à Ségou-Sikoro, qui regrettaient le temps passé et qui m'avouaient tout bas
> la sottise qu'ils avaient faite de quitter leurs pays."[282]

Bei der Reaktion der Bauern handelte es sich lediglich um eine temporäre Anpassung an die Zeitumstände. Sobald diese sich gewandelt hatten und neue Produkti-
onsanreize entstanden, stieg auch die Agrarproduktion wieder an, und gleichzeitig
der Anteil, der auf die Märkte gebracht wurde.

> „Die Bedeutung dieser Märkte nimmt von Tag zu Tag zu, und die Schwarzen,
> die die Vorteile zu begreifen beginnen, die sie aus ihrer Einrichtung ziehen
> können, bringen alles dorthin, von dem sie denken, es könnte getauscht oder
> verkauft werden."

So beschrieb Eugène Béchet den Markt, der nahe des französischen Forts in Kita
abgehalten wurde.[283] Ähnliche Mechanismen waren bei der Entstehung des Getrei-
demarktes von Bamako um die Wende vom 19. zum 20. Jahrhundert deutlich zu erkennen. Die französischen Kolonialtruppen und ihr zahlreiches Gefolge benötigten
an diesem neu errichteten Stützpunkt erhebliche Getreidemengen zur Verpflegung.
Innerhalb weniger Jahre vervielfachte sich das Getreideangebot auf dem Markt von
Bamako. Wie diese Steigerung zustande kam, ob durch vermehrte Produktion, größeren Verkaufsanteil an der Ernte oder Umleitung von Handelsströmen, was jedoch
zu einem Getreidedefizit an anderer Stelle geführt hätte, bedarf weiterer Klärung.[284]
Am Ende von Kapitel II hatten wir Inikoris Vermutung erwähnt, wonach durch
den transatlantischen Sklavenhandel eine vorher bestehende und zunehmende Warenproduktion, sowohl für den internen wie auch den europäischen Markt, durch
die Verengung der Nachfrage auf Sklaven zum Erliegen kam. Auf diese Weise sei ein
aussichtsreicher Wachstumspfad unter-, wenn nicht abgebrochen worden. Nach
den Erkenntnissen des vorliegenden Kapitels ist die Hypothese jedoch zu differenzieren, zumindest für das Untersuchungsgebiet der innerafrikanischen Savanne
zwischen Senegalfluss und Niger. Auch hier war der Handel aus unterschiedlichen
Gründen, die wir beleuchtet haben, nach dem 16. Jahrhundert erschwert, aber er

---

282   *Quintin*, Etude ethnographique sur les pays entre le Sénégal et le Niger, 327.
283   *Béchet*, Cinq ans de séjour au Soudan Français, 122: „Ces marchés prennent de jour en jour une im-
portance de plus en plus considérable, et les noirs, qui commencent à comprendre les avantages qu'ils peuvent tirer de leur établissement, y apportent d'eux-mêmes tout ce qu'ils croient susceptible d'être échangé
ou vendu."
284   Vgl. dazu *Roberts*, The Emergence of a Grain Market in Bamako, 37–54.

kam nicht zum Erliegen. Vielmehr ergab sich, dass ökonomische Akteure die verbreitete interne Sklaverei nutzten, um in einem großen Umfang Handelswaren zu produzieren, die sowohl landwirtschaftliche wie handwerkliche Grundlagen hatten. Klein bezeichnete die zweite Hälfte des 19. Jahrhunderts als eine „period of increasing trade and production for market".[285] Diese Gruppen akkumulierten Kapital, das wiederum in ihre Geschäfte floss. Nicht der Sklavenhandel setzte diesem potentiellen Entwicklungspfad ein Ende, er beruhte vielfach auf dem Sklavensystem, auch nicht die politischen Wirren im 19. Jahrhundert, sondern die aufkommende Kolonialherrschaft.

7. Neue Kulturpflanzen und Innovationen

Schon wiederholt wurde bisher deutlich, dass sich in der westafrikanischen Savanne in dem zugrunde gelegten Untersuchungszeitraum neue Kulturpflanzen ausgebreitet hatten. Sie kamen teils aus Nordafrika, teils erreichten sie die Region über die Küstenstaaten und stammten überwiegend aus Amerika, manche auch aus Asien.

Die für die vorhandenen Anbausysteme vielleicht wichtigste Neuerung war die Einführung von Mais und seine Integration in die Fruchtfolge. Die Portugiesen hatten ihn zu Beginn des 16. Jahrhunderts an die westafrikanische Küste gebracht, von wo aus er das Landesinnere eroberte.[286] Vielfach ist er uns in den Berichten der Reisenden als weitverbreitete Ackerfrucht von alltäglicher Verwendung begegnet. Er stellte höhere Ansprüche an die Niederschlagsmenge als Hirse, doch wo diese Voraussetzungen gegeben waren, erwies er sich als ertragreich und im Anbau unkompliziert. Er reifte früh und verkürzte die Zeit der Knappheit bis zur nächsten Ernte. Dank der Blatthülle um die Maiskolben war er zudem besser als die Hirse vor Vogelfraß und Regen geschützt.[287] Fielen die Regenfälle dagegen dürftig aus, ging die Erntemenge drastisch zurück. Also betrieben die Bauern Mischkulturen: Mais/Hirse oder Mais/Baumwolle.

---

285 *Klein*, Slavery and Colonial Rule in French West Africa, 37.

286 *Mauny*, Tableau géographique de l'ouest africain au moyen âge, 242 ; ebenso *Chastanet*, Introduction et place du maïs au Sahel occidental.

287 *Alpern*, Exotic Plants of Western Africa, 69.

Weizen dagegen, der vereinzelt schon in früher Zeit nachgewiesen ist, konnte sich nicht weiter durchsetzen. Als die Marokkaner 1591 Songhay eroberten, führten auch sie Weizen mit sich. Seine Kultur im Nigerbogen bedurfte der Bewässerung durch ein Kanalsystem; Weizenbrot war als ein Luxusprodukt anzusehen.[288]

Tabakanbau setzte sich schnell in vielen Regionen des Sahel und der Savanne durch. Bereits im 16. Jahrhundert finden sich bei Timbuktu Hinweise darauf.[289] Mungo Park sah auf dem Markt von Sansanding Tabak aus Timbuktu, „which looks like Levant Tobacco".[290] Sheku Ahmadu kämpfte gegen den Genuss von Tabak und zog sich dadurch den Zorn der Kunta von Timbuktu zu, die große Tabakplantagen unterhielten.[291]

Dass neue Arten bereits bekannter Nutzpflanzen bisher verbreitete verdrängten, ist an den Beispielen Reis und Baumwolle zu beobachten. Um die erste Jahrtausendwende unserer Zeitrechnung bestanden in Westafrika zumindest zwei Zentren des Baumwollanbaus und ihrer Verarbeitung: eines zwischen Gambia, Senegal und Niger, das andere am Tschadsee gelegen.[292] Dorthin war die Baumwolle vermutlich aus Nordafrika gelangt, wo sie im Zuge der Ausdehnung des Islam eingeführt worden war.[293] Wenn es auch naheliegt und der derzeit verbreiteten Meinung entspricht, dass sie von dort in den Süden gebracht wurde, so ist es auch denkbar, dass die Baumwolle bereits in vorislamischer Zeit aus dem Niltal in die westliche Savanne gelangte, ohne den Umweg über Nordafrika.[294] Die Karawanenwege der Sahara führten nicht nur von Norden nach Süden, sondern auch von Osten nach Westen. Ebenso erscheint es nicht zwingend anzunehmen, dass ihre Aufnahme in das Sortiment der Produkte des Anbaus und der Weiterverarbeitung im Sudan erst nach der Einführung des Islam dort erfolgen konnte. Insoll weist darauf hin, dass es durchaus nordafrikanische Einflüsse gegeben haben mag, ohne dass sich die davon berührten

---

288 *Abitbol*, Tombouctou et les Arma, 180 f.; *Murray*, Medieval Cotton and Wheat Finds, 48. In der zweiten Hälfte des 18. Jahrhunderts galt dies noch immer, wie *al-Shabeeni* berichtete: An Account of Timbutoo, 25.

289 *Alpern*, Exotic Plants of Western Africa, 68, 79.

290 *Park*, The Journal of a Mission to the Interior of Africa, 274.

291 *Brown*, The Caliphate of Hamdullahi, 139; *Johnson*, The Economic Foundations of an Islamic Theocracy, 483.

292 *Kriger*, Mapping the History of Cotton Textile Production in Precolonial West Africa, 95 f.

293 *Watson*, Agricultural Innovation in the Early Islamic World, 39, 82.

294 *Kriger*, Mapping the History of Cotton Textile Production in Precolonial West Africa, 2; *Insoll*, Islam, Archaeology and History, 81.

Bevölkerungsgruppen dem Islam zuwandten.[295] Dafür sprechen, abgesehen von noch ungelösten Problemen der Chronologie, Baumwollfunde bei vorislamischen oder nichtislamischen Gruppen wie den Tellem, auf die ich sogleich zurückkommen werde, wenn nicht überhaupt die Hypothese einer frühen ost-westlichen Ausbreitung der Baumwolle zutrifft, vielleicht in einem beschränkten Ausmaß.

Bei den ersten Kontakten der Europäer mit der westafrikanischen Küste fanden diese bereits einen „complex consumer market for cottons and other cloth" vor.[296] Al-Umari überlieferte die Existenz eines hochwertigen Weberhandwerks in dem Malireich.[297] Doch schon vorher wurden Baumwolltextilien hergestellt, wie die Funde in der Schichtstufe („falaise") von Bandiagara aus dem 11./12. Jahrhundert belegen.[298] Die frühen Funde in einer vom Islam unberührten Gegend lassen Zweifel daran aufkommen, dass die Weiterverarbeitung von Baumwolle zu Textilien erst aufgrund islamischer Vorstellungen von einer angemessenen Bekleidung eingeführt worden war. Auch die Behauptung, in vorislamischer Zeit oder später in Gegenden außerhalb islamischen Einflusses seien die Afrikaner unbekleidet gewesen, bedarf im Lichte der erwähnten Grabungen bei Bandiagara einer Überprüfung. Bis weitere Evidenz vorliegt, ist zu berücksichtigen, dass entsprechende Berichte auf Erzählungen, sicher nicht frei von Ausschmückungen und Vorurteilen, auf dem Hörensagen beruhen. Der griechisch-arabische Autor Yaqut al-Rumi, der zu Beginn des 13. Jahrhunderts schrieb, legt eine gehörige Skepsis sehr nahe, wenn er von der Leuten des ‚Sudan' berichtet, sie seien nackt wie Tiere, dann aber hinzufügt, noch nie habe sie ein Fremder gesehen.[299] Zugleich aber zitiert er aus dem verlorenen Buch al-Muhallabis aus dem 10. Jahrhundert, wonach der vorislamische König der Zaghawa in „excellent garments made of a single piece of wool and susi silk and costly brocade" gekleidet war. Dazu trug er eine Hose aus dünner Wolle. „Most of his subjects go naked, wrapped [only] in skins."[300] Die meisten seiner Untertanen gingen also nackt, aber offenbar nicht alle, und nackt bedeutete für den Autor in Leder oder Felle gekleidet. Ibn Sa'ids Beitrag gibt ebenfalls Anlass für Zweifel: Im Land Takrur

---

295 Ebd.

296 *Watson*, Agricultural Innovation in the Early Islamic World, 99.

297 *Al-Umari*, in: Corpus, 265.

298 Vgl. *Bedaux*, Les plus anciens tissus retrouvés par les archéologues; dazu auch *Kriger*, Cloth in West African History, 76f.

299 „Those people never allow a merchant to see them"; *Yaqut al-Rumi*, in: Corpus, 167–175, hier 170.

300 *Al-Muhallabi*, zit. von Yaqut, in: Corpus, 171.

seien die Bewohner überwiegend Moslems. Die Moslems auf dem Land bedeckten ihre Geschlechtsteile mit Fellen und Knochen, die Nicht-Gläubigen gingen dagegen nackt.[301] Doch auch an anderer Stelle sind wir mit Übertreibungen und wunderlichen Ausschmückungen konfrontiert, die dessen ungeachtet einen wahren Kern enthalten. Dies lässt sich im Übrigen gleichermaßen bei den europäischen erzählenden Quellen feststellen. Genauere und verlässlichere Informationen zu den Kleidungsgewohnheiten um das Jahr 1000 sind wohl erst von archäologischen Funden zu erwarten.

Neuerdings hat Roberts die These eines Zusammenhanges von Islam und Ausbreitung, gar Einführung der Bekleidung, die hauptsächlich auf die älteren Studien von Monteil und Mauny zurückgeht[302], mit einigen Ergänzungen akzeptiert: „[...] we can assume that the expansion of clothing coincided with the sharpening of social identities along with the spread of Islam and the consolidation of polities."[303] Vermuten lässt sich eine solche komplexe Verknüpfung von heterogenen Faktoren, belegen aber bisher nicht. Gleiches gilt auch für Watsons Annahme, wohlhabende Westafrikaner hätten bei ihrer Präferenz für Baumwollstoffe die Kleidungsgewohnheiten in Ägypten kopiert.[304] Zwar überliefert al-Idrisi, dass sich einfache Leute vor allem mit Wolle bekleideten, die Wohlhabenden dagegen Baumwollstoffe bevorzugten, doch warum dies so war, sagt er nicht.[305] Ungeachtet dieser offenen Fragen lässt sich aber als gesichert annehmen, dass die Ausbreitung des Islam veränderte Kleidungsgewohnheiten (Hose, Übergewand, Kopfbedeckung) im Gefolge hatte, und dies ist für unsere Untersuchung deshalb von Belang, weil dadurch die Wollproduktion, vor allem aber der Baumwollanbau und auch das weiterverarbeitende Textilhandwerk neue Impulse erhielten.[306] Es entstand ein Produktionszweig „for an elite market in which status was now advertised by wearing cotton".[307]

Neben den sehr lange vorherrschenden Arten Gossypium herbaceum und Gossypium arboreum sind dann im 19. Jahrhundert zunehmend Baumwollarten amerika-

---

301 *Ibn Saʿid*, Buch der Geographie, in: Corpus, 181–194, hier 185. Mit Knochen sind vermutlich Knochenperlen gemeint, die bei *al-Qazwini* (Corpus, 179) bezeugt sind.

302 *Monteil*, Le coton chez les noirs; *Mauny*, Tableau géographique de l'ouest africain au moyen âge.

303 *Roberts*, Two Worlds of Cotton, 53.

304 *Watson*, Agricultural Innovation in the Early Islamic World, 102.

305 *Al-Idrisi*, in: Corpus, 107.

306 *Kriger*, Cloth in West African History, 75.

307 *McIntosh*, In Search for Takrur, 420.

nischer Herkunft mit längeren Fasern nachgewiesen, die den afrikanischen Kontinent zu einem unbekannten Zeitpunkt im Rahmen des Handels mit Amerika erreicht hatten.[308] Der Botaniker Auguste Chevalier, der zwischen 1898 und 1900 an der ersten agrarwissenschaftlichen Erkundungsmission in die neue Kolonie Soudan français teilnahm, schrieb, dass sich die amerikanische Art Gossypium hirsutum in fast jedem Dorf fand. Dass sie zum Zeitpunkt seines Besuchs keineswegs erst neu eingeführt war, ließ sich daran erkennen, dass sie auch in aufgegebenen Dörfern noch nachweisbar war. Chevalier berichtet auch, dass Exemplare dieser Art bereits 1750 von Adanson in Senegal gesammelt worden waren.[309] Europäische Händler richteten allerdings ihre Anstrengungen darauf, die lokale Weiterverarbeitung der Baumwolle durch Verbreitung von Importstoffen einzuschränken.[310]

Bei Reis war es der asiatische Oryza sativa, der an die Stelle des afrikanischen Oryza glaberrima trat. Letzterer tolerierte zwar eher Trockenheitsperioden, war aber ertragsschwächer.[311]

Worum handelte es sich bei den mehrfach von Park erwähnten „groundnuts"?[312] Waren es amerikanische Erdnüsse (Arachis hypogaea) oder Bambara-Erderbsen (Vigna [Voandzeia] subterranea), in Westafrika heimisch und der Erdnuss ähnlich? Parks Beschreibung lässt dies nicht erkennen. „Groundnuts" hatte er schon zu Beginn seiner Reise am Gambiafluss gesehen, ebenso zahlreiche weitere Kulturen: Zwiebeln, Süßkartoffeln, Yams, Maniok, Melonen, Kürbis.[313] Dass es sich hier, nahe der Küste des Atlantiks, um amerikanische Erdnüsse handelte, ist wahrscheinlich, aber sie hatten sich auch schon weit in das Innere des Kontinents ausgebreitet. Gaspar Mollien berichtete 1818 aus dem Futa Djalon, eindeutig die Erdnuss identifizierend: „Ce sol est favorable [...] aux pistaches de terre (arachis hypogaea)."[314] Bereits 1729 ist die Erdnuss im oberen Bereich des Senegalflusses unweit des Forts St. Joseph bezeugt: „In diesem Land wächst eine Art von Erbsen, die die Neger ‚guerté' nennen

308 Alpern, Exotic Plants of Western Africa, 94; Mauny, Notes historiques autour des principales plantes cultivées d'Afrique occidentale, 700; Bassett, The Peasant Cotton Revolution, 31 f.

309 Chevalier, L'avenir de la culture du cotonnier, 233.

310 Dazu Monteil, Le coton chez les noirs, bes. 37 f.

311 Alpern, Exotic Plants of Western Africa, 69.

312 Park, Travels in the Interior Districts of Africa, z. B. 70, 142, 256.

313 Ebd. 10.

314 Mollien, Voyage dans l'intérieur de l'Afrique aux sources du Sénégal et de la Gambie, fait en 1818, Vol. 2, 175.

[...]. Sie schmecken wie Haselnüsse, vor allem, wenn man sie über Feuer trocknet, um ihr Öl zu gewinnen."[315] Im Anschluss beschreibt Boucard die Erderbse, so dass, verbunden mit dem Hinweis auf die Ölgewinnung, kein Zweifel besteht, dass er Erdnüsse sah. Die Anbaumethoden und Verwendungsmöglichkeiten der Erdnuss ähneln stark denen der Erderbse, allerdings ist Letztere nicht zur Ölgewinnung geeignet. Diese letztere Qualität führte im 19. Jahrhundert zu einer starken Ausdehnung ihrer Kultur. Die Erdnüsse wurden exportiert und dienten in Frankreich zur industriellen Ölerzeugung.[316]

Es liegt nahe, dass die Einführung neuer Kulturpflanzen veränderte Anbaumethoden nach sich zog, als Ergebnis langer Erprobungsphasen. Die Vorteile und Risiken der neuen Sorten waren von den Bauern zu prüfen. Der Prozess ihrer Übernahme erfolgte, auch wenn sie selbst importiert waren, gänzlich ohne externe Einflussnahme – es handelt sich um endogene Innovationen.[317] Wir sind noch weit von den Zeiten kolonialer Interventionen in die Landwirtschaft und von postkolonialen Beratungsdiensten der Weltbank und anderer Agenturen entfernt. Im 18./19. Jahrhundert traten dann Mais und Erdnüsse allgegenwärtig auf, und sie waren in den Anbauzyklus integriert. Auch neue Baumwollarten hatten sich ausgebreitet – die lange Geschichte der Baumwolle und ihrer Weiterverarbeitung in Afrika zeigt eindrücklich, dass es sich keineswegs um eine ausschließliche ,Subsistenzökonomie' handelte.

Dass neue Nutzpflanzen und die dadurch ermöglichte Verbesserung der Anbausysteme, also andere Fruchtfolgen, Mischkulturen, bessere Ausnutzung der Anbauperiode, zu deutlich höheren Erträgen führten, stellte Watson in der islamischen Welt fest:

> „The possibilities of intensifying land use were compounded by the widening of the range of crops available and by the growing knowledge of their special requirements and potentialities. [...] One of the direct consequences of the new agriculture was higher and more stable agricultural earnings."[318]

---

315 *Boucard*, Relation de Bambouc, 267: „Il croît dans le Pays une espece de Poix que les Negres appellent guerté parfaittement ressemblant aux pistaches. Ils ont le goust de la noisette, surtout lorsqu'on a soin de les faire Secher au feu pour leur faire rendre leur huile."

316 Vgl. dazu, wie auch insgesamt zu diesem Abschnitt, *Mauny*, Notes historiques autour des principales plantes cultivées d'Afrique occidentale, 688.

317 *Tourte*, Histoire de la recherche agricole, Vol. 3, 8; ähnlich argumentiert, bezogen auf seine zentralafrikanische Untersuchungsregion, *von Oppen*, „Endogene Agrarrevolution" im vorkolonialen Afrika?

318 *Watson*, Agricultural Innovation in the Early Islamic World, 126 f.

Eine ähnliche Entwicklung der landwirtschaftlichen Methoden zeigte sich auch in der westafrikanischen Savanne. Allerdings war es bereits für Watson in den gut dokumentierten islamischen Regionen Nordafrikas nicht möglich, quantitative Aussagen zu Produktionssteigerungen zu machen. Solche Daten für die Savanne zu gewinnen, erscheint als völlig aussichtslos.

Sonderkulturen fanden intensive Aufmerksamkeit, wenn die Rahmenbedingungen dafür günstig waren. Als im 18. und 19. Jahrhundert in der europäischen Industrie, vor allem in der Textilindustrie die Nachfrage nach Pflanzengummi (Gummi arabicum) stark anstieg, erlebte dessen Gewinnung im westlichen Sahel (entlang des Senegalflusses und im südlichen Mauretanien) einen regelrechten Boom.[319] Der Arbeitsaufwand zur Ernte des Baumharzes war gering, und er fiel außerhalb der Ackerbausaison an, so dass diese Aktivität als Nebentätigkeit ausgeübt werden konnte.

Tourtes Charakterisierung der Agrarpraktiken der westafrikanischen Savanne erweist sich als treffend:

> „Die Landwirtschaft Westafrikas südlich der Sahara beruht zu Beginn des 19. Jahrhunderts auf Systemen des Ackerbaus, der Viehhaltung, der Produktion, Weiterverarbeitung und selbst der Vermarktung, die sich bewährt hatten und einer Vielfalt landwirtschaftlicher Gegebenheiten und Bedürfnisse angepasst waren. Die technischen Verfahren, die Produktionsmethoden, die Praktiken der Verwaltung, des Handels, der Kommunikation wurden über Jahrhunderte geprüft und erprobt, bis ein Gleichgewicht mit der Umwelt erreicht war.“[320]

Und auch Jacques Giri, der eher dazu neigt, die Beständigkeit, ja Immobilität der Agrartechniken zu betonen, gelangt letztlich doch zu einem ähnlichen Schluss, wenn er darauf hinweist, dass man die historischen sahelischen Gesellschaften zu Unrecht als statisch ansieht. Sie seien aufnahmebereit für Innovationen gewesen, zumindest für bestimmte Innovationen, die ihnen Vorteile verschafften. Manchmal, so schreibt er, waren sie regelrecht auf der Suche nach Neuerungen.[321]

---

319   *Webb*, Desert Frontier, 98–100.
320   *Tourte*, Histoire de la recherche agricole, Vol. 3, 33.
321   *Giri*, Histoire économique du Sahel, 59.

8. Freie Bauern auf eigenen Feldern?

Die Frage der Freien, besonders einer freien Bauernschaft, wirft erhebliche Probleme auf, deren Lösung aus mehreren Gründen derzeit komplex erscheint, wenn nicht unmöglich. Neben dem Mangel an quantitativen Daten zur internen Sklaverei ist dafür die vielgestaltige Realität verantwortlich, die sich hinter den Begriffen für Sklaven verbarg. Die Unterstellung eines servilen Status konnte so weit gehen, dass in der Sicht des engsten Machtzentrums Ségous alle Einwohner als Sklaven des Herrschers galten. So erklärte Mari Diara, der letzte König des Reiches, dem französischen Kolonialoffizier Marchand: „Alle Untertanen des Herrschers sind ohne Ausnahme seine Sklaven, und es gibt außerhalb der königlichen Familie keine Freien."[322] Vor diesem Quellenhintergrund hat sich die bisherige historische Forschung mehr auf die Sklaven als auf die Freien konzentriert, ohne deren Existenz dabei in Frage zu stellen. Allerdings erfolgte ihre Behandlung eher auf indirektem Wege und beiläufig. Bazin erwähnte die Ansiedlung von Sklaven („gens du faama", „faama ka mogow") in zahlreichen Dörfern, in denen vorher freie Bauern („gens du village", „dugulenw") lebten. Inwieweit die Bauern in diesem Zusammenhang lediglich unter die Macht der „Leute des Königs" gerieten oder dabei einen sklavenartigen Status annahmen, muss weitgehend offenbleiben – die Nachkommen beider Gruppen stellen dies verständlicherweise unterschiedlich dar.[323]

Ähnlich indirekt äußerte sich Olivier de Sardan bei der Untersuchung der Unfreien im Songhay, wenn er ausführte, dass der recht ausgeprägte Staatsapparat wohl nicht ausschließlich durch Sklavenarbeit unterhalten werden konnte. Die Sklaven auf Staatsgütern lieferten dazu ihren Beitrag, aber die in den Chroniken genannten Erntemengen, die nach Gao verbracht wurden, waren insgesamt unzureichend. [324] Doch nur sehr am Rande erscheint bei Olivier de Sardan der „paysan libre, assujetti à l'impôt ou à la redevance islamique".[325] Meillassoux verfährt ähnlich approximativ: Die Existenz freier Bauern steht nicht in Frage, doch Näheres über sie wissen wir

---

322   „Tous les sujets du faama sans exception sont ses captifs et il n'y a pas d'homme libre en dehors de la famille royale." Zit. nach *Bazin*, Guerre et servitude à Ségou, 165, aus einer Monographie du cercle de Ségou 1889, Notice sur le royaume bambara des Ségou – Mage, Barth et à Farako, ANM, Fonds Anciens, série 1 D 55–5.

323   *Bazin*, Guerre et servitude à Ségou, 168 f.

324   Vgl. Kap. II.4.

325   *de Sardan*, Captifs ruraux, 124.

nicht.[326] Somit sind wir auf vereinzelte Hinweise angewiesen, von Askia Mohammad, der die reich mit Land versehenen Bewohner seines Reiches erwähnte, über Leo Africanus bis zu den Berichten, die von Bauern sprechen, die Steuern zahlten und die mit den Mitgliedern ihrer Familie, aber oft auch gemeinsam mit Sklaven, ihre Felder bestellten. Andere, vor allem im Norden, waren Pächter großer Grundbesitzer.[327] In ein solches Bild fügen sich schließlich auch die Informationen ein, die wir Heinrich Barth verdanken. Sie vermitteln den deutlichen Eindruck, dass die Felder, hier unweit von Timbuktu, nicht ausschließlich von Sklaven bearbeitet wurden. Er schrieb dazu:

> „Noch immer waren die Städter, welche nicht einem Gewerk angehörten oder
> eine sonstige Beschäftigung hatten, sowie die Bewohner der umliegenden
> Distrikte, auf das Fleissigste mit der Reisernte beschäftigt."[328]

Ohne dass wir es völlig ausschließen könnten, legt diese Beschreibung nicht nahe, dass es sich bei den „Städtern" und „Bewohnern der umliegenden Distrikte" um Sklaven handelte, zumal Barth an anderen Stellen deutlich darauf hinweist, wenn er tatsächlich Sklaven antraf.[329] Ähnlich interpretiere ich seine Schilderung von den Dorfbewohnern, die von der Feldarbeit zurückkehrten und ihm einen Besuch abstatteten. Dabei wurden sie von ihrem Oberhaupt angeführt, von Barth als „kleiner Häuptling" bezeichnet.[330] All dies passt nicht zu einer Sklavengruppe. Explizit berichtet Barth von einem Sklavendorf östlich des Niger, aber in geringer Entfernung davon befand sich eine weitere Bauernsiedlung, die „ausschließlich von wohlhabenden Landpächtern bewohnt [war]".[331]

Die oben zitierten Zahlenangaben (oder besser Schätzungen) des Sklavenanteils liefern ebenfalls eine Antwort auf die Frage nach den freien Bauern. Nehmen wir an, 90 Prozent der Bevölkerung lebten von der Landwirtschaft und legen wir Kleins oberen Wert von 33 Prozent für die Sklavenbevölkerung zugrunde, so folgt, dass ein großer Teil der in der Landwirtschaft aktiven Menschen keine Sklaven waren, wobei allerdings zu berücksichtigen ist, dass der Anteil der Arbeitskräfte unter den Sklaven vermutlich höher war als in der Gesamtbevölkerung. Doch auch bei den freien Bau-

---

326 *Meillassoux*, Anthropologie der Sklaverei, 170, 209, 220.
327 *Al-Shabeeny*, An Account of Timbuctoo and Housa, 44.
328 *Barth*, Reisen und Entdeckungen in Nord- und Central-Afrika, Bd. 4, 528.
329 So z. B. ebd. Bd. 4, 284, Bd. 5, 269.
330 Ebd. Bd. 5, 266.
331 Ebd. Bd. 4, 239.

ern beteiligten sich Frauen und größere Kinder an der Arbeit auf den Feldern, und auch die interne Sklavenbevölkerung bestand nicht überwiegend aus männlichen Arbeitskräften, sondern zu 40 Prozent aus Frauen und zu 30 Prozent aus Kindern.[332] Anders sah es in den Herrschaftssitzen wie Ségou und ihrem näheren Umland aus, und auch in den Orten, die sich verstärkt der Produktion von Handelswaren im größeren Maßstab zugewandt hatten.

Greifen wir mit unserer Untersuchung etwas weiter nach Südosten aus, in das heutige Burkina Faso, so treffen wir auf eine Reihe von politischen Einheiten, in denen die interne Sklaverei, vor allem im Ackerbau, eine bemerkenswert geringe Rolle spielte, eine umso größere dagegen die Familienbetriebe freier Bauern. Michel Izard nimmt für das Moosereich Yatenga einen Sklavenanteil von ca. 10 Prozent an, eine Größenordnung, die sich in anderen Regionen wiederfindet: Bazémo beziffert die Präsenz von Sklaven unter den Bobo ebenfalls auf 10 Prozent; Klein gibt für die Verwaltungsbezirke Koury 15 Prozent, Lobi 4 Prozent und Ouagadougou 10 Prozent an.[333] Im Yatenga, aber auch den anderen Moosereichen, handelte es sich bei den hier als Sklaven erfassten Personen um Gefangene, die der Herrschaft zugeordnet waren – „les captifs privés étaient, semble-t-il, peu nombreux".[334] Sie dienten dem Herrscher, sie unterstützten ihn bei der Ausübung seiner Macht. Hauptmann Binger hatte für den Moog-naaba, den Herrscher des Moogo, den Rat bereit, seine Hofsklaven doch produktiv einzusetzen, im Ackenbau und in der Viehhaltung, „mais il s'en soucie peu", er kümmerte sich nicht darum.[335] Maurice Bazémo modifizierte dieses Bild einer weitgehenden Trennung von Sklaven und produzierender Tätigkeit in seiner bemerkenswerten Studie über die interne Sklaverei, indem er darauf verwies, dass diese Gefangenen durchaus auch landwirtschaftliche Arbeiten für die herrschende Schicht in den Moosereichen verrichteten.[336] Selbst die einfachen Bauern, die „talse", verfügten über Sklaven als komplementäre Arbeitskräfte, doch in be-

---

332 Durchschnittliche Angaben für das Jahr 1904 und den westlichen Sudan, unsere Untersuchungsregion, bei *Lovejoy*, Transformations in Slavery, 187, Tab. 9.1.

333 *Izard*, Moogo. L'émergence d'un espace étatique ouest-africain au XVIe siècle, 73; *Bazémo*, Esclaves et esclavages dans les anciens pays du Burkina Faso, 218; *Klein*, Slavery and Colonial Rule in French West Africa, 254. Die Angaben gelten für das ausgehende 19. und beginnende 20. Jahrhundert und beruhen auf Erhebungen der Kolonialverwaltung.

334 *Izard*, Les captifs royaux dans l'ancien Yatenga, 281. Ähnlich *Lovejoy*, Transformations in Slavery, 217 f.

335 *Binger*, Du Niger au Golfe de Guinée, Vol. 1, 505.

336 *Bazémo*, Esclaves et esclavages dans les anciens pays du Burkina Faso, 94.

schränkter Zahl. Sie hatten nicht die Möglichkeit, Razzien zur Sklavenjagd zu unternehmen, das war den Kriegern des Königs vorbehalten.[337] In anderen Gruppen, die weniger streng hierarchisch als die Moose organisiert waren, bewirkten unterschiedliche Faktoren das gleiche Ergebnis, den geringen Sklavenanteil. Es war zum Beispiel die Wertschätzung der landwirtschaftlichen Arbeit als identitätsstiftendes Element, die dazu führte, dass der Ackerbau von dem Bauern und seiner Familie betrieben wurde und Sklaven, wenn sie überhaupt verfügbar waren, nur sehr vereinzelt eingesetzt wurden.

> „Au travail de la terre était vouée la plus grande admiration. Des entreprises dont l'homme tirait profit, rien ne valait, chez ces peuples, l'agriculture. [...] On saisit là une autre dimension sociale du travail de la terre, qui permettait de sortir de l'anonymat. Il ne pouvait donc être considéré avec le mépris qui en avait fait ailleurs une tâche réservée aux plus vils, aux gens de basse condition, dont les esclaves."[338]

In der Feldarbeit konnten sich freie Bauern auszeichnen, sie war ihnen und ihren Familienangehörigen vorbehalten. Louis Tauxier stellte bei den Bobo, worunter aber eher die durch ihre komplexen Anbausysteme und ihre kooperativen Arbeitsformen bekannten Bwa zu verstehen sind[339], eine regelrechte Abneigung gegen die Sklaverei fest: „[...] il y a chez eux, à n'en pas douter, un préjugé contre l'esclavage".[340]

Es sind also politische und kulturelle Faktoren, die zur Erklärung dieses bemerkenswerten Phänomens geringer Sklavendichte beitragen, sicher im gleichen Ausmaß wie ökonomisch-demographische Aspekte. Naturräumlich unterscheidet sich Burkina Faso kaum von den Savannengebieten Zentral- und Südmalis, und das oft zur Erklärung der Verbreitung von Sklaverei angeführte Fehlen von Lohnarbeitern, seinerseits begründet durch die Möglichkeit, sich jederzeit der Bestellung des reichlich vorhandenen Landes zuzuwenden, war in Burkina Faso ebenso ausgeprägt wie in den Nachbarregionen. Selbst auf dem dicht besiedelten Zentralplateau war Lohnarbeit weitgehend unbekannt.

Doch was ist der Bedeutungsinhalt des Begriffes „eigenes Land der Bauern" – wie gelangten sie dazu, über welche Rechte verfügten sie? Al-Maghili hatte sich dazu

---

337 Ebd.
338 Ebd.93. Vgl. auch *ders.*, Le concept du travail chez les lyelae à l'époque précoloniale. Ähnlich auch, bezogen auf die Bwa, *Capron*, Communautés villageoises Bwa, 334f.
339 Verewigt in *Nazi Bonis* Roman „Crépuscule des temps anciens" von 1962.
340 *Tauxier*, Le noir du Soudan, 57.

schon in dem Sinn geäußert, dass Rechte auf und über Land durch dessen aktive Nutzung erworben werden konnten.[341] Bei den Fischereirechten waren wir auf die Figur des Wasserherren gestoßen, der die ‚Erstankömmlinge‘ repräsentierte und dem im Ackerbau die des Erdherren entsprach. Diese beiden Anspruchsgrundlagen, ursprüngliche Inbesitznahme und aktive Bestellung von Land, führten zu einem komplexen, aber stabilen System sich überlagernder Verfügungs- und Nutzungsrechte, das Monteil treffend darstellte:

> „Es gibt definitiv kein herrenloses Land, und dieser Herr ist nicht absolut. Nie hat er das Recht, das Grundeigentum zu verkaufen, und er kann sich auch nicht der unterschiedlichen Rechte entledigen, die auf der Nutzung des Landes ruhen. [...] Diese Leute, die wir so gerne als einfach ansehen, leben jedenfalls in einem Geflecht von Bindungen und Verpflichtungen, die uns unerträglich erschienen.“[342]

Mungo Park streift die Thematik, die er nicht vollständig durchschaut. Aber auch sein Eindruck ist, dass den Bauern, die Land benötigten, solches zugewiesen wurde, unter der Bedingung, dass sie es auch bestellten. War das der Fall, so konnten sie dauerhaft darüber verfügen und es auch auf ihre Erben übertragen. Wer nun genau mit dem von Park genannten „chief man of the district“, der das Land verteilt, gemeint war, bleibt offen.[343]

In seiner Monographie über die Bambara lässt Charles Monteil, ausgehend von Informationen, die er zwischen 1900 und 1903 gesammelt hatte, deren Praktiken des Landzuganges und ihre Grundlagen deutlich erkennen.[344] Er zeigt, dass der Boden nicht als Eigentum in Menschenhand gesehen wurde, sondern als von Erdgottheiten beherrscht. Es bedurfte eines Paktes zwischen diesen spirituellen Mächten und den Neusiedlern, um eine Niederlassung zu begründen und das Land zu bestellen. Dieser Pakt wurde von dem Vertreter der Erstsiedler geschlossen, und er war, und ist bis heute[345], von seinen Nachfolgern, die seine Aufgabe als Erdherr[346] übernahmen, regelmäßig durch Opfer zu erneuern. Die Funktion der Erdherren ist nicht auf die

---

341 Vgl. Kap. II.4, S. 62 f.

342 *Monteil*, Une cité soudanaise, 172. Vgl. ebenso *Chevalier*, Les cultures indigènes, 298.

343 Park, Travels in the Interior Districts of Africa, 261.

344 *Monteil*, Les Bambara, 227–230.

345 Vgl. dazu meine Ausführungen in: *Stamm*, Structures et politiques foncières en Afrique de l'Ouest, 32–36. Die vorliegende Arbeit bietet die Gelegenheit, ihnen manche historische Tiefe hinzuzufügen.

346 Bambara „dugutigi“, frz. chef/maître/prêtre de la terre.

Opfergabe beschränkt. Ihnen kommt auch die Aufgabe zu, das Land der von ihrem Vorfahren begründeten Ansiedlung treuhänderisch im Hinblick auf zukünftige Generationen zu verwalten. Jede der Siedlungseinheit zugehörigen Familien hatte ein Anrecht auf eine auskömmliche Landausstattung, die ihr von dem Erdherren zugeteilt wurde. Sie blieb in ihrem Besitz, solange die Familien in der Lage und bereit waren, die Felder zu bearbeiten. Verließen sie definitiv die Gemeinschaft, so fielen sie an diese zurück. Das Recht auf den Boden stellte ein Nutzungs-, kein Eigentumsrecht dar, doch war es sehr weitgehend, denn es beinhaltete nicht nur den Anspruch auf Nießgebrauch des Landes, sondern auch auf Vererbung und sonstige Überlassung an Dritte zum Zwecke der Bestellung. Lediglich die definitive Veräußerung, der Verkauf, blieben ausgeschlossen. Bei solchen Transaktionen war der Erdherr zu konsultieren, der sich aber in der Regel nicht widersetzte. Er war es auch, der neu hinzukommenden Gruppen, die sich bei der Gemeinschaft niederlassen wollten, Land zuwies oder die Überlassung durch bereits Ansässige sanktionierte. Henri Gaden hob seinerseits die gleichermaßen komplexen wie stabilen Landzugangsregelungen im Futa Toro hervor, die auf einen Interessenausgleich zwischen Bodenbedarf der ansässigen Familien, der Herrschaft und möglicher Zuwanderer ausgerichtet waren, und dies in einem ökologischen Umfeld, das von teils temporär, teil dauerhaft genutzten Feldern bestimmt war.[347] Wir haben diese Anbausysteme wiederholt im Zusammenhang mit der „culture de décrue" behandelt. Nichts deutet darauf hin, dass die lokalen Institutionen, speziell die ökonomisch so wichtigen Landzugangsrechte, inexistent, ihrer Umgebung unangepasst oder für die Bauern unsicher waren.[348] Damit scheint mir der Rahmen gesetzt, in den sich die oben erwähnten Wahrnehmungen der diversen Beobachter durchaus einfügen. Dass sich die Verhältnisse im Kontext der Transhumanz anders darstellten, wurde in Abschnitt III.4 behandelt.

Gewinntragende große Betriebe, die für die städtischen Märkte produzierten, wurden dagegen ge- und verkauft. Entsprechende Urkunden liegen aus dem Sahel vor, aus dem kulturellen und wirtschaftlichen Umfeld der dortigen Städte[349], so dass die Frage offenbleiben muss, ob diese monetären Landtransaktionen dem spekulativen ökonomischen Umfeld oder islamischen Rechtspraktiken geschuldet waren.

---

347 *Gaden*, Du régime des terres de la vallée du Sénégal au Fouta antérieurement à l'occupation française.
348 Für entsprechende Theorieansätze siehe oben Abschnitt I.2.
349 *Saad*, Social History of Timbuktu, 138.

Wir wissen nichts darüber, wie die Marka bei Ségou in den Besitz ihrer ausgedehnten Ländereien gelangt waren.

9. Nochmals zu den Quellen

Zum Schluss dieses Abschnitts meiner Untersuchung möchte ich nochmals einen Blick auf die dafür verwendeten Quellen werfen. Es zeigt sich gegenüber den Zeugnissen, die als Grundlage des vorhergehenden Kapitels dienten, ein deutlicher und überraschender Unterschied. Standen für die frühere Periode sowohl die Ergebnisse archäologischer Forschungen wie auch Schriftquellen, und zwar äußerst unterschiedlicher, auch interner Provenienz zur Verfügung, so verengt sich die Evidenz im 18./19. Jahrhundert zunehmend auf Berichte europäischer Reisender und Kaufleute. Es ist der fremde Blick, der sich uns aufdrängt, oftmals nicht frei von Vorurteilen oder von politischen und Handelsinteressen geleitet. Zeugnisse afrikanischen Ursprungs treten in den Hintergrund. Es ist nun nicht so, dass es sie nicht gäbe. Teils liegen sie in französischen Archiven und Bibliotheken vor, so die bedeutende Bibliothèque Umarienne und der Fonds Gironcourt, vor allem aber in den über den Nigerbogen verstreuten privaten und öffentlichen Bibliotheken. Darin befinden sich neben zahlreichen Chroniken auch Handelskorrespondenzen und Verträge zu Landerwerbungen und zu Fragen der Sklaverei. Doch ihre Erschließung macht kaum Fortschritte, derzeit weniger als je zuvor.

Es bleibt noch die mündliche Überlieferung. Ihr verdanken wir die meisten unserer Einsichten in die Haltung der Diina zu landwirtschaftlichen Fragen. Erschlossen wurde sie wesentlich von Hamphaté Ba und Bintou Sanankoua. Fast unser gesamtes Wissen über diese Periode geht auf diese beiden Autoren zurück; es ist daran zu erinnern, dass Ba, 1900 in Bandiagara geboren und mit den politischen Akteuren des 19. Jahrhunderts verwandtschaftlich eng verbunden, fast noch als Zeitzeuge anzusehen ist. Alle weiteren Darstellungen basieren auf dem Material seiner Untersuchungen, Neues scheint es derzeit nicht zu geben. Wieder drängt sich die Notwendigkeit auf, die Archive dieser Zeit zu erschließen.

Einige Autoren, z. B. Richard Roberts, haben noch vor nicht sehr langer Zeit Interviews zu den sozialen und wirtschaftlichen Verhältnissen des 18. und 19. Jahrhunderts durchgeführt. Gleiches taten manche der frühen Kolonialverwalter mit historischem Interesse, doch trafen sie noch auf Zeugen, die die Zeit, über die sie berichteten, selbst erlebt hatten, oder zumindest ihre Väter. Sind von dieser Methode auch heute noch neue Erkenntnisse zu erwarten? Es ist daran zu erinnern, dass die Bewahrer der oralen Traditionen, die oft beschriebenen, ja beschworenen Spezialisten der Überlieferung, ihre Aufgabe in der Erinnerung an Familien, bedeutende Personen, bemerkenswerte historische Ereignisse sehen, in der Vermittlung und Interpretation, wenn nicht Schaffung von sozialen Werten. Wirtschaftliche Strukturen, Alltagsgeschichte finden darin kaum ihren Platz. Im Sahel Malis, seiner Herkunftsregion, hat Mamadou Diawara die Grenzen der Erkundung oraler Traditionen weit ausgedehnt und auch die Überlieferung der Unfreien einbezogen.[350] Doch auch hier sind Rückschlüsse auf deren konkrete Arbeitsbedingungen, auch auf ihre Zahl kaum möglich, zuweilen zeigt sich auch im Rückblick der Betroffenen eine Idealisierung des Sklavenstandes. Allerdings liegen, von einigen wenigen Versuchen abgesehen – agrargeschichtliche Sachverhalte stellten auch nicht den Schwerpunkt der Erkenntnisinteressen Diawaras dar –, kaum aktuelle Studien vor, die die orale Überlieferung für die Wirtschaftsgeschichte nutzbar machen, so dass sich ein abschließendes Urteil über das Erkenntnispotenzial dieses Ansatzes verbietet.

---

350 *Diawara*, La Graine de la Parole.

IV. Epilog: Die ersten kolonialen Jahre

Um die Jahrhundertwende war die Eroberung Malis durch die französische Koloni-almacht so gut wie abgeschlossen. 1881 fiel Kita in ihre Hände, 1883 wurde Bamako eingenommen, 1890 Ségou, 1892/93 Djenné, Mopti und Bandiagara, 1893 schließ-lich auch Timbuktu. Nur im Süden leisteten noch Samori Touré und Sikasso, die Hauptstadt des Kénédougou, erbitterten Widerstand. Doch Samori geriet 1898 in Gefangenschaft, Sikasso wurde im gleichen Jahr erobert. Der Realisierung der wirt-schaftlichen Ziele, die mit der Errichtung der Kolonie Soudan Français, später Haut-Sénégal-Niger genannt, verbunden waren, stand nun nichts mehr im Wege. Worin diese Ziele bestanden, war allerdings keineswegs unstrittig oder von Anfang an evi-dent. Die In-Wertsetzung, die ökonomische Nutzung („mise en valeur") der unter die französische Herrschaft gelangten Territorien blieb lange ein vielbeschworenes Konzept, dem jedoch der konkrete Inhalt und die Umsetzungsmethoden fehlten.[1] Es bedurfte vieler Jahre und der Erfahrung des Ersten Weltkrieges, ehe sich in der französischen Politik und Öffentlichkeit eine genauere Vorstellung hinsichtlich der Nutzung der Kolonien herausbildete. Dazu trugen der Mangel an Lebensmitteln und Rohstoffen während der Kriegsjahre bei, und anschließend der Bedarf an diesen Gütern, um den wirtschaftlichen Wiederaufschwung zu fördern. Dass die Kolonien ihren Beitrag dazu leisten konnten, setzte ihre ökonomische Erschließung, ihre In-Wertsetzung voraus.[2]

In dem vorliegenden Kapitel sollen nun Brüche und Kontinuitäten während der ersten Jahre der Kolonialperiode untersucht werden. Dabei konzentriere ich mich auf die zwei Bereiche, die zunehmend den Schwerpunkt der kolonialen Diskurse, Programme und Aktivitäten bildeten, die Gewinnung von Rohstoffen und die Re-krutierung von Arbeitskräften.[3]

---

1 Vgl. *Rabut*, Le mythe parisien de la mise en valeur des colonies africaines, 286.

2 Dazu *Andrew/Kanya-Forstner*, France, Africa, and the First World War.

3 *Rodet*, Les migrantes ignorées, 207, spricht im Hinblick auf die Bereitstellung von Arbeitskräften von einer „quasi-obsession de l'administration coloniale".

Bald nach dem Ende des europäischen Sklavenhandels bedurften die Wirtschaftsbeziehungen zu Afrika im 19.Jahrhundert einer Neuorientierung. An die Stelle der Sklaven als Ausfuhrprodukte traten nun verstärkt Rohstoffe. Zugleich sollte der afrikanische Markt die Fertigprodukte der französischen Industrie aufnehmen. So geriet die Baumwolle in das Zentrum der kolonialen Wirtschaftspolitik.[4] An ihr erwuchs der expandierenden Textilindustrie ab dem 19.Jahrhundert großer Bedarf, der überwiegend durch Importe aus den US-amerikanischen Südstaaten gedeckt wurde. Ihnen haftete jedoch bis zu dem Ende des Amerikanischen Bürgerkrieges der Makel der Produktionsbedingungen auf den von Sklaven bestellten Plantagen an. Der Bürgerkrieg zeigte zugleich die Risiken der Abhängigkeit von Importen auf, als die Zufuhr von Baumwolle stockte. Französischen Baumwollhändlern und Textilindustriellen war aber durchaus bekannt, dass Baumwollanbau und -verarbeitung in der westafrikanischen Savanne weitverbreitet waren. Hinzu kam die Auffassung, es herrsche dort ein Überschuss an Arbeitskräften, der in den Baumwollsektor gelenkt werden könne.[5] Daraus nährte sich die Hoffnung, bald auf Baumwollimporte verzichten und den Bedarf aus eigenen Überseebesitzungen decken zu können. Im Senegal nahm man allerdings nach manchen Rückschlägen von der Baumwollproduktion Abstand, zugunsten des unkomplizierteren Anbaus der Erdnuss.[6] Die Baumwolle wurde zur ökonomischen Mission der späteren Kolonie Soudan Français, des heutigen Mali.

Doch auch dort stellten sich der Erreichung der erhofften Ausfuhrmengen erhebliche Probleme in den Weg. Zunächst mussten die Bauern motiviert werden, verstärkt Baumwolle anzupflanzen und sie in den Exporthandel zu geben und nicht auf dem Binnenmarkt zu verkaufen, der bessere Preise bot. Auch war erforderlich, dass die Ware den Qualitätsansprüchen der industriellen Textilherstellung, z.B. hinsichtlich der Faserlänge, entsprach. Neue Sorten wurden erprobt, die Bauern waren gehalten, ihre Anbaumethoden zu verändern, doch die Ergebnisse entsprachen nicht den Erwartungen.[7] Die Kolonialverwaltung begann, in die bisher praktizier-

---

4 *Roberts*, Two Worlds of Cotton, 63.
5 Ebd.
6 Ebd. 74 f.
7 *Schreyger*, L'Office du Niger au Mali 1932 à 1982, 7, 10 f.

ten Anbausysteme einzugreifen. „Quality control also meant intervention and micromanagement of African production and marketing decisions.“[8]

Solange die koloniale Baumwollpolitik auf kleinbäuerliche Betriebe zur Erzeugung des Rohstoffes setzte, bestand eine Konkurrenzsituation zwischen der Nachfrage der heimischen Textilherstellung und dem Bedarf der Metropole. Dieser Wettbewerb erstreckte sich nicht nur auf den Rohstoff-, sondern zugleich auf den Textilmarkt. Die Bauern hatten die Option, ihre Baumwolle an die lokalen Textilhersteller oder an die französischen Handelshäuser zu verkaufen. Die Verbraucher konnten zwischen lokalen und importierten Stoffen wählen. Dabei zogen sich die afrikanischen Produzenten gut aus der Affäre. Ihre Ware war begehrt, und sie boten den Bauern bessere Preise, als es die vom Weltmarkt abhängigen Einkäufer aus der Metropole tun konnten. „Most of the cotton harvest […] remained in the Soudan, where it fed a dynamic regional economy.“[9] Soweit sie dem internen Markt die Priorität einräumte, blieb die kleinbäuerliche Produktionsweise von kolonialen Einflüssen zunächst weitgehend unberührt, zumindest, solange sich nicht die Option einer Produktion auf staatlich eingerichteten Bewässerungsperimetern durchsetzte oder die Kolonialverwaltung die Zwangsvermarktung der Baumwolle betrieb.[10]

Einen gänzlich anderen Entwicklungsweg als den der Baumwollproduktion für den Export hatte 1899 der Kolonialverwalter von Bamako, Hauptmann Charnet, vorgeschlagen. Statt das Rohmaterial zu exportieren, sollte es lokal in industriellem Maßstab weiterverarbeitet werden und so auch den Bedarf des afrikanischen Marktes befriedigen.[11] Ganz offensichtlich entsprach dieser Plan nicht den kolonialen Interessen, auch wenn er der malischen Ökonomie möglicherweise wichtige Anstöße geliefert hätte. Doch die Bestimmung der abhängigen Gebiete war und blieb es, Rohstoffe zu liefern und die Fertigprodukte zu kaufen. Zwanzig Jahre später unterbreitete ein Gouverneur der Kolonie Côte d'Ivoire den gleichen Vorschlag, die lokale Weiterverarbeitung zu fördern. Die Antwort des Generalgouverneurs ließ nicht auf sich warten, und sie fiel auch denkbar klar aus: „I do not share your opinion of encouraging cloth making by native weavers, indeed, just the opposite.“[12] Aufschluss-

---

8   *Roberts*, Two Worlds of Cotton, 32.

9   Ebd. 192.

10 Dazu *Bassett*, The Peasant Cotton Revolution in West Africa, 66–78.

11 ANM 1 R 31, Rapport Charnet 2ème trimestre 1899, nach *Roberts*, Two Worlds of Cotton, 81.

12 ANS 1 R 48, Enquête sur la culture de coton, 27. August 1918, und Brief des Generalgouverneurs, 5. Sep-

reich ist in diesem Zusammenhang eine Ansprache, die der berühmte Erforscher westafrikanischer Kulturen und Kolonialbeamte Maurice Delafosse 1906 anlässlich eines Neujahrsempfanges in Korhogo (Côte d'Ivoire) hielt. Er fragte:

> „Warum sind wir in diese fernen Länder gekommen und haben uns hier niedergelassen? Mit der Absicht, die Zivilisation zu verbreiten? Heben wir uns diese Auffassung doch bitte für eine Sitzung der Gesellschaft zur gegenseitigen Beweihräucherung [société d'admiration mutuelle] auf. […] Wir sind alle hier, um ein Ziel zu erreichen, das vor allem wirtschaftlicher Art ist, […] um zur Entwicklung, zum Reichtum, zur Größe der Metropole beizutragen."[13]

Delafosse selbst teilte diese Zielsetzung nicht[14], zum Schaden seiner administrativen Karriere.

Die oben erwähnte Möglichkeit des Bewässerungsanbaus von Baumwolle, auf großen Perimetern und nach ‚modernen' landwirtschaftlichen Methoden, geriet angesichts der unbefriedigenden Exportmengen bald in den Blick der an diesem Wirtschaftssektor interessierten Kreise. Sie hatte allerdings eine entscheidende Voraussetzung, die Verfügbarkeit der dafür erforderlichen Arbeitskräfte. Sie wurden nicht nur für die Bearbeitung der bewässerten Flächen benötigt, wie Catherine Bogosian im Hinblick auf das spätere, in dieser Logik operierende Office du Niger[15] betont, sondern bereits für die erforderliche, höchst aufwändige Infrastruktur:

> „Above all, the Office would be a model of modern development. For the Office du Niger to succeed as a model, its directors would need to rely on thousands of hands to transform the earth, construct the infrastructure and adapt the terrain into the profitable Eden that it could be."[16]

Doch die Verfügbarkeit der notwendigen Arbeitskräfte bereitete andauernde Probleme.

> „The failure of European-managed plantations to secure adequate labor without recourse to administrative coercion indicated that a labor market had not

---

tember 1918, hier nach *Bassett*, The Peasant Cotton Revolution in West Africa, 63f., da im ANOM nicht vorhanden.

13   Der Text der Rede ist enthalten in: *Delafosse*, Delafosse, le Berrichon conquis par l'Afrique, 229f.

14   Ebd. 378.

15   1932 formal gegründet, doch vorbereitende Aktivitäten für seine Etablierung wurden tatsächlich schon Jahre zuvor begonnen. Zur Geschichte und Bedeutung des Office zusammenfassend *Coulibaly*, Politiques agricoles et stratégies paysannes au Mali, bes. 25–30, und *Schreyger*, L'Office du Niger.

16   *Bogosian*, Public Works and the Public's Duty, 147.

developed in the Soudan and that Africans retained viable alternatives to selling their labor power to Europeans."[17]

Also wurde die Zwangsarbeit eingeführt, in Form der berüchtigten „deuxième
portion du contingent", einer militärischen Reserveeinheit, die jedoch in Friedens-
zeiten vor allem für Infrastrukturarbeiten bei der Einrichtung des Bewässerungspe-
rimeters eingesetzt wurde.[18]

Bereits ein halbes Jahrhundert zuvor waren im Senegal Versuche der Baumwoll-
produktion auf Bewässerungsperimetern unter anderem daran gescheitert, dass
Lohnarbeiter fehlten, die bereit waren, sich der dort geforderten Arbeitsweise unter-
zuordnen, und schon 1818 hatte Colonel Julien-Désiré Schmaltz, Administrateur du
Sénégal, das Problem aufgeworfen, wie es gelingen könnte, die Bewohner am Senegalfluss den Arbeitsbedingungen auf den von ihm geplanten landwirtschaftlichen
Großbetrieben zu unterwerfen.[19] Inzwischen hatte zwar die Sklaverei in zentralen
Regionen Malis nach einer zunächst zögerlichen Haltung der Kolonialverwaltung
zu dieser Frage ein Ende gefunden, beschleunigt durch den mancherorts massiven
Exodus der Sklaven auf der Suche nach Freiheit. Doch die ehemaligen Abhängigen,
wenn sie auch ein potentielles Reservoir von Lohnarbeitern bildeten[20], verfügten
auch über andere Möglichkeiten, ihre Freiheit wirtschaftlich zu nutzen. Viele von
ihnen gingen in ihre Heimatdörfer zurück und wurden wieder Bauern, andere ließen sich als Handwerker oder Händler nieder und profitierten so immerhin von den
Fähigkeiten, die sie in der Zeit der Sklaverei gezwungenermaßen erlernt hatten.[21]

Der unterentwickelte Arbeitsmarkt führte zu Diskussionen über einen möglichen dritten Weg, nach kleinbäuerlicher Produktionsweise auf eigenem Boden und
Einsatz von Zwangs- oder Lohnarbeitern auf Großperimetern, nämlich der Ansiedlung von Bauern als Teilpächter von Baumwollparzellen, die einem großen Perime-
ter zugehörig waren und die nach einheitlichen Vorgaben des Betreibers bewirtschaftet werden mussten. Ein Modell kündigte sich an, das das spätere Office du Ni-

---

17 *Roberts*, Two Worlds of Cotton, 155, ebenso 30f.

18 Siehe dazu neben *Bogosian*, Public Works and the Public's Duty, vor allem *Magasa*, Papa-commandant
a jeté un grand filet devant nous, 50–57, 113–117, und mit ausführlichen Zeugenberichten 57–81.

19 ANOM, Sénégal et dépendances, XIII, 18, Développements sur le projet de Colonisation dans les Etablissements français d'Afrique, 19. März 1818.

20 Vgl. dazu *Magasa*, Papa-commandant a jeté un grand filet devant nous, 128.

21 Vgl. dazu *Coquery-Vidrovitch/Moniot*, L'Afrique Noire de 1800 à nos jours, 104, und *Roberts*, Warriors,
Merchants, and Slaves, Kap. 5.

ger weithin mit gemischtem Erfolg praktizierte. Doch warum sollten Bauern freiwillig ihre Dörfer, ihre Felder verlassen, um Pächter des Office zu werden? Dies fragte bereits André Gide in seinem Vorwort zu dem ersten kritischen Bericht über das koloniale Großprojekt.[22] Das Versprechen von einer blühenden Landschaft („îlot de prospérité chimérique et futur, qui consiste présentement en quelques mornes villages, où font semblant de vivre quelques familles de travailleurs enrégimentés")[23] war dafür auf Dauer nicht ausreichend. Administrativer Zwang wurde erforderlich, auch in dem als unwirtlich und überbevölkert geltenden Yatenga[24], Nord-Burkina Faso, das einen großen Teil der Siedler im Office du Niger stellte.[25] Meist wurde er von den von der Kolonialmacht mit neuen Befugnissen ausgestatteten ‚traditionellen' Autoritäten ausgeübt. Die Bewohner zogen es aber vor, in die Côte d'Ivoire, vor allem aber in die britische Kolonie Ghana zu migrieren und sich dort als Teilpächter oder Lohnarbeiter niederzulassen. Mit der so verursachten Bevölkerungsbewegung wurden die ehemaligen Mossireiche wichtiger Entwicklungspotenziale beraubt. Ihre Bestimmung war die eines Reservoirs von Arbeitskräften für koloniale Wirtschaftszentren. Auch dort, wo es der Kolonialverwaltung durch Repression und ökonomischen Druck gelang, ‚freie' Arbeitskräfte zu generieren, kam ihre Produktivität nicht ihren Ursprungsregionen zugute. Sie speisten vielmehr die Ströme der Arbeitsmigration.[26] Noch in den sechziger Jahren des letzten

22 Vorwort zu *Herbart*, Le chancre du Niger, 18.

23 Ebd.

24 Es ist bemerkenswert, wie sich solche Urteile wie hier („überbevölkert") mit der jeweiligen Interessenlage ändern. Galt und gilt die Savanne generell als unterbevölkert, so wurde nun im Yatenga ein Bevölkerungsüberschuss diagnostiziert, in Zentralmali ein Überfluss an Arbeitskräften (vgl. Anm. 5). Ähnliche Akzentverlagerungen waren unlängst in der Diskussion zu Fragen des Landzugangs in Westafrika zu beobachten. Bis zur Jahrtausendwende galt fast einhellig die Meinung der internationalen Entwicklungsagenturen und der assoziierten Wissenschaft, dass Landknappheit immer akuter werde und dass sich daher zur Regulierung des Zugangs zu dem knappen Gut Land Marktmechanismen herausbildeten oder aktiv einzuführen und zu stärken seien. Nur Jahre später wurden die großen Landkäufe internationaler Investoren („land grabbing") mit dem Überfluss an ungenutztem Ackerboden gerechtfertigt.

25 *Magasa*, Papa-commandant a jeté un grand filet devant nous, 93: „La presque totalité des colons africains pour peupler les villages de colonisation l'ont été malgré eux." Siehe auch ebd. 97–111 die Berichte ehemaliger Siedler. Differenzierter, mit größerer Betonung irreführender Versprechungen: *Schreyger*, L'Office du Niger, 77–86. Ebenso *Coulibaly*, Politiques agricoles et stratégies paysannes de 1910 à 2010, 40–42. Vgl. auch die von *Jean Yves Marchal* herausgegebenen Archivdokumente des cercle de Ouahigouya: Chronique d'un cercle de l'AOF, Ouahigouya (Haute Volta) 1908–1941, bes. 188 f.

26 Vgl. *Rémy*, Enquête sur les mouvements de la population à partir du pays mossi, rapport de synthèse (ORSTOM, unveröffentlichter Bericht), 19–21.

Jahrhunderts stellte Jean-Marie Kohler im Kerngebiet des Moogo, bei Yako, fest, dass Lohnarbeit in der Landwirtschaft unbekannt war.[27] Es gab dafür auch kein Mooré-wort; das gelegentlich gebrauchte „manèfre", von frz. manœuvre, hat eine abwertende Bedeutung. Dreißig Jahre später sind mir bei eigenen Erhebungen keine land-losen Bauern begegnet.

Dass Arbeitsmigration aber nicht generell der Kolonialpolitik und den von ihr eingeführten Zwangsmaßnahmen geschuldet ist, zeigt sich bei einem anderen ihrer Schwerpunkte: Bereits in der Zeit vor der formellen Kolonialherrschaft wanderten die Menschen periodisch vom oberen Senegallauf in die Zentren des Erdnussanbaus in den heutigen Staaten Senegal und Gambia. Sie gehören nicht zu unserer Untersuchungsregion, und somit können wir nicht die massive Ausdehnung der dortigen Erdnussproduktion behandeln.[28] Die Migranten kamen allerdings aus den Übergangsgebieten von Sahel und Savanne, so dass die Gründe der Migration aus dieser Perspektive analysiert werden sollen.

Als im 19. Jahrhundert der transatlantische Export von Sklaven zunehmend schwierig und dann ganz unmöglich wurde, begannen die Händler, sie nun nicht mehr mit dem Ziel des Verkaufes an die Küste zu führen, sondern um sie in der expandierenden kommerziellen Erdnussproduktion einzusetzen. Doch es waren nicht nur Sklaven, die als Arbeitskräfte herangeführt wurden, es kamen auch freie Getreidebauer aus dem Landesinnern, um sich temporär im Erdnussanbau zu verdingen. Bei ihnen handelte es sich zunächst oft um die saisonalen Wanderhändler der Soninké, die uns bereits in Abschnitt III.5 begegnet sind. Sie hatten schon in der Vergangenheit die Möglichkeit wahrgenommen, für den Bedarf der Küstenstädte in deren Nähe Getreide anzubauen, um mit dem Erlös daraus Handelsware zu erwerben und in ihre Heimat zu bringen. Ihr Produktionsort verlagerte sich temporär auf gepachtete Felder in der Küstenregion. Als sich dann der Erdnussanbau ausdehnte, wurde diese Wirtschaftsaktivität noch deutlich lukrativer, die Migration nahm zu.[29] Junge Männer schlossen sich ihr an, die in der kommerziellen Landwirtschaft die Möglichkeit des schnellen Gelderwerbs fanden, um zum Beispiel in ihrer Heimat

---

27 *Kohler*, Activités agricoles et changements sociaux dans l'ouest-mossi (Haute-Volta), 134.

28 Dazu z. B. *Swindell/Jeng*, Migrants, Credit and Climate.

29 *Manchuelle*, Willing Migrants, 54f.

den Brautpreis zahlen zu können.[30] Zahlreiche freigelassene Sklaven ließen die Zahl der Migranten weiter anschwellen:

> „While the end of slavery allowed new freedoms and a greater mobility, it did not always provide an ex-slave with land or good land, hence the attraction of becoming a seasonal migrant farmer."[31]

Das Verhältnis von Landgeber und Arbeitsmigrant war meist so gestaltet, dass Letzterer an einer definierten Zahl von Tagen auf den Feldern des Ersteren arbeitete. Dafür erhielt er ein Landstück, das er an den verbleibenden Tagen auf eigene Rechnung mit Erdnüssen bestellte. Die Aufteilung der Arbeitszeit, die Stellung von Nahrung, Saatgut und Geräten durch den Landbesitzer waren Verhandlungssache. Bei einer günstigen Position des Migranten, bei einem guten Verhältnis zu dem Landgeber und bei reichen Ernten und angemessenen Preisen konnte er in der Ferne, allein auf sich gestellt, ohne soziale Verpflichtungen für eine Familie, vielleicht sogar verköstigt, pro Saison ein deutlich höheres Einkommen erzielen, als es in der Heimat möglich gewesen wäre. Manchuelle stellte eine überschlägige Berechnung der jeweils möglichen Erlöse pro Arbeitskraft in dem Erdnussgürtel und am oberen Senegal an. Sie hatte zum Ergebnis, dass die Einnahmen im Falle der Migration um das Fünffache höher lagen als beim Verbleib in der Heimat.[32] Ungeachtet des hohen Unsicherheitsfaktors bei solchen Kalkulationen wird doch deutlich, dass ökonomische Anreize eine starke Motivation für die Abwanderung darstellten. Sie entsprang also nicht immer und an jedem Ort dem Elend der Herkunftsregionen – wir haben gezeigt, dass es sich beim oberen Senegaltal nicht um ein rückständiges, armes Gebiet handelte, ganz im Gegenteil – oder dem Druck der Kolonialverwaltung. Die Migration verhalf den zurückgebliebenen Familien der abgewanderten Arbeitskräfte somit zu höheren Geldeinnahmen. Zu einer wirtschaftlichen Entwicklung dort trug sie allerdings nicht unmittelbar bei. Diese fand an der Küste statt, bestimmt durch die Interessen europäischer Händler.

Wir sollten allerdings auch die oben zitierte Anmerkung von Swindell und Jeng nicht übergehen, wonach es nicht immer gesichert war, dass freigelassene Sklaven Zugang zu Land, und zu gutem Land, erhielten. Dies mag auch für freie junge Bauernsöhne gegolten haben und war bei der früher behandelten Migration der Mossi

---

30 *Swindell/Jeng*, Migrants, Credit and Climate, 125; *Pollet/Winter*, Société soninké, 130f.
31 *Swindell/Jeng*, Migrants, Credit and Climate, 123.
32 *Manchuelle*, Willing Migrants, 58.

neben dem kolonialen Druck ein wichtiger Faktor. Nicht für jeden, nicht überall stand Land im Überfluss zur freien Verfügung.

Bereits zu Beginn der Kolonialherrschaft war im französischen Sudan ein weiterer Ansatz zur Umgestaltung der ländlichen Arbeitsverfassung gescheitert, nämlich der Versuch, die freigelassenen, aber dabei ihrer Existenzgrundlage verlustig gegangenen Sklaven in Teilpächter ihrer ehemaligen Herren zu verwandeln.[33] Die Ähnlichkeit manch vorkolonialer Abhängigkeitsverhältnisse, vor allem bei Sklaven in zweiter und höherer Generation, mit Teil- oder Naturalpachtbeziehungen schien dies nahezulegen.[34] Erprobt wurde dieses Modell zunächst im Masina und sollte dann auf weitere Regionen ausgedehnt werden.[35] Es setzte, nach dem Wegfall der Verfügungsrechte von Herren über Sklaven, allerdings eine neue rechtliche Grundlage voraus, Eigentumsrechte über Boden, auf dem die Pächter dann Ackerbau betrieben. Ohne solch anerkannte Bodenrechte fehlte die Legitimation, Abgaben für die Landnutzung zu fordern. Nun waren aber die Fulbe des Masina als Viehhalter nicht an Landrechten interessiert, ihre Wirtschaftsform bewegte sich in Kategorien pastoraler Weideräume. Die Vergabe von Eigentumstiteln hätte dort dazu geführt, wie ein sachkundiger Kolonialbeamter festhielt[36], dass bei der Verwirklichung dieser Idee einer vergleichsweise kleinen Gruppe von Viehhaltern, mit Landrechten versehen, aber ohne Interesse am und vor allem ohne technische Fähigkeiten zum Ackerbau, eine breite Schicht von Landwirten gegenübergestanden hätte, die nur über Pachtrechte verfügten – offenbar eine konfliktträchtige Politikoption, auch wenn sie später, bis in die Gegenwart, immer wieder in unterschiedlichen Ausprägungen propagiert und teils massiv umgesetzt wurde, ohne aber den erhofften Erfolg zu zeigen. Die wohlgemeinte Absicht bestand darin, klar in Eigentümer im europäischen Rechtssinn und Pächter zu unterscheiden und dadurch eine vermeintliche Rechtssicherheit mit einem höheren Produktivitätspotenzial herzustellen.

Ganz ohne externe Einflüsse hatte sich eine Evolution von direkter Bewirtschaftung mittels Sklavengruppen hin zu pachtähnlichen Bewirtschaftungssystemen be-

---

33 So der Vorschlag von Generalgouverneur Roume am 11.Juli 1905 an den Kolonialminister, ANOM, Fonds A.O.F., 15 G 170.

34 Diese Kontinuität unterstreicht auch *Swindell*, Farm Labour, 114–116, 138. Er sieht in der Teilpacht eine Übergangsform zwischen Sklaven- und Lohnarbeit, im Zuge der Entwicklung einer kommerziellen, exportorientierten Landwirtschaft in Senegambien.

35 Vgl. *Klein*, From Slave to Sharecropper.

36 Ebd. 106.

reits im 19. Jahrhundert in verschiedenen Gebieten vollzogen. In weiten Teilen des heutigen Burkina Faso hatten die „captifs de case" keine weitere Verpflichtung ihren Herren gegenüber als die jährliche Abgabe von Getreide oder Vieh. Im Masina bestand sie sogar aus Geld, man möchte von einer Geldrente sprechen.[37] In den Wirtschaftszentren der nördlichen Côte d'Ivoire, Kong und Bouna, waren es große Kaufleute, die durch die Verbindung von landwirtschaftlicher Produktion und Handel Kapital akkumulierten und es in eine stetig wachsende Sklavenzahl investierten. Dabei geriet das Modell der direkten Bewirtschaftung an seine ihm innewohnenden Grenzen – geringe Produktivität, hohe Kosten der Kontrolle und Verpflegung –, so dass die Herren dazu übergingen, den Sklaven Land zur selbstständigen Bestellung zuzuweisen und eine fixe Abgabe zu verlangen. Jean-Louis Boutillier, der dies detailliert untersuchte, stellte abschließend die Frage, ob diesem Prozess das Potenzial innewohnte, die bisherigen Produktionssysteme grundlegend zu transformieren. Eine Antwort ist jedoch nicht möglich, die kriegerischen Ereignisse in dieser Region und die Auflösung bisheriger Wirtschaftsbeziehungen nach der kolonialen Eroberung setzten ihm ein Ende.[38]

Die vorangehenden Bemerkungen zusammengefasst, zeigt sich, dass die Stärkung der Wirtschaftskraft der Metropole die absolute Priorität der Kolonialpolitik genoss. Wie dieses Ziel allerdings in der Savannenregion zu erreichen war, darüber herrschten unterschiedliche und sich im Zeitablauf wandelnde Auffassungen, und die Ergebnisse blieben fast immer hinter den Erwartungen zurück. Konzepte zu einer internen Entwicklung der Kolonie wurden nicht angedacht, sie waren auch nicht erwünscht.

Einige Merkmale der neuen Ära lassen sich nicht nur in den Anfängen der Kolonialperiode erkennen oder in dieser Epoche insgesamt. Sie blieben, zwar nicht nahtlos, aber ohne größere Brüche, bis in die Jahre der Unabhängigkeit erhalten. Auf dem Gebiet der Landwirtschaftspolitik ist auf das verbreitete Fortbestehen kleinbäuerlicher Betriebe zu verweisen. Allerdings waren diese punktuell, nicht flächendeckend (dazu reichte die Macht der neuen Herren nicht aus), seitens der jeweiligen Administration Druck ausgesetzt, bestimmte Produkte nach vorgegebenen Regeln anzubauen und zu vermarkten. In jüngerer Vergangenheit delegierte der Staat seine Verantwortung für die Landwirtschaft, zumindest partiell, auf Entwicklungsoperatio-

---

37 ANOM, Fonds A.O.F., K 17, Rapport Poulet vom 18. März 1905, Kap. III, 16, 19.
38 *Boutillier*, Bouna, royaume de la savane ivoirienne, 329–333.

nen externer Agenturen, oder er verkaufte riesige Landflächen an internationale Investoren.

Doch all das liegt nicht nur außerhalb meines Untersuchungshorizontes, es bildet auch die Sicht der Kolonialherrschaft ab. Hier fand es Erwähnung, weil es Gelegenheit bietet, von dem kurzen Ausblick auf die der Untersuchungsperiode nachfolgende Zeit zu einem Fazit der Untersuchung überzuleiten.

V. Schluss

Auf den letzten Seiten dieses Buches können natürlich keine weiteren Einsichten gewonnen werden, als die, die ohnehin während der vorausgegangenen Erörterungen zu Tage traten. Folgendes möchte ich aber hervorheben.

Der im 18. und 19. Jahrhundert in einigen Regionen eingeschlagene Weg der Kapitalakkumulation, die auf Sklavenarbeit, aber auch auf der Produktion der bäuerlichen Betriebe beruhte, kam um die Wende zum 20. Jahrhundert zum Stillstand, und wer möchte das bei dieser sehr speziellen Form einer ursprünglichen Akkumulation bedauern. Träger dieses Prozesses waren Gruppen von Großhändlern, die zugleich auch Handelswaren produzieren ließen und über die wir noch immer viel zu wenig wissen. Einige knappe Hinweise dazu gibt Yves Person in seiner großen Studie zu Samori Touré, wo er den Werdegang von zwei solcher Händler umreißt. Er zögerte nicht, ihre Unternehmungen als handels- oder finanzkapitalistisch zu bezeichnen.[1] Doch sie betrieben sie in einer ganz überwiegend landwirtschaftlich geprägten Umgebung, der alle Züge der kapitalistischen Produktionsweise fehlten. Ob sie das Potenzial gehabt hätten, auch die Produktionssphäre zu transformieren, muss offen bleiben.

Der Entwicklungsstand, der in der zweiten Hälfte des 19. Jahrhunderts an manchen Stellen erreicht worden war, lässt sich aus Andrew Clarks Beschreibung des Wirtschaftslebens am oberen Senegal erkennen. Die Situation dort ähnelt dem, was wir auch an vielen anderen Stellen, z. B. am mittleren Nigertal, in Nordnigeria, in der Savanne der Côte d'Ivoire kennengelernt haben:

> „The upper Senegal's exchange sector, integrated with production, was comprised of concentric, local, regional and long-distance trade networks. The region's location in the transitional savanna zone between desert and forest and the occupational specialization of the inhabitants shaped the operation of the exchange sector. The Jakhanke, a Muslim clerical-merchant trading diaspora

---

1 *Person*, Samori, Vol. I, 117–121.

whose ties extended throughout the Western Sudan, were engaged in all types of exchange in the upper Senegal valley."[2]

Im Blick auf das Gebiet um die Handelsstädte Bouna und Kong sprach Boutillier ganz ähnlich von Wirtschaftssystemen „en pleine évolution" und von einer Expansionsphase, die von den Anfängen einer Kapitalakkumulation geprägt war.[3]

Nach den ersten zwanzig Jahren des neuen Jahrhunderts hatte sich die Situation völlig gewandelt. Die ivorische Savanne galt den Kolonialherren als unproduktiver, marginaler Raum[4]; die Kolonialverwaltung war vom Senegaltal nach Bamako verlagert worden, die durch ihre Präsenz verursachte kurzzeitige Wirtschaftsblüte, man möchte von einem Strohfeuer sprechen, endete abrupt, und „the region became a labor reserve for the groundnut basin in Senegal and the Gambia".[5] Dass sie in vorkolonialer Zeit ein Zentrum des kommerziellen Getreidebaus war, haben wir wiederholt gesehen. Wie dieser Umschwung im Einzelnen erfolgte, welche Faktoren dazu beitrugen, kann hier nicht weiter verfolgt werden. Entscheidend erscheint mir, dass fortan die Rahmenbedingungen des Wirtschaftens durch koloniale Interessen gesetzt waren. Sie bestimmten den Platz einer Region, sie entschieden über deren Entwicklungsmöglichkeiten. Ganz offensichtlich gehörte die Förderung regional zentrierter Wirtschaftskreisläufe nicht zu ihren Prioritäten – sie gehörte gar nicht zu ihrem Programm.

Vor dem vielleicht zukunftsentscheidenden Zeitabschnitt der Fremdherrschaft konnte ich im Verlauf meiner Untersuchung nur selten wirklich signifikante Elemente erkennen, in denen sich die westafrikanischen Agrarökonomien von den aus anderen Regionen bekannten Geschichten des ländlichen Raumes unterschieden. Die Agrarsysteme und die landwirtschaftlichen Praktiken passten sich den lokalen und überregionalen Bedingungen an und reagierten kurz- und mittelfristig auf deren Veränderungen. Geeignete Innovationen wurden entwickelt oder vielfach aufgenommen und in die bisherigen Anbauweisen integriert. Die Landwirtschaft, weder der Ackerbau noch die Viehhaltung, blieb nicht auf die Deckung des Eigenbedarfs beschränkt. Seit den frühesten der hier betrachteten Zeiten wurden Teile der Produktion auf die lokalen Märkte gebracht oder gingen in den regionalen Aus-

---

2 *Clark*, From Frontier to Backwater, 223.
3 *Boutillier*, Bouna, 320.
4 Ebd. 7.
5 *Clark*, From Frontier to Backwater, 214.

tausch ein. Der Anteil der kommerzialisierten Agrarprodukte scheint im 18. und vor allem im 19. Jahrhundert gewachsen zu sein. Zugleich trat in verschiedenen Regionen eine Gruppe großer Produzenten und Händler hervor, die einen Prozess einleiteten, den manche Autoren nicht zögern, als ursprüngliche Kapitalakkumulation zu bezeichnen, da sie ihre Handelsgewinne reinvestierten, vornehmlich in die Landwirtschaft. Auf der Grundlage meiner Studie schließe ich mich ihnen an. Die Arbeit von Sklaven bildete in dem Kontext der großen Warenproduktion die Grundlage der ländlichen Produktion. Anders verhielt es sich, wie wiederholt gezeigt, in den kleinbäuerlichen Betrieben, bei denen Sklaven, wenn sie überhaupt vorhanden waren, die familiäre Arbeitskraft ergänzten. Mit der Sklaverei treffen wir nun auf einen klaren Unterschied zu vergleichbaren Prozessen z.B. in Europa. Es entstand keine nennenswerte Schicht von Lohnarbeitern.[6] Dies bedeutet jedoch nicht, dass die Sklaverei eine statische, unveränderliche Gegebenheit gewesen wäre. Vielmehr konnten wir Tendenzen identifizieren, die sie Pachtverhältnissen annäherte, was von den späteren Kolonialherren durchaus bemerkt wurde. Sie versuchten diese Transformationsprozesse aufzugreifen, zu lenken, zu institutionalisieren, meist erfolglos. Vielmehr fanden sie in der Fremdherrschaft ein abruptes Ende. Alle Vermutungen, die wir darüber hinaus anstellen könnten, wären nichts als Spekulation.

Wenn Adam Jones fragt, ob die „transformative Macht" der Kolonialherrschaft nicht vielleicht deutlich überschätzt wird[7], so kann die Antwort nicht anders als differenziert ausfallen. Viele der Wirtschaftsweisen von Bauern und Handwerkern blieben weitgehend unberührt. Es kam auch nicht zur Ausbildung dessen, was man im Anschluss an Polanyi und Guerreau als Markt- oder Wirtschaftsgesellschaft bezeichnen könnte, also zu der strammen Unterordnung des sozialen Lebens unter die Gesetze der ökonomischen Rationalität, einer Form der Moderne, wie sie in Europa durchgesetzt worden war.

Die Eingriffe waren eher punktueller Natur und temporären, oft auch wider-

---

6   Auch in Europa war dies selbstverständlich keine gleichzeitige und generell verbreitete Entwicklung. Ich verweise auf das Beispiel der großen Alpenregion, in der lange Zeit ‚alpine Handelskapitalisten' die Wirtschaft beeinflussten, während in der vorherrschenden Form der landwirtschaftlichen Produktion die Kleinbauern nicht von ihren Produktionsmitteln getrennt waren, Lohnarbeiter also weitgehend fehlten. Die Arbeitsmigration war dagegen verbreitet. Doch möchte ich die Parallelen zu Obigem nicht zu weit treiben. Siehe dazu zuletzt *Denzel/Bonoldi/Montenach/Vannotti* (Hrsg.), Oeconomia Alpium I, und meine Besprechung dazu in: Etudes Rurales 200, 2018.

7   *Jones*, Afrika bis 1850, 22.

sprüchlichen Charakters. Sie konnten dann aber sehr massiv, ja brutal ausfallen.[8] Die Kolonialverwalter (und nach ihnen die Herren der Unabhängigkeit) fanden keinen Weg, die landwirtschaftlichen Potenziale, etwa des Nigertals, zu nutzen: Was sie unternahmen, war, wie McIntosh drastisch, aber zutreffend schrieb, „dead wrong".[9] Die ökologische Diversität und Variabilität dieses Raumes verweigert sich vorgefertigten und importierten Rezepturen, vielleicht auch zu schnellen Veränderungen. Die Menschen tun es ihnen darin gleich. Großflächige Monokulturen mit Hochertragssorten stießen bald an ihre Grenzen – das Erfahrungswissen kleinbäuerlicher Betriebe wurde ignoriert. Die Rahmenbedingungen des Wirtschaftens waren nun im kolonialen Interesse geprägt, die internen Entwicklungsräume der Kolonie wurden dabei eingeschränkt. Wirkungen der Kolonisierung entsprangen weniger aus konstruktiven wirtschaftlichen Anstößen der neuen Herren, aus dem, was sie schufen, sondern viel eher aus dem, was sie verhinderten. Die Kolonie hatte ihren festen Platz in dem neuen System – es war ein dienender.

---

8 So z. B. *Bassett*, Peasant Cotton Revolution, 76–78.
9 *McIntosh*, Peoples, S. 4.

Résumé

Le présent livre explore les caractères fondamentaux des systèmes agraires de la savane ouest africaine. La région étudiée est située entre la haute vallée du Sénégal et le Fouta Djalon à l'ouest et Gao à l'est, entre Tombouctou au nord de la boucle du Niger et la partie septentrionale de l'actuelle Côte d'Ivoire, avec des regards ponctuels sur le Burkina Faso et le Nigéria. Il concerne une période qui s'étend de l'an mil jusqu'à environ 1900, à l'aube de la colonisation. Sa méthodologie est basée sur une lecture croisée des sources archéologiques et écrites ; une telle démarche n'est possible qu'à partir de l'an mil. Pour la phase la plus récente de cette ère presque millénaire, les sources orales contribuent également au récit. L'analyse s'arrête avec l'avènement du régime colonial. Elle s'attache à considérer les cultivateurs, les éleveurs, les pêcheurs et les commerçants de la production rurale comme les principaux acteurs de la vie économique en Afrique de l'Ouest, et non les explorateurs, les marchands européens et les coloniaux qui sont souvent au centre de l'intérêt public, avec leurs commerces d'or et d'esclaves et leur „mise en valeur" du territoire.

L'étude se concentre sur les pratiques de l'agriculture qui est, de loin, la base de vie la plus importante d'une majorité écrasante des populations. Mais elle prend également en compte les relations extérieures de ces populations, comme le commerce régional et transsaharien, et des facteurs hors de l'influence des hommes, par exemple les changements du climat. Évidemment, elle traite l'esclavage sous ses formes les plus diverses et discute ses effets sur les modes de production.

Sont ici présentés les différents systèmes de production et, si possible, leur évolution dans le temps. Il apparaît une prédominance de techniques agraires bien adaptées à leur environnement, naturel et social, et qui réagissent à ses mutations. On trouve des exemples d'une utilisation rationnelle et productive des ressources naturelles: culture permanente avec engrais, cultures associées, emploi des techniques de billonnage et de buttage, aménagements hydrauliques, culture de décrue permettant deux récoltes, une première en agriculture pluviale, puis sur des terres inondées, après le retrait de l'eau. Depuis le début de la période étudiée, on constate l'existence de relations d'échange des produits agricoles, soit au niveau local, soit à l'échelle régionale. Des surplus sont alors disponibles, qui alimentent ce commerce. Au moins dans les centres les plus importants, l'économie se fonde sur la spécialisation, sur la division du travail. Les activités des éleveurs et des pêcheurs permettent une pleine utilisation des ressources diversifiées, et elles rendent nécessaire, en les renforçant, les échanges entre les diverses groupes socioprofessionnels qui sont souvent, et parfois à tort, identifiés comme des ethnies.

Les traces d'un sous-peuplement qui entraîne, par manque de force de travail, la pauvreté, la stagnation, sont plutôt rares.

L'évolution politique après la chute des grands empires du Ghana, du Mali et finalement du Songhay à la fin du 16e siècle, et la dégradation supposée du climat à la même époque ne changent pas fondamentalement les orientations de l'agriculture. Mais les contacts européens permettent l'intégration de nouvelles plantes, comme le maïs et l'arachide, dans le cycle des cultures ou encore l'utilisation de variétés améliorées de plantes déjà cultivées: riz, coton.

Les traits principaux des différents systèmes de production agricole sont analysés tour à tour suivant leur répartition dans l'espace et dans le temps, afin de mieux cerner leur diversité. Ainsi, on aborde le Pachalik dans la boucle du Niger qui succéda à l'empire Songhay, les méthodes culturales perfectionnées des Dogon, dont certains traits se retrouvent également ailleurs, les centres de l'agriculture commerciale du haut Sénégal, le Macina, où l'élevage domine, mais où la pêche et l'agriculture représentent des activités complémentaires, et finalement le royaume de Ségou, qui est réputé être une économie d'esclaves. Mais il forme en même temps un noyau de l'accumulation du capital qui sera réinvesti dans les secteurs productifs. Ici, l'esclavage se manifeste sous toutes ses facettes. Il coexiste avec des petits exploitants libres qui travaillent leurs propres terres. Dans toutes ces formations, on remarque l'absence presque totale de la main d'œuvre salariée.

Les 18e et 19e siècles voient l'émergence des centres marchands, tels ceux de la région de Ségou, de Bouna et Kong au nord de la Côte d'Ivoire, du califat de Sokoto, du haut Sénégal, pour ne nommer que quelques points focaux. Ici, on pratique le commerce à distance avec des produits agricoles qui sont souvent transformés, comme le coton qui alimente les manufactures de textiles. La main d'œuvre est fournie par les esclaves; les bénéfices sont réinvestis dans les filières de production qui se renouvèlent ainsi à plus grande échelle. On assiste à un processus d'accumulation originale. L'esclavage se transforme, et parfois il évolue vers un système de tenure et de métayage.

Ces tendances majeures sont brusquement perturbées par la colonisation, les structures économiques bouleversées, mais les petites exploitations familiales ne sont affectées que partiellement. La colonisation met un terme à l'évolution interne des économies de la savane sans pourtant être en mesure d'y insuffler une nouvelle dynamique de développement. Tous les pronostics sur les potentialités d'évolution des anciennes économies sahéliennes ne peuvent être que des spéculations, qui sont hors du sujet de ce livre. Mais la place de la colonie est désormais bien définie: elle doit servir aux intérêts de la métropole.

Kartenanhang

Karte 1: Das Untersuchungsgebiet, heutige politische Gliederung.
Quelle: https://commons.wikimedia.org/wiki/File:Un-mali.png#file; United Nations Map.

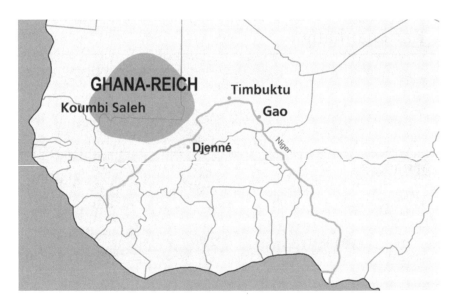

Karte 2: Lage des Reiches von Ghana. Quelle: https://de.wikipedia.org/wiki/Reich_von_Ghana#/media/
File:Reich_von_ghana.png; Urheber: Luxo / Fotowerkstatt (CC BY-SA 3.0).

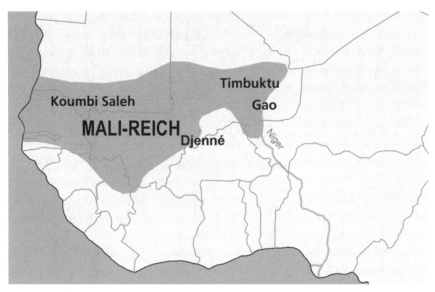

Karte 3: Ungefähre Ausdehnung des Malireiches im 13. Jahrhundert. Quelle: https://commons.wikime-
dia.org/wiki/File:MALI_reich_Karte.PNG; Urheber: Luxo / Fotowerkstatt (CC BY-SA 3.0).

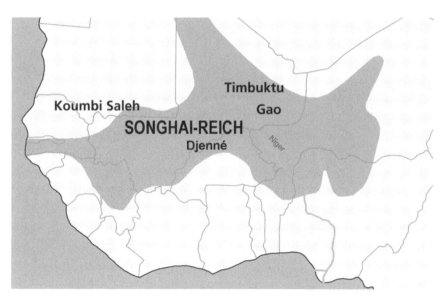

Karte 4: Das Songhay-Reich in seiner ungefähren Ausdehnung. Quelle: https://de.wikipedia.org/wiki/Songhaireich#/media/File:SONGHAI_reich_karte.PNG; Urheber: Luxo / Fotowerkstatt (CC BY-SA 3.0).

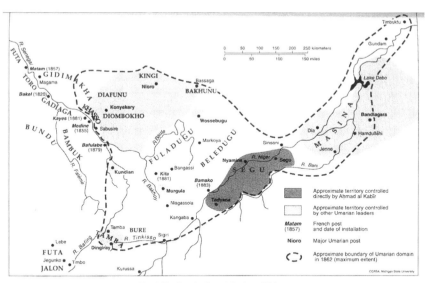

Map 2. The Umarian Domain in about 1881.
Adapted from Robinson, *Holy War*, p. 19, and Joseph Galliéni, "Mission dans le Haut-Niger et à Segou," *Bulletin de la Société de Geographie* (Paris) 3 (1882), Vallière map.

Karte 5: Das Gebiet des oberen Senegal und mittleren Niger, ca. 1881. Quelle: Michigan State University, Digital Library.

Abkürzungen

ALA	Hunwick, John O., Arabic Literature of Africa: Vol. 4: Writings of Western Sudanic Africa. Leiden 2003
ANM	Archives Nationales du Mali
ANOM	Archives Nationales d'Outre-Mer, Aix-en-Provence
ANS	Archives Nationales du Sénégal
A.O.F.	Afrique Occidentale Française
Art.	Artikel
Bd.	Band
Col.	Colonel
Corpus	Levtzion, Nehemia/Hopkins, John F. P. (Eds.), Corpus of Early Arabic Sources for West African History. 2nd Ed. Princeton 2000
Ed./Eds.	Editeur(s), Editor(s), Edition
fol.	folium, folio, (auf) Blatt (eines Ms.)
I.F.A.N.	Institut Français (jetzt Fondamental) d'Afrique Noire, Dakar
IGN	Institut Géographique National, Paris
Ms.	Manuskript
ORSTOM	Office de la Recherche Scientifique et Technique Outre-Mer, jetzt IRD, Institut de Recherche pour le Développement, Paris
sér.	série
T.	Tome
TF	Taʾrikh el-Fettach
TS	Taʾrikh al-Sudan
Vol.	Volume

Quellen- und Literaturverzeichnis

1. Ungedruckte Quellen

Die Bedeutung und Problematik der arabischen Quellen wurde bereits in der Einleitung angesprochen. Sie waren mir nur in dem Maße zugänglich, wie Inventare vorliegen oder einzelne Manuskripte und Dokumente veröffentlicht wurden.

Die für den Darstellungszeitraum relevanten Archive mit Quellen meist europäischer Provenienz sind die Archives Nationales d'Outre-Mer (ANOM), Aix-en-Provence, und die Archives Nationales du Sénégal (ANS), vor allem der Bestand Afrique Occidentale Française (A.O.F.) Andere staatliche Archive in der Region, z.B. das von Mali, gehen kaum in die Zeit vor der Kolonisierung zurück.

In Aix-en-Provence, wo auch viele Bestände der ANS als Microfilme vorliegen, habe ich folgende Reihen eingesehen:

ANS, Fonds A.O.F.
Reihe 15 G – Affaires politiques, administratives et musulmanes au Soudan
Reihe K – Esclavage et travail
Reihe R – Affaires agricoles

ANOM
Fonds Ministériels, premier empire colonial, sous-série C 6, Sénégal et Côtes d'Afrique
Fonds Ministériels, deuxième empire colonial, Ministère des Colonies, Série géographique, Sénégal et dépendances, XIII.

Das in diesen Reihen (und anderen Beständen) enthaltene umfangreiche Quellenmaterial konnte dabei nicht ausgeschöpft werden, so dass von ihm weitere Einsichten zur Agrargeschichte des 18. und vor allem 19. Jahrhunderts zu erwarten sind.

2. Literatur

Abel, Wilhelm, Geschichte der deutschen Landwirtschaft vom frühen Mittelalter bis zum 19. Jahrhundert. 3. Aufl. Stuttgart 1978.

Abitbol, Michel, Tombouctou et les Arma. De la conquête marocaine du Soudan nigérien en 1591 à l'hégémonie de l'Empire Peulh du Macina en 1833. Paris 1979.

Abitbol, Michel (Ed.), Tombouctou au milieu du XVIIIe siècle d'après la chronique de Mawlay al-Qasim B. Mawlay Sulayman. Paris 1982.

Acemoglu, Daron/Johnson, Simon/Robinson, James A., Reversal of Fortune. Geography and Institutions in the Making of the Modern World Income Distribution, in: Quarterly Journal of Economics 117, 2002, 1231–1294.

Adams, William M./Goudie, Andrew/Orme, Antony R. (Eds.), The Physical Geography of Africa. Oxford 1996.

Adamu, Mahdi, The Delivery of Slaves from the Central Sudan to the Bight of Benin in the Eighteenth and Nineteenth Centuries, in: Gemery, Henry A./Hogendorn, Jan S. (Eds.), The Uncommon Market. Essays in the Economic History of the Atlantic Slave Trade. New York/San Francisco/London 1979, 163–180.

Ajayi, Jacob F. Ade/Crowder, Michael (Eds.), History of West Africa. Vol. 1. 3rd Ed. Harlow 1985, Vol. 2. 2nd Ed. Harlow 1987.

Akyeampong, Emmanuel, Commerce, Credit, and Mobility in Late Nineteenth Century Gold Coast. Changing Dynamics in Euro-African Trade, in: Akyeampong, Emmanuel/Bates, Robert H./Nunn, Nathan/Robinson, James A. (Eds.), Africa's Development in Historical Perspective. New York 2014, 231–263.

Akyeampong, Emmanuel/Bates, Robert H./Nunn, Nathan/Robinson, James A. (Eds.), Africa's Development in Historical Perspective. New York 2014.

Albert, Klaus-Dieter/Löhr, Doris/Neumann, Katharina (Hrsg.), Mensch und Natur in Westafrika. Weinheim 2004.

Allen, Christopher/Johnson, Richard William (Eds.), African Perspectives. Papers in the History, Politics and Economics of Africa Presented to Thomas Hodgkin. Cambridge 1970.

Alpern, Stanley B., Exotic Plants of Western Africa. Where They Came From and When, in: History in Africa 35, 2008, 63–102.

Al-Suyuti, Jalal al-Din, Al-hawi lil fatawi fi al-fiqh. Beirut 1992.

Andrew, Christopher M./Kanya-Forstner, Alexander S., France, Africa, and the First World War, in: Journal of African History 19, 1978, 11–23.

Austen, Ralph A., The Trans-Saharan Slave Trade. A Tentative Census, in: Gemery,

Henry A./Hogendorn, Jan S. (Eds.), The Uncommon Market. Essays in the Economic History of the Atlantic Slave Trade. New York/San Francisco/London 1975, 23–76.

Austen, Ralph A., African Economic History. Internal Development and External Dependency. London/Portsmouth 1987.

Austen, Ralph A., On Comparing Pre-Industrial African and European Economies, in: African Economic History 19, 1990/91, 21–24.

Austen, Ralph A., The Mediterranean Islamic Slave Trade out of Africa. A Tentative Census, in: Savage, Elizabeth (Ed.), The Human Commodity. Perspectives on the Trans-Saharan Slave Trade. London 1992, 214–248.

Austen, Ralph A., Sahara. Tausend Jahre Austausch von Ideen und Waren. Berlin 2012.

Austin, Gareth, The ‚Reversal of Fortune‘ Thesis and the Compression of History. Perspectives from African and Comparative Economic History, in: Journal of International Development 20, 2008, 996–1027.

Austin, Gareth, Resources, Techniques and Strategies South of the Sahara. Revising the Factor Endowments Perspective on African Economic Development, 1500–2000, in: Economic History Review 61, 2008, 587–624.

Austin, Gareth/Broadberry, Stephen, Introduction. The Renaissance of African Economic History, in: Economic History Review 67, 2014, 893–906.

Austin, Gareth, A. G. Hopkins, West Africa, and Economic History, in: Falola, Toyin/Brownell, Emily (Eds.), Africa, Empire and Globalization. Essays in Honor of A. G. Hopkins. Durham, NC 2011, 51–80.

Azarya, Victor, Economic Enterprise in Fulbe and Mande States. Maasina and Samori, in: Bruijn, Mirjam de / Dijk, Han van (Eds.), Peuls et Mandingues. Dialectique des constructions identitaires. Paris 1997, 61–84.

Azarya, Victor, Sedentarization and Ethnic Identity among the Fulbe. A Comparative View, in: Eguchi, Paul K./Azarya, Victor (Eds.), Unity and Diversity of a People. The Search for Fulbe Identity. Osaka 1993, 35–60.

Ba, Amadou Hampaté/Daget, Jacques, L’empire peul du Macina (1818–1853). Paris 1984 (Erstausgabe 1955).

Bachmann-Medick, Doris, Cultural Turns. Neuorientierungen in den Kulturwissenschaften. 5. Aufl. Reinbek 2014.

Baillaud, Emile, Sur les routes du Soudan. Toulouse 1902.

Bandyopadhyay, Sanghamitra/Green, Elliott, The Reversal of Fortune Thesis Reconsidered, in: Journal of Development Studies 48, 2012, 817–831.

Barth, Hans Karl, Mali, eine geographische Landeskunde. Darmstadt 1986.

Barth, Heinrich, Reisen und Entdeckungen in Nord- und Central-Afrika in den Jahren 1849 bis 1855. 5 Bde. Gotha 1857–1858.

Bath, Bernard Hendrik Slicher van, The Agrarian History of Western Europe A.D. 500–1850. London 1963.

Bassett, Thomas J., The Peasant Cotton Revolution in West Africa, Côte d'Ivoire, 1880–1995. Cambridge 2001.

Bathily, Abdoulaye, A Discussion of the Traditions of Wagadu with some Reference to Ancient Ghana, in: Bulletin I.F.A.N., sér. B, 37, 1975, 1–94.

Bathily, Abdoulaye, Les portes de l'or. Le royaume de Galam (Sénégal) de l'ère musulmane au temps des négriers (VIIIe–XVIIIe siècle). Paris 1989.

Bayol, Jean, Voyage au pays de Bamako sur le Haut-Niger, in: Bulletin de la Société de Géographie, 7ᵉ sér., 1881, T. 2, 25–61, 123–163.

Bazémo, Maurice, Le concept du travail chez les lyelae à l'époque précoloniale, in: Science et technique, Revue burkinabè de recherche, sér. Lettres, Sciences sociales et humaines 23, 2002, 55–65.

Bazémo, Maurice, Esclaves et esclavages dans les anciens pays du Burkina Faso. Paris 2007.

Bazin, Jean, A chaqu'un son Bambara, in: Amselle, Jean-Loup/M'Bokolo, Elikia (Eds.), Au cœur de l'ethnie. Paris 1985, 87–127.

Bazin, Jean, Guerre et servitude à Ségou, in: Meillassoux, Claude (Ed.), L'esclavage en Afrique précoloniale. Paris 1975, 135–181.

Béchet, Eugène, Cinq ans de séjour au Soudan Français. Paris 1889.

Bedaux, Rogier M.-A., Les plus anciens tissus retrouvés par les archéologues, in: Devisse, Jean (Dir.), Vallées du Niger. Paris 1993, 456–463.

Bedaux, Rogier M.-A./Polet, Jean/Sanogo, Kléna/Schmidt, Annette (Eds.), Recherches archéologiques à Dia dans le delta intérieur du Niger (Mali). Bilan des saisons de fouilles 1998–2003. Leiden 2005.

Benoit, Michel, Le chemin des Peul du Boobola. Contribution à l'écologie du pastoralisme en Afrique des savanes. Paris 1979.

Berthier, Sophie, Recherches archéologiques sur la capitale de l'empire de Ghana. Étude d'un secteur d'habitat à Koumbi Saleh, Mauritanie. Campagnes 2–5. Oxford 1997.

Binger, Louis-Gustave, Du Niger au Golfe de Guinée par le pays de Kong et le Mossi. 2 Vols. Paris 1892.

Blench, Roger M./MacDonald, Kevin C. (Eds.), The Origins and Development of African Livestock. Archaeology, Genetics, Linguistics and Ethnography. London/New York 2000.

Bogosian, Catherine, Public Works and the Public's Duty. French and African Views on the Military Nature of the Deuxième Portion, in: Diawara, Mamadou (Ed.), L'interface entre les savoirs paysans et le savoir universel. Bamako 2003, 143–161.

Boldizzoni, Francesco/Hudson, Pat (Eds.), Routledge Handbook of Global Economic History. London/New York 2016.

Boucard, Claude, Relation de Bambouc (1729). Ed. par Philip D. Curtin, in: Bulletin I.F.A.N., sér. B, 36, 1974, 246–275.

Bouju, Jacky, Graine de l'homme, enfant du mil. Paris 1984.

Bouju, Jacky, Qu'est-ce que ‚l'ethnie‘ dogon?, in: Cahiers des Sciences Humaines 31, 1995, 329–363.

Boutillier, Jean-Louis, Les captifs en A.O.F. (1903–1905), in: Bulletin I.F.A.N., sér. B, 30, 1968, 513–535.

Boutillier, Jean-Louis, Bouna, royaume de la savane ivoirienne. Paris 1993.

Brasseul, Jacques, Histoire économique de l'Afrique tropicale. Des origines à nos jours. Paris 2016.

Braudel, Fernand, Das Mittelmeer und die mediterrane Welt in der Epoche Philipps II. 3 Bde. Frankfurt am Main 1990 (Erstausgabe: Paris 1949).

Braudel, Fernand, Sozialgeschichte des 15.–18. Jahrhunderts. Bd. 1: Der Alltag. München 1985.

Breuning, Peter, Pathways to Food Production in the Sahel, in: Mitchell, Peter/Lane, Paul (Eds.), The Oxford Handbook of African Archaeology. Oxford 2013, 555–570.

Breuning, Peter/Neumann, Katharina, Zwischen Wüste und Regenwald. Besiedlungsgeschichte der westafrikanischen Savanne im Holozän, in: Albert, Klaus-Dieter/Löhr, Doris/Neumann, Katharina (Hrsg.), Mensch und Natur in Westafrika. Weinheim 2004, 93–138.

Brooks, George E., A Provisional Historical Schema for Western Africa Based on Seven Climate Periods (ca. 9000 B.C. to the 19th Century), in: Cahiers d'Etudes Africaines 26, 1986, 43–63.

Brooks, George E., Landlords and Strangers. Ecology, Society, and Trade in Western Africa, 1000–1630. San Francisco/Oxford 1993.

Brown, William Allen, The Caliphate of Hamdullahi ca. 1818–1864. A Study in African History and Tradition. PhD-Thesis University of Wisconsin 1969 (unveröffentlicht).

Bruijn, Mirjam de/Dijk, Han van, Arid Ways. Cultural Understandings of Insecurity in Fulbe Society, Central Mali. Amsterdam 1995.

Bruijn, Mirjam de/Dijk, Han van (Eds.), Peuls et Mandingues. Dialectique des constructions identitaires. Paris 1997.

Brunschvig, Robert, Art. „ʿAbd", in: Encyclopaedia of Islam. New Ed. Vol. 1. Leiden 1960, 24–40.

Cahen, Claude, Art. „Kharaj", in: Encyclopaedia of Islam. New Ed. Vol. 4. Leiden 1978, 1030–1034.

Caillié, René, Journal d'un voyage à Tenboctou et à Jenné dans l'Afrique Centrale. 3 Vols. Paris 1830.

Cambridge History of Africa. Ed. by John D. Fage/Roland Oliver. 8 Vols. Cambridge 1975–1986.

Cappers, René (Ed.), Fields of Change. Progress in African Archaeobotany. Groningen 2007.

Capron, Jean, Communautés villageoises Bwa. Mali – Haute Volta. Paris 1973.

Cernival, Pierre de/Monod, Théodore (Eds.), Description de la Côte d'Afrique de Ceuta au Sénégal par Valentim Fernandes. Paris 1938.

Chastanet, Monique, Introduction et place du maïs au Sahel occidental (Sénégal-Mauritanie), in: dies. (Ed.), Plantes et paysages d'Afrique Paris 1998, 251–282.

Chastanet, Monique, Un proverbe comme ,conservatoire botanique'. Le sésame en pays soninké, in: Gayibor, Nicoué T./Juhé-Beaulaton, Dominique/Gomgnimbou, Moustapha (Eds.), L'écriture de l'histoire en Afrique. Paris 2013, 427–450.

Chauveau, Jean-Pierre/Jul-Larsen, Eyolf/Chaboud, Christian (Eds.), Les pêches piroguières en Afrique de l'Ouest, pouvoirs, mobilités, marchés. Paris 2000.

Chavane, Bruno A., Villages de l'ancien Tekrour. Recherches archéologiques dans la moyenne vallée du fleuve Sénégal. Paris 1985.

Chevalier, Auguste, L'Avenir de la culture du cotonnier au Soudan Français, in: Bulletin de la Société Nationale d'Acclimatation de France 48, 1901, 225–244.

Chevalier, Auguste, Les cultures indigènes dans l'Afrique Occidentale Française, in: Revue des Cultures Coloniales 6, 1900, 257–261, 296–300, 371–374.

Childe, Gordon V., The Urban Revolution, in: The Town Planning Review 21, 1950, 3–17.

Chouquer, Gérard, Terres porteuses. Entre faim de terres et appétit d'espace. Paris 2012.

Cissé, Daniel Amara, Histoire économique de l'Afrique noire. Économie, culture, développement. Vol. 3: Le moyen age. Abidjan/Paris 1988.

Cissoko, Sékéné Mody, Famines et épidémies à Tombouctou et dans la Boucle du Niger du XVIe au XVIIIe siècle, in: Bulletin I.F.A.N., sér. B, 30, 1968, 806–821.

Cissoko, Sékéné Mody, The Songhay from the 12th to the 16th Century, in: Niane, Djibril Tamsir (Ed.), UNESCO General History of Africa. Vol. 4: Africa from the Twelfth to the Sixteenth Century. Paris/London 1984, 187–210.

Clark, Andrew F., From Frontier to Backwater. Economy and Society in the Upper Senegal Valley (West Africa), 1850–1920. Lanham/New York/Oxford 1999.

Claudot-Hawad, Hélène, Les Touaregs, portrait en fragments. Aix-en-Provence 1993.

Collet, Hadrien, L'introuvable capitale du Mali. La question de la capitale dans l'historiographie du royaume médiéval du Mali, in: Afriques 04, 2013, URL: http://afriques.revues.org/1098 (aufgerufen 17.2.2016).

Connah, Graham, African Civilizations, an Archaeological Perspective. 2nd Ed. Cambridge 2001.

Connah, Graham (Ed.), Transformations in Africa. Essays on Africa's Later Past. London/Washington 1998.

Conrad, David C., Empires of Medieval West Africa. Ghana, Mali, and Songhay. Revised Ed. New York 2010.

Conrad, David C., A Town Called Dakajalan. The Sunjata Tradition and the Question of Ancient Mali's Capital, in: Journal of African History 35, 1994, 355–377.

Copans, Jean, Ethnologie. Paris 2010.

Coquery-Vidrovitch, Catherine, Petite histoire de l'Afrique: l'Afrique au sud du Sahara de la préhistoire à nos jours. Paris 2010.

Coquery-Vidrovitch, Catherine/Moniot, Henri, L'Afrique Noire de 1800 à nos jours. 5ième éd. Paris 2005.

Coulibaly, Chéibane, Politiques agricoles et stratégies paysannes au Mali de 1910 à 2010. Paris 2014.

Crone, Gerald R. (Ed.), The Voyages of Cadamosto and Other Documents on Western Africa in the Second Half of the Fifteenth Century. London 1937.

Cultru, Prosper (Ed.), Premier voyage du Sieur de la Courbe fait à la coste d'Afrique en 1685. Paris 1913.

Cuoq, Joseph M. (Ed.), Recueil des sources arabes concernant l'Afrique Occidentale du VIIe au XVIe siècle. Paris 1975.

Curtin, Philip D., Africa and the Wider Monetary World, 1250–1850, in: Richards, John F. (Ed.), Precious Metals in the Later Medieval and Early Modern Worlds. Durham 1983, 231–268.

Curtin, Philip D., Economic Change in Precolonial Africa. Senegambia in the Era of the Slave Trade. 2 Vols. Madison 1975.

Daget, Jacques, La pêche dans le Delta central du Niger, in: Journal de la Société des Africanistes 19, 1949, 1–79.

Dalby, David (Ed.), Language and History in Africa. London 1970.

David, Pierre, Journal d'un voiage fait en Bambouc en 1744. Ed. par André Delcourt. Paris 1974.

DeCorse, Christopher/Spiers, Sam, West African Iron Age, in: Peregrine, Peter N./ Ember, Melvin (Eds.), Encyclopedia of Prehistory. Vol. 1: Africa. New York 2001, 313–318.

Delafosse, Louise, Maurice Delafosse, le Berrichon conquis par l'Afrique. Paris 1976.

Delcourt, André, La France et les établissements français au Sénégal entre 1713 et 1763. (Mémoire I.F.A.N.) Dakar 1952.

Denzel, Markus A./Bonoldi, Andrea/Montenach, Anne/Vannotti, Françoise (Hrsg.), Oeconomia Alpium I: Wirtschaftsgeschichte des Alpenraums in vorindustrieller Zeit. Berlin/Boston 2017.

Derville, Alain, L'agriculture du Nord au Moyen Age (Artois, Cambrésis, Flandre wallonne). Lille 1999.

Desplagnes, Louis, Le Plateau Central Nigérien – une mission archéologique et ethnographique au Soudan français. Paris 1907.

Devisse, Jean (Dir.), Vallées du Niger. Paris 1993.

Diallo, Youssouf, Nomades des espaces interstitiels. Pastoralism, identité, migrations (Burkina Faso – Côte d'Ivoire). Köln 2008.

Diawara, Mamadou, La Graine de la Parole. Dimension sociale et politique des traditions orales du royaume de Jaara (Mali) du XVème au milieu du XIXème siècle. Stuttgart 1990.

Diawara, Mamadou (Ed.), L'interface entre les savoirs paysans et le savoir universel. Bamako 2003.

Diawara, Mamadou/Dougnon Isaie, Du ,travail de Noir' au ,travail de Blanc': concepts et conceptions des peuples du pays dogon émigrés à l'Office du Niger à partir des années 1930, in: Diawara, Mamadou (Ed.), L'interface entre les savoirs paysans et le savoir universel. Bamako 2003, 105–119.

Djata, Sundiata A., The Bamana Empire by the Niger. Kingdom, Jihad and Colonization, 1712–1920. Princeton 1997.

Donelha, André, An Account of Sierra Leone and the Rivers of Guinea of Cape Verde (1625). Ed. by Avelino Teixeira da Mota / Paul E. H. Hair. Lissabon 1977.

Eguchi, Paul K. / Azarya, Victor (Eds.), Unity and Diversity of a People. The Search for Fulbe Identity. Osaka 1993.

Eltis, David, The Slave Trade and Commercial Agriculture in an African Context, in: Law, Robin (Ed.), From Slave Trade to ‚Legitimate‘ Commerce. The Commercial Transition in Nineteenth Century West Africa. Cambridge 1995, 28–53.

Eltis, David / Engermann, Stanley L. (Eds.), The Cambridge World History of Slavery. Vol. 3. Cambridge 2011.

Fauvelle-Aymar, François-Xavier, Niani redux. En finir avec l'identification du site de Niani (Guinée-Conakry) à la capitale du royaume du Mali, in: P@lethnologie 4, 2012, 237–254.

Fay, Claude, Les derniers seront les premiers: peuplements et pouvoirs mandingues et peuls au Maasina (Mali), in: Bruijn, Mirjam de / Dijk, Han van (Eds.), Peuls et Mandingues. Dialectique des constructions identitaires. Paris 1997, 165–191.

Fay, Claude, Des poissons et des hommes: pêcheurs, chercheurs et administrateurs face à la pêche au Maasina (Mali), in: Chauveau, Jean-Pierre / Jul-Larsen, Eyolf / Chaboud, Christian (Eds.), Les pêches piroguières en Afrique de l'Ouest, pouvoirs, mobilités, marchés. Paris 2000, 125–166.

Finzi, Roberto, ‚Sazia assai ma dà poco fiato‘ – Il mais nell'economia e nella vita rurale italiane secoli XVI–XX. Bologna 2009.

Fleischer, Heinrich L. (Hrsg.) Abulfedae Historia Anteislamica. Leipzig 1831.

Flint, John E. / McDougall, Ann, Economic Change in West Africa in the Nineteenth Century, in: Ade Ajayi, Jacob F. / Crowder, Michael (Eds.), History of West Africa. Vol. 2. 2nd Ed. Harlow 1987, 379–402.

Fossier, Robert, Das Leben im Mittelalter. München / Zürich 2008.

Fuller, Dorian / Hildebrand, Elisabeth, Domesticating Plants in Africa, in: Mitchell, Peter / Lane, Paul (Eds.), The Oxford Handbook of African Archaeology. Oxford 2013, 507–525.

Gaden, *Henri*, Du régime des terres de la vallée du Sénégal au Fouta antérieurement à l'occupation française, in: Bulletin du Comité des études historiques et scientifiques de l'Afrique Occidentale française 18, 1935, 403–414.

Gallais, *Jean*, Le delta intérieur du Niger. Etude de géographie régionale. 2 Vols. (Mémoires I.F.A.N.) Dakar 1967.

Gallais, *Jean*, Pasteurs et paysans du Gourma. La condition sahélienne. Paris 1975.

Gallieni, *Joseph-Simon*, Voyage au Soudan français (Haut-Niger et pays de Ségou), 1879–1881. Paris 1885.

Gaudefroy-Demombynes, *Maurice*, Ibn Fadl Allah al-Omari, Masalik el absar fi mamalik el amsar. Paris 1927.

Geertz, *Clifford*, Dichte Beschreibung. Beiträge zum Verstehen kultureller Systeme. Frankfurt am Main 1987.

Gemery, *Henry A.*/*Hogendorn*, *Jan S.* (Eds.), The Uncommon Market. Essays in the Economic History of the Atlantic Slave Trade. New York/San Francisco/London 1975.

Geoffroy, *Eric*, Art. „al-Suyuti", in: Encyclopaedia of Islam. New Ed. Vol. 9. Leiden 1997, 913–916.

Ghali, *Noureddine*/*Mahibou*, *Sidi Mohamed*/*Brenner*, *Louis*, Inventaire de la Bibliothèque Umarienne de Ségou (conservée à la Bibliothèque Nationale – Paris). Paris 1985.

Gifford-Gonzales, *Diane*, Pastoralism and Its Consequences, in: Stahl, Ann B. (Ed.), African Archaeology. A Critical Introduction. Oxford 2005, 187–224.

Gilson, *Etienne*, Le moyen âge comme ,saeculum modernum', in: Branca, Vittore (Ed.), Concetto, storia, miti e immagini del Medio Evo. Florenz 1973, 1–10.

Giri, *Jacques*, Histoire économique du Sahel. Des empires à la colonisation. Paris 1994.

Green, *Toby*, Africa and the Price Revolution. Currency Imports and Socioeconomic Change in West and West-Central Africa during the Seventeenth Century, in: Journal of African History 57, 2016, 1–24.

Grémont, *Charles*, Les Touaregs Iwellemmedan (1647–1896). Un ensemble politique de la Boucle du Niger. Paris 2010.

Guerreau, *Alain*, Avant le marché, les marchés: en Europe, XIIIe–XVIIIe siècle, in: Annales. Histoire, Sciences Sociales 56, 2001, 1129–1175.

Henige, *David*, Measuring the Immeasurable. The Atlantic Slave Trade, West African

Population and the Pyrrhonian Critic, in: Journal of African History 2, 1986, 295–313.

Herbart, Pierre, Le chancre du Niger. Paris 1939.

Hiskett, Mervyn, Materials Relating to the Cowry Currency of the Western Sudan, Part 2, in: Bulletin School of Oriental and African Studies 29, 1966, 339–366.

Hogendorn, Jan S./Gemery, Henry A., Assessing Productivity in Precolonial African Agriculture and Industry 1500–1800, in: African Economic History 19, 1990/91, 31–35.

Höhn, Alexa/Kahlheber, Stefanie/Hallier von Czerniewicz, Maya, Den frühen Bauern auf der Spur – Siedlungs- und Vegetationsgeschichte der Region Oursi (Burkina Faso), in: Albert, Klaus-Dieter/Löhr, Doris/Neumann, Katharina (Hrsg.), Mensch und Natur in Westafrika. Weinheim 2004, 221–255.

Hopkins, Antony G., An Economic History of West Africa. London 1973.

Hopkins, Antony G., The New Economic History of Africa, in: Journal of African History 50, 2009, 155–177.

Houdas, Octave (Ed.), Tarikh es-Soudan. 2 Vols. [arab. und frz.]. Paris 1898/1900.

Houdas, Octave (Ed.), Tedzkiret en-Nisian. Paris 1966 (Erstausgabe 1913/14).

Houdas, Octave/Delafosse, Maurice (Eds.), Tarikh el-Fettach ou chronique du chercheur. 2ième éd. Paris 1964.

Hunwick, John O., Arabic Literature of Africa: Vol. 4: Writings of Western Sudanic Africa. Leiden 2003.

Hunwick, John, Art. „al-Maghili", in: Encyclopaedia of Islam. New Ed. Vol. 5. Leiden 1986, 1165 f.

Hunwick, John, Islamic Financial Institutions. Theoretical Structures and Aspects of Their Application in Sub-Saharan Africa, in: Stiansen, Endre/Guyer, Jane I. (Eds.), Credit, Currencies and Culture. African Financial Institutions in Historical Perspective. Stockholm 1999, 72–99.

Hunwick, John O., Notes on Slavery in the Songhay Empire, in: Willis, John Ralph (Ed.), Slaves and Slavery in Muslim Africa. London 1985, Vol. 2, 16–32.

Hunwick, John O., The Term ‚Zanj' and its Derivatives in a West African Chronicle, in: Dalby, David (Ed.), Language and History in Africa. London 1970, 102–108, zuerst erschienen in: Research Bulletin, Centre of Arabic Documentation, University Ibadan, 4, 1968, 41–51.

Hunwick, John O., Timbuktu and the Songhay Empire. Al-Sa'di's Ta'rikh al-Sudan Down to 1613 and Other Contemporary Documents. Leiden 1999.

Hunwick, John O. (Ed.), Shariʿa in Songhay. The Replies of al-Maghili to the Questions of Askia al-Hajj Muhammad. Oxford 1985.

Hunwick, John O./Harrak, Fatima (Eds.), Miʿraj al-Suʿud. Ahmad Baba's Replies on Slavery. Rabat 2000.

Hunwick, John O./Powell, Eve Troutt, The African Diaspora in the Mediterranean Lands of Islam. Princeton 2002.

Hureiki, Jacques, Essai sur les origines des Touaregs. Paris 2003.

Iliffe, John, Geschichte Afrikas. 2. Aufl. München 2003 (revidierte und erweiterte Ausgabe: Les Africains. Histoire d'un continent. Paris 2016).

Inikori, Joseph E., Africa and the Globalization Process. Western Africa, 1450–1950, in: Journal of Global History 2, 2007, 63–86.

Inikori, Joseph E., Transatlantic Slavery and Economic Development in the Atlantic World, in: Eltis, David/Engermann, Stanley L. (Eds.), The Cambridge World History of Slavery. Vol. 3. Cambridge 2011, 650–673.

Insoll, Timothy, Islam, Archaeology and History. Gao Region (Mali) ca. AD 900–1250. Oxford 1996.

Insoll, Timothy (Ed.), Urbanism, Archaeology and Trade. Further Observations on the Gao Region (Mali). The 1996 Fieldseason Results. Oxford 2000.

Iriye, Akira/Osterhammel, Jürgen (Hrsg.), Geschichte der Welt. 6 Bde. München 2012 ff.

Izard, Michel, Les captifs royaux dans l'ancien Yatenga, in: Meillassoux, Claude (Ed.), L'esclavage en Afrique précoloniale. Paris 1975, 281–296.

Izard, Michel, Gens du pouvoir, gens de la terre. Cambridge/Paris 1985.

Izard, Michel, Introduction à l'histoire des royaumes mossi. 2 Vols. Paris/Ouagadougou 1970.

Izard, Michel, Moogo. L'émergence d'un espace étatique ouest-africain au XVIe siècle. Paris 2003.

Jerven, Morten, A Clash of Disciplines? Economists and Historians Approaching the African Past, in: Economic History of Developing Regions 26, 2011, 111–124.

Johnson, Marion, The Cowrie Currencies of West Africa, in: Journal of African History 11, 1970, 17–49.

Johnson, Marion, The Economic Foundations of an Islamic Theocracy – The Case of Masina, in: Journal of African History 17, 1976, 481–495.

Jones, Adam, Zur Quellenproblematik der Geschichte Westafrikas 1450–1900. Stuttgart 1990.

Jones, Adam, Afrika bis 1850. Frankfurt am Main 2016.

Jones, Adam (Ed.), German Sources for West African History 1599–1669. Wiesbaden 1983.

Kahlheber, Stefanie, Perlhirse und Baobab – Archäobotanische Untersuchungen im Norden Burkina Fasos. Diss. phil. Goethe-Universität Frankfurt am Main 2004.

Kahlheber, Stefanie/Neumann, Katharina, The Development of Plant Cultivation in Semi-Arid West Africa, in: Denham, Tim/Iriarte, José/Vrydaghs, Luc (Eds.), Rethinking Agriculture. Archaeological and Ethnoarchaeological Perspectives. Walnut Creek 2007, 320–346.

Kassibo, Bréhima, Histoire du peuplement humain, in: Quensière, Jacques (Ed.), La pêche dans le Delta Central du Niger. Paris 1994, 81–97.

Klein, Martin A., From Slave to Sharecropper in French Soudan. An Effort at Controlled Social Change, in: Itinerario 7, 1983, 102–115.

Klein, Martin A., Slavery and Colonial Rule in French West Africa. Cambridge 1998.

Kohler, Jean-Marie, Activités agricoles et changements sociaux dans l'ouest-mossi (Haute-Volta). Paris 1971.

Kriger, Colleen E., Cloth in West African History. Lanham 2006.

Kriger, Colleen E., Mapping the History of Cotton Textile Production in Precolonial West Africa, in: African Economic History 33, 2005, 87–116.

Krings, Thomas, Agrarwissen bäuerlicher Gruppen in Mali/Westafrika. Berlin 1991.

Krings, Thomas, Sahelländer. Darmstadt 2006.

LaViolette, Adria/Fleisher, Jeffrey, The Archaeology of Sub-Saharan Urbanism. Cities and their Countryside, in: Stahl, Ann B. (Ed.), African Archaeology. A Critical Introduction. Oxford 2005, 327–352.

Law, Robin (Ed.), From Slave Trade to ‚Legitimate‘ Commerce. The Commercial Transition in Nineteenth Century West Africa. Cambridge 1995.

Law, Robin/Schwarz, Suzanne/Strickrodt, Silke (Eds.), Commercial Agriculture, The Slave Trade and Slavery in Atlantic Africa. Woodbridge/Rochester 2013.

Le Goff, Jacques, Faut-il vraiment découper l'histoire en tranches? Paris 2014.

Lentz, Carola, Der Kampf um die Kultur. Zur Ent- und Re-Soziologisierung eines ethnologischen Konzeptes, in: Soziale Welt 60, 2009, 305–324.

Lenz, *Oskar*, Timbuktu. Reise durch Marokko, die Sahara und den Sudan. Bd. 2. Leipzig 1884.

Lévi-Strauss, *Claude*, Rasse und Geschichte. Frankfurt am Main 1972.

Levtzion, *Nehemia*, Ancient Ghana and Mali. London 1973.

Levtzion, *Nehemia*, A Seventeenth-Century Chronicle by Ibn al-Mukhtar. A Critical Study of Ta'rikh al-Fattash, in: Bulletin of the School of Oriental and African Studies 34, 1971, 571–593.

Levtzion, *Nehemia/Hopkins*, *John F. P.* (Eds.), Corpus of Early Arabic Sources for West African History. 2nd Ed. Princeton 2000.

Lewicki, *Tadeusz*, West African Food in the Middle Ages. According to Arabic Sources. Cambridge 1974.

Lovejoy, *Paul E.*, Transformations in Slavery. A History of Slavery in Africa. 3rd Ed. Cambridge 2012.

Ly, *Abdoulaye*, La Compagnie du Sénégal. Nouvelle ed. Paris 1993.

Lydon, *Ghislaine*, Slavery, Exchange and Islamic Law. A Glimpse from Mali and Mauritania, in: African Economic History 33, 2005, 117–148.

Ly-Tall, *Madina*, The Decline of the Mali Empire, in: Niane, Djibril Tamsir (Ed.), UNESCO General History of Africa. Vol. 4: Africa from the Twelfth to the Sixteenth Century. Paris/London 1984, 172–186.

MacDonald, *Kevin C.*, Analysis of the Mammalian, Avian, and Reptilian Remains, in: McIntosh, Susan Keech (Ed.), Excavations at Jenné-jeno, Hambarketolo, and Kaniana (Inland Niger Delta, Mali), the 1981 Season. Berkeley/Los Angeles 1995, 291–318.

MacDonald, *Kevin C.*, Invisible Pastoralists. An Inquiry into the Origins of Nomadic Pastoralism in the West African Sahel, in: Gosden, Chris/Hather, Jon (Eds.), The Prehistory of Food. London/New York 1999, 333–349.

MacDonald, *Kevin C.*, The Origins of African Livestock: Indigenous or Imported?, in: Blench, Roger M./MacDonald, Kevin C. (Eds.), The Origins and Development of African Livestock. Archaeology, Genetics, Linguistics and Ethnography. London/New York 2000, 2–17.

MacDonald, *Kevin C.*, Complex Societies, Urbanism, and Trade in the Western Sahel, in: Mitchell, Peter/Lane, Paul (Eds.), The Oxford Handbook of African Archaeology. Oxford 2013, 829–844.

MacDonald, *Kevin C./Camara*, *Seydou*, Segou, Slavery, and Sifinso, in: Monroe, J.

Cameron/Ogundiran, Akinwumi (Eds.), Power and Landscape in Atlantic West Africa. Archaeological Perspectives. Cambridge 2012, 169–190.

MacDonald, Kevin C./Camara, Seydou, Warfare and the Origins of a State of Slavery, in: Lane, Paul J./MacDonald, Kevin C. (Eds.), Slavery in Africa, Archaeology and Memory. Oxford 2011, 25–46.

MacDonald, Kevin C./Camara, Seydou/Canós Donnay, S. u. a., Sorotomo: A Forgotten Malian Capital, in: Archaeology International 13, 2011, 52–64.

MacDonald, Kevin C./MacDonald, Rachel Hutton, The Origins and Development of Domesticated Animals in Arid West Africa, in: Blench, Roger M./MacDonald, Kevin C. (Eds.), The Origins and Development of African Livestock. Archaeology, Genetics, Linguistics and Ethnography. London/New York 2000, 127–162.

Maceachern, Scott, Two Thousand Years of West African History, in: Stahl, Anne B. (Ed.), African Archaeology. A Critical Introduction. Oxford 2005, 441–466.

Machat, Jules, Documents sur les établissements français de l'Afrique occidentale au XVIIIe siècle. Paris 1906.

Magasa, Amidu, Papa-commandant a jeté un grand filet devant nous. Les exploités des rives du Niger 1902–1962. Paris 1978.

Mage, Eugène, Voyage dans le Soudan Occidental (Sénégambie-Niger). Paris 1868.

Maley, Jean/Vernet, Robert, Populations and Climatic Evolution in North Tropical Africa from the End of the Neolithic to the Dawn of the Modern Era, in: African Archeological Review 32, 2015, 179–232.

Manchuelle, François, Willing Migrants. Soninke Labor Diasporas, 1848–1960. Athens/London 1997.

Mangeot, Victor (Col.)/Marty, Paul, Les Touareg de la boucle du Niger, in: Bulletin du Comité d'études historiques et scientifiques de l'Afrique occidentale française 1918, 87–136, 257–288, 432–475.

Manning, Patrick, African Population, 1650–2000. Comparisons and Implications of New Estimates, in: Akyeampong, Emmanuel/Bates, Robert H./Nunn, Nathan/Robinson, James A. (Eds.), Africa's Development in Historical Perspective. New York 2014, 131–150.

Manning, Patrick, Slavery and African Life. Occidental, Oriental, and African Slave Trades. Cambridge 1990.

Marchal, Jean Yves, Chronique d'un cercle de l'AOF, Ouahigouya (Haute Volta) 1908–1941. Paris 1980.

Marchal, Jean-Yves, Lorsque l'outil ne compte plus. Techniques agraires et entités sociales au Yatenga, in: Cahiers ORSTOM, sér. Sciences Humaines 20, 1984, 461–469.

Marchal, Jean-Yves, Yatenga, Nord Haute Volta. La dynamique d'un espace rural soudano-sahelien. Paris 1983.

Marty, Paul, Etudes sur l'Islam et les tribus du Soudan. Vol. 2. Paris 1920.

Mauny, Raymond, Anciens ateliers monétaires ouest-africaines, in: Notes Africaines 78, 1958, 34f.

Mauny, Raymond, Notes historiques autour des principales plantes cultivées d'Afrique occidentale, in: Bulletin I.F.A.N. 15, 1953, 684–730.

Mauny, Raymond, Tableau géographique de l'ouest africain au moyen âge, d'après les sources écrites, la tradition et l'archéologie. Dakar 1961.

Mauny, Raymond (Ed.), Esmeraldo de situ orbis. Côte occidentale d'Afrique du Sud Marocain au Gabon, par Duarte Pacheco Pereira (vers 1506–1508). Bissau 1956.

Mauny, Raymond/Monteil, Vincent/*Djenidi, A./Robert, S./Devisse, J.*, Extraits tirés des voyages d'Ibn Battuta. Dakar 1966.

Mayor, Anne, Les rapports entre la Diina peule du Maasina et les populations du Delta intérieur du Niger, vus au travers des traditions historiques et des fouilles archéologiques, in: Bruijn, Mirjam de / Dijk, Han van (Eds.), Peuls et Mandingues. Dialectique des constructions identitaires. Paris 1997, 33–60.

Mayor, Anne/Huysecom, Eric/Gallay, Alain/Rasse, Michel/Ballouche, Aziz, Population Dynamics and Paleoclimate over the Past 3000 Years in the Dogon Country, Mali, in: Journal of Anthropological Archeology 24, 2005, 25–61.

McCann, James, Agriculture and African History, in: Journal of African History 32, 1991, 507–513.

McCann, James, Climate and Causation in African History, in: International Journal of African Historical Studies 32, 1999, 261–279.

McDougall, E. Ann, Engaging with the Legacy of Nehemia Levtzion: An Introduction, in: dies. (Ed.), Engaging with a Legacy: Nehemia Levtzion (1935–2003). London/New York 2013, 1–17.

McDougall, E. Ann (Ed.), Engaging with a Legacy: Nehemia Levtzion (1935–2003). London/New York 2013.

McIntosh, Roderick, Captain of ‚We Band of Brothers‘: An Archaeologist's Homage to Nehemia Levtzion, in: McDougall, E. Ann (Ed.), Engaging with a Legacy: Nehemia Levtzion (1935–2003). London/New York 2013, 162–171.

McIntosh, Roderick, The Peoples of the Middle Niger. Oxford 1998.

McIntosh, Roderick, The Pulse Model. Genesis and Accommodation of Specialization in the Middle Niger, in: Journal of African History 34, 1993, 181–220.

McIntosh, Roderick, Social Memory in Mande, in: ders./Tainter, Joseph A./McIntosh, Susan Keech (Eds.), The Way the Wind Blows. Climate, History, and Human Action. New York 2000, 141–180.

McIntosh, Roderick/McIntosh, Susan Keech/Bocum, Hamady (Eds.), The Search for Takrur. Archaeological Excavations and Reconnaissance along the Middle Senegal Valley. New Haven/London 2016.

McIntosh, Roderick/Tainter, Joseph A./McIntosh, Susan Keech (Eds.), The Way the Wind Blows. Climate, History, and Human Action. New York 2000.

McIntosh, Susan Keech, Archaeology and the Reconstruction of the African Past, in: Philips, John Edward (Ed.), Writing African History. Rochester 2005, 51–85.

McIntosh, Susan Keech, The Holocene Prehistory of West Africa 10,000–1,000 B.P., in: Akyeampong, Emmanuel Kwaku (Ed.), Themes in West Africa's History. Athens /Oxford/Accra 2006, 11–32.

McIntosh, Susan Keech, Modeling Political Organization in Large-Scale Settlement Clusters. A Case Study from the Inland Niger Delta, in: dies. (Ed.), Beyond Chiefdoms. Pathways to Complexity in Africa. Cambridge 1999, 66–79.

McIntosh, Susan Keech, Reconceptualizing Early Ghana, in: McDougall, E. Ann (Ed.), Engaging with a Legacy: Nehemia Levtzion (1935–2003). London/New York 2013, 135–161.

McIntosh, Susan Keech (Ed.), Beyond Chiefdoms. Pathways to Complexity in Africa. Cambridge 1999.

McIntosh, Susan Keech (Ed.), Excavations at Jenné-jeno, Hambarketolo, and Kaniana (Inland Niger Delta, Mali), the 1981 Season. Berkeley/Los Angeles 1995.

Meillassoux, Claude, Anthropologie der Sklaverei. Frankfurt am Main/New York/ Paris 1989.

Meillassoux, Claude, Le commerce pré-colonial et le développement de l'esclavage à Gūbu du Sahel (Mali), in: ders., (Ed.), The Development of Indigenous Trade and Markets in West Africa. Oxford 1971, 182–195.

Meillassoux, Claude, Die wilden Früchte der Frau. Über häusliche Produktion und kapitalistische Wirtschaft. Frankfurt am Main 1976.

Meillassoux, Claude, Introduction, in: ders. (Ed.), The Development of Indigenous Trade and Markets in West Africa. Oxford 1971, 3–48.

Meillassoux, Claude (Ed.), The Development of Indigenous Trade and Markets in West Africa. Oxford 1971.

Meillassoux, Claude (Ed.), L'esclavage en Afrique précoloniale. Paris 1975.

Mitchell, Peter/Lane, Paul (Eds.), The Oxford Handbook of African Archaeology. Oxford 2013.

Mollien, Gaspard, Voyage dans l'intérieur de l'Afrique aux sources du Sénégal et de la Gambie, fait en 1818. 2ième éd. Paris 1822.

Monod, Théodore, Méharées. Paris 2012 (Erstausgabe 1937).

Monod, Théodore/ Mota, Avelino Teixeira da/ Mauny, Raymond (Eds.), Description de la Côte Occidentale d'Afrique (Sénégal au Cap de Monte, Archipels) par Valentim Fernandes. Bissau 1951.

Monteil, Charles, Les Bambara du Segou et du Kaarta. Paris 1977.

Monteil, Charles, Une cité soudanaise, Djénné, métropole du Delta central du Niger. 2ième éd. Paris 1971 (Erstauflage 1932, aber basierend auf der Monographie des Autors von 1903).

Monteil, Charles, Le coton chez les noirs. Paris 1927.

Monteil, Charles, La légende de Ouagadou et l'origine des Soninké, in: Mélanges ethnologiques. (Mémoires I.F.A.N., 23.) Dakar 1953, 359–408.

Monteil, Louis-Parfait, De Saint-Louis à Tripoli par le Lac Tchad. Paris 1895.

Monteil, Vincent, Al-Bakri (Cordoue 1068), Routier de l'Afrique blanche et noire du Nord-Ouest, in: Bulletin I.F.A.N. 30, 1968, sér. B, 39–116.

Mota, Avelino Teixeira da/ Hair, Paul E. H. (Eds.), Jesuit Documents on the Guinea of Cape Verde and the Cape Verde Islands, 1585–1617. Liverpool 1989.

Müller, Wilhelm Johann, Die africanische auf der guineischen Gold-Cust gelegene Landschafft Fetu. Hamburg 1673, in: Jones, Adam (Ed.), German Sources for West African History 1599–1669. Wiesbaden 1983, 134–259.

Murray, Shawn Sabrina, Archaeological Analysis of Flotation Samples from Tato a Sanoua and Thièl, Annex zu: Stone, Abigail Chipps, Urban Herders. An Archaeological and Isotopic Investigation into the Roles of Mobility and Subsistence Specialisation in an Iron Age. Urban Center of Mali, Arts and Sciences Electronic Theses and Dissertations 487, 2015, 230–264, URL: http://openscholarship.wustl.edu/art_sci_etds/487.

Murray, Shawn Sabrina, Medieval Cotton and Wheat Finds in the Middle Niger Delta (Mali), in: Cappers, René (Ed.), Fields of Change. Progress in African Archaeobotany. Groningen 2007, 43–51.

Neumann, Katharina, The Romance of Farming. Plant Cultivation and Domestication in Africa, in: Stahl, Anne B. (Ed.), African Archaeology. A Critical Introduction. Oxford 2005, 249– 275.

Niane, Djibril Tamsir (Ed.), UNESCO General History of Africa. Vol. 4: Africa from the Twelfth to the Sixteenth Century. Paris/London 1984.

Niane, Djibril Tamsir, Mali and the Second Mandingo Expansion, in: ders. (Ed.), UNESCO General History of Africa. Vol. 4: Africa from the Twelfth to the Sixteenth Century. Paris/London 1984, 117–171.

Nicholson, Sharon, Environmental Change Within the Historical Period, in: Adams, Martin/Goudie, Andrew/Orme, Antony (Eds.), The Physical Geography of Africa. Oxford 1996, 60–87.

Nicolaisen, Johannes/Nicolaisen, Ida, The Pastoral Tuareg. Ecology, Culture and Society. 2 Vols. London/Copenhagen 1997.

Nicolas, Jean, La Savoie au XVIIIe siècle. 2ième éd. Montmélian 2003.

Nobili, Mauro, Catalogue des manuscrits arabes du fonds de Gironcourt (Afrique de l'ouest) de l'Institut de France. Rom 2013.

Nobili, Mauro/Mathee, Mohamed Shahid, Towards a New Study of the So-Called Tarik al-fattash, in: History in Africa 42, 2015, 37–73.

Norrgard, Stefan, Practising Historical Climatology in West Africa. A Climatic Periodisation 1750–1800, in: Climatic Change 129, 2015, 131–143.

Norris, Harry T., A Summary of the History of the Eastern Kel Intesar Attributed to Ibn Al-Najib (circa 1710–1720), in: The Maghreb Review 4, 1979, 36–40.

Norris, Harry T., The Tuaregs. Their Islamic Legacy and its Diffusion in the Sahel. Warminster 1975.

Nunn, Nathan, The Long-Term Effects of Africa's Slave Trades, in: The Quarterly Journal of Economics 123, 2008, 139–176.

Olukoju, Ayodeji, Beyond a Footnote. Indigenous Scholars and the Writing of West African Economic History, in: Boldizzoni, Francesco/Hudson, Pat (Eds.), Routledge Handbook of Global Economic History. London/New York 2016, 377–393.

Oppen, Achim von, „Endogene Agrarrevolution" im vorkolonialen Afrika?, in: Paideuma 38, 1992, 269–296.

Oualett Halatine, Zakiyatou, Chronique Kal Ansar. Paris 2015.

Park, Mungo, The Journal of a Mission to the Interior of Africa in the Year 1805. 2nd Ed. London 1815.

Park, Mungo, Travels in the Interior Districts of Africa in The Years 1795, 1796, and
   1797. London 1799 (frz. Ausgabe: Voyage dans l'intérieur de l'Afrique. Paris 1996).
Pellat, Charles, Art. „al-Muhallabi", in: Encyclopaedia of Islam. New Ed. Vol. 7. Leiden
   1993, 357–358.
Pelzer, Christoph/ Müller, Jonas/ Albert, Klaus-Dieter, Die Nomadisierung des Sahel –
   Siedlungsgeschichte, Klima und Vegetation in der Sahelzone von Burkina Faso in
   historischer Sicht, in: Albert, Klaus-Dieter/ Löhr, Doris/ Neumann, Katharina
   (Hrsg.), Mensch und Natur in Westafrika. Weinheim 2004, 256 288.
Péroz, Etienne, Au Soudan Français. Souvenirs de guerre et de mission. Paris 1889.
Person, Yves, Samori. Une révolution dyula. 3 Vols. Dakar 1968–1975.
Petit, Lucas P./ Czerniewicz, Maya von/ Pelzer, Christoph (Eds.), Oursi Hu-Beero, A Medie-
   val House Complex in Burkina Faso, West Africa. Leiden 2011.
Philips, John Edward (Ed.), Writing African History. Rochester 2005.
Pollet, Eric/ Winter, Grace, La société soninké (Dyahuna, Mali). Brüssel 1971.

Quintin, Louis, Etude ethnographique sur les pays entre le Sénégal et le Niger, in: Bulletin de la Société de Géographie 1881, T. 2, 177–218, 303–333.
Quintin, Louis, Souvenirs d'un voyage du Sénégal au Niger (1863–1866), in: Bulletin
   de la Société de Géographie 1881, T. 1, 514–551.
Quiquandon, Fernand, Dans la boucle du Niger (1890–1891), in: Bulletin de la Société
   de géographie commerciale de Bordeaux 14, 1891, 433–473.

Rabut, Elisabeth, Le mythe parisien de la mise en valeur des colonies africaines à
   l'aube du XXe siècle. La commission des concessions coloniales 1898–1912, in:
   Journal of African History 20, 1979, 271–287.
Raffenel, Anne, Nouveau voyage dans le pays des nègres. 2 Vols. Paris 1856.
Randeria, Shalini, Geteilte Geschichte und verwobene Moderne, in: Rüsen, Jörn/ Leit-
   geb, Hanna/ Jegelka, Norbert (Hrsg.), Zukunftsentwürfe. Frankfurt am Main/
   New York 2000, 87–96.
Rauchenberger, Dietrich, Johannes Leo der Afrikaner. Seine Beschreibung des Raums
   zwischen Nil und Niger nach dem Urtext. Wiesbaden 1999.
Reckwitz, Andreas, Die Transformation der Kulturtheorien. Weilerswist 2006.
Reid, Richard, The ‚Precolonial' and the Foreshortening of African History, in: Journal
   of African History 52, 2011, 135–155.
Rémy, Gérard, Enquête sur les mouvements de la population à partir du pays mossi,

rapport de synthèse. Ouagadougou/Paris 1977 (ORSTOM, unveröffentlichter Bericht).

Richards, John F. (Ed.), Precious Metals in the Later Medieval and Early Modern Worlds. Durham 1983.

Ritchie, Carson I. A., Deux textes sur le Sénégal (1673–1677), in: Bulletin I.F.A.N., sér. B, 30, 1968, 289–353.

Roberts, Richard L., The Emergence of a Grain Market in Bamako, 1883–1908, in: Canadian Journal of African Studies 14, 1980, 37–54.

Roberts, Richard L., Warriors, Merchants, and Slaves. The State and the Economy in the Middle Niger Valley, 1700–1914. Stanford 1987.

Roberts, Richard L., Two Worlds of Cotton. Colonialism and the Regional Economy in the French Soudan, 1800–1946. Stanford 1996.

Roberts, Richard L./Klein, Martin A., The Banamba Slave Exodus of 1905 and the Decline of Slavery in the Western Sudan, in: Journal of African History 21, 1980, 375–394.

Robinson, David, The Holy War of Umar Tal. Oxford 1985.

Rodet, Marie, Les migrantes ignorées du Haut-Sénégal (1900–1946). Paris 2009.

Rönnbeck, Klas, The Idle and the Industrious – European Ideas about the African Work Ethic in Precolonial West Africa, in: History in Africa 41, 2014, 117–145.

Rösener, Werner, Einführung in die Agrargeschichte. Darmstadt 1997.

Rossi, Benedetta, The Agadez Chronicles and Y Tarichi. A Reinterpretation, in: History in Africa 43, 2016, 95–140.

Saad, Elias N., Social History of Timbuktu. The Role of Muslim Scholars and Notables 1400–1900. Cambridge 1983.

Sahlins, Marshall, Stone Age Economics. London 1974.

Samida, Stefanie/Eggert, Manfred K. H./Hahn, Hans Peter (Hrsg.), Handbuch Materielle Kultur. Bedeutungen – Konzepte – Disziplinen. Stuttgart 2014.

Sanankoua, Bintou, Un empire peul au XIXe siècle. Paris 1990.

Sardan, Jean-Pierre Olivier de, Captifs ruraux et esclaves impériaux du Songhay, in: Meillassoux, Claude (Ed.), L'esclavage en Afrique précoloniale. Paris 1975, 99–134.

Sartain, Elizabeth M., Jala ad-Din as-Suyuti's Relations with the People of Takrur, in: Journal of Semitic Studies 16, 1971, 193–198.

Sautter, Gilles, De l'Atlantique au fleuve Congo. Une géographie du sous-peuplement. République du Congo, République gabonaise. Paris 1966.

Savage, Elizabeth (Ed.), The Human Commodity, Perspectives on the Trans-Saharan Slave Trade. London 1992.

Schreyger, Emil, L'Office du Niger au Mali 1932 à 1982. La problématique d'une grande entreprise agricole dans la zone du Sahel. Wiesbaden 1984.

Seignobos, Christian, Des mondes oubliés. Carnets d'Afrique. Marseille 2017.

Shabeeny, El Hage Abd Salam, An Account of Timbuctoo and Housa. Ed. by. James Grey Jackson. London 1820 (Neudruck 1967).

Smith, Andrew B., Pastoralism in Africa. Origins and Development Ecology. London /Athens/Johannesburg 1992.

Soleillet, Paul, Voyage à Ségou 1878–79. Paris 1887.

Sow, Alfa Ibrahim (Ed.), La Femme, la Vache, la Foi. Paris 1966.

Spittler, Gerd, Dürren, Krieg und Hungerkrisen bei den Kel Ewey (1900–1985). Wiesbaden 1989.

Stahl, Ann B., The Archaeology of African History, in: International Journal of African History Studies 42, 2009, 241–255.

Stahl, Ann B. (Ed.), African Archaeology. A Critical Introduction. Oxford 2005.

Stahl, Ann B./LaViolette, Adria, Introduction: Current Trends in the Archaeology of African History, in: International Journal of African History Studies 42, 2009, 347–350.

Stamm, Volker, Formaliser les pratiques coutumières. Europe médiévale, Afrique coloniale et contemporaine, in: Études rurales 191, 2013, 169–189.

Stamm, Volker, Produktivität des Getreidebaus und Abgabenlast im Früh- und Hochmittelalter, in: Vierteljahrschrift für Sozial- und Wirtschaftsgeschichte 102, 2015, 300–317.

Stamm, Volker, Schriftquellen zur westafrikanischen Geschichte, in: Historische Zeitschrift 298, 2014, 326–348.

Stamm, Volker, Structures et politiques foncières en Afrique de l'Ouest. Paris 1998.

Stamm, Volker, Sunjata und Ouédraogo – zwei westafrikanische Gründungstraditionen, in: Zeitschrift für Geschichtswissenschaft 53, 2005, 1110–1126.

Stamm, Volker, Was ist historische Wirtschaftsanthropologie?, in: Geschichte und Region/Storia e regione 24, 2015, 11–31.

Stiansen, Endre/Guyer, Jane I. (Eds.), Credit, Currencies and Culture. African Financial Institutions in Historical Perspective. Stockholm 1999.

Stolz, Otto, Zur Geschichte der Landwirtschaft in Tirol, in: Tiroler Heimat 3, 1930, 93–139.

Stone, Abigail Chipps, Urban Herders. An Archaeological and Isotopic Investigation into the Roles of Mobility and Subsistence Specialisation in an Iron Age. Urban Center of Mali, Arts and Sciences Electronic Theses and Dissertations 487, 2015, 230–264, URL: http://openscholarship.wustl.edu/art_sci_etds/487.

Sundström, Lars, The Exchange Economy of Pre-Colonial Tropical Africa. London 1976.

Swindell, Kenneth, Farm Labour. Cambridge 1985.

Swindell, Kenneth/Jeng Alieu, Migrants, Credit and Climate. The Gambian Groundnut Trade, 1834–1934. Leiden/Boston 2006.

Tallon, Alain, L'Europe de la Renaissance. Paris 2006.

Tauxier, Louis, Le noir du Soudan. Pays Mossi et Gourounsi. Paris 1912.

Thiaw, Ibrahima, Archaeological Investigations of Long-Term Culture Change in the Lower Falemme (Upper Senegal Region) A.D. 500–1900. Houston (Rice University) 1999 (unveröffentlichte Dissertation).

Thornton, John, Africa and Africans in the Making of the Atlantic World, 1400–1800. 2nd Ed. Cambridge 1998.

Thornton, John, The Historian and the Precolonial African Economy: John Thornton Responds, in: African Economic History 19, 1990/91, 45–54.

Thornton, John, Precolonial African Industry and the Atlantic Trade, 1500–1800, in: African Economic History 19, 1990/91, 1–19.

Togola, Tereba, Archaeological Investigations of Iron Age Sites in the Mema Region, Mali (West Africa). Oxford 2008.

Togola, Tereba, Memories, Abstractions, and Conceptualization of Ecological Crisis in the Mande World, in: McIntosh, Roderick/Tainter, Joseph A./McIntosh, Susan Keech (Eds.), The Way the Wind Blows. Climate, History, and Human Action. New York 2000, 181–192.

Tourte, René, Histoire de la recherche agricole en Afrique tropicale francophone. 6 Vols. Rom 2005.

Trésors de l'Islam en Afrique. De Tombouctou à Zanzibar. Mailand/Paris 2017.

Tymowski, Michał, La pêche à l'epoque du moyen âge dans la boucle du Niger, in: Africana Bulletin 12, 1970, 7–26.

Tymowski, Michał, La ville et la campagne au soudan occidental du XIVe au XVIe siècle, in: Acta Poloniae Historica 29, 1974, 51–79.

UN Department of Economic and Social Affairs, World Urbanization Prospects. New York 2015.

UNESCO General History of Africa. 8 Vols. Paris/London 1981–1993.

Urvoy, Yves, Chroniques d'Agadez, in: Journal de la Société des Africanistes 4, 1934, 145–177.

Vansina, Jan, Historians, Are Archaeologists Your Siblings?, in: History in Africa 22, 1995, 369–408.

Vernet, Robert (Ed.), L'archéologie en Afrique de l'Ouest, Sahara et Sahel. Saint-Maur 2000.

Viguier, Pierre, Sur les traces de René Caillé. Versailles 2008.

Vogel, Joseph O. (Ed.), Encyclopedia of Precolonial Africa. Walnut Creek 1997.

Vries, E. de/Makaske, B./Tainter, J. A./McIntosh, R. J., Geomorphology and Human Palaeoecology of the Méma, Mali. Wageningen 2005.

Ware III, Rudolph T., Slavery in Islamic Africa, 1400–1800, in: Eltis, David/Engermann, Stanley L. (Eds.), The Cambridge World History of Slavery. Vol. 3. Cambridge 2011, 47–80.

Watson, Andrew M., Agricultural Innovation in the Early Islamic World. 2nd Ed. Cambridge 2008.

Webb Jr., James L. A., Desert Frontier. Ecological and Economic Change Along the Western Sahel 1600–1850. Madison 1995.

Weltbank, 2012 World Development Indicators. Washington 2012.

Widgren, Mats, Agricultural Intensification in Sub-Saharan Africa 1500 to 1800, in: Austin, Gareth (Ed.), Economic Development and Environmental History in the Anthropocene. Perspectives on Asia and Africa. London 2017, 1–25.

Wiesner-Hanks, Merry E. (Ed.), The Cambridge World History. 7 Vols. Cambridge 2015.

Wilks, Ivor/Ferguson, Phyllis, In Vindication of Sidi al-Hajj Abd al-Salam Shabayni, in: Allen, Christopher/Johnson, Richard William (Eds.), African Perspectives. Cambridge 1970, 35–52.

Willis, John Ralph (Ed.), Slaves and Slavery in Muslim Africa. 2 Vols. London 1985.

Zeleza, Paul Tiyambe, A Modern Economic History of Africa. Vol. 1: The Nineteenth Century. Dakar 1993.

Zouber, Mahmoud, Ahmad Baba de Timbouctou (1556–1627), sa vie et son œuvre. Paris 1977.

Register

Namen von Personen sind kursiv gekennzeichnet, die Flüsse Niger und Senegal wurden nicht in das Register aufgenommen, da sie durchgängig vorkommen, ebenso die Begriffe Landwirtschaft und Ackerbau. Die arabischen Artikel ‚al‘, ‚el‘ oder ‚as‘ wurden bei der Eingliederung nicht berücksichtigt. Gleiches gilt für den Namensbestandteil ‚Ibn‘.